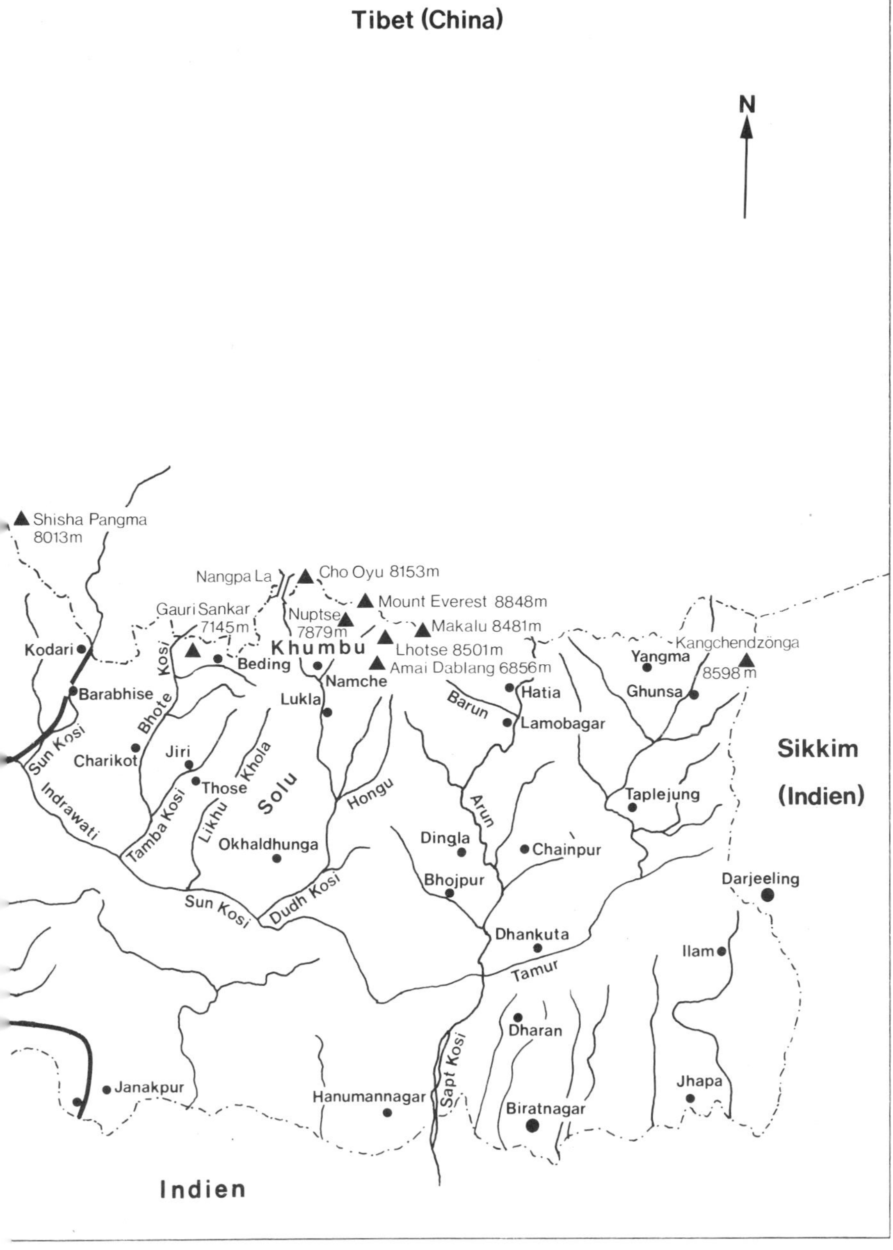

Tibet (China)
N
Shisha Pangma
8013m
Nangpa La
Cho Oyu 8153m
Mount Everest 8848m
Gauri Sankar
7145m
Nuptse
7879m
Makalu 8481m
Kodari
Khumbu
Lhotse 8501m
Kangchendzönga
8598m
Beding
Amai Dablang 6856m
Yangma
Barabhise
Namche
Hatia
Ghunsa
Lukla
Barun
Lamobagar
Bhote Kosi
Sun Kosi
Charikot
Jiri
Khola
Sikkim
(Indien)
Those
Solu
Hongu
Taplejung
Indrawati
Tamba Kosi
Likhu
Arun
Okhaldhunga
Dingla
Chainpur
Bhojpur
Darjeeling
Sun Kosi
Dudh Kosi
Dhankuta
Ilam
Tamur
Dharan
Sapt Kosi
Janakpur
Hanumannagar
Jhapa
Biratnagar
Indien

Der 8167 m hohe Dhaulagiri über dem Kali Gandaki-Tal. Der Aufnahmestandpunkt des Fotografen liegt eintausendsechshundert Meter über dem flachen Talboden

»Richtig reisen«

NEPAL

Kathmandu: Tor zum Nepal-Trekking

Dieter Bedenig

Unter Mitarbeit von
Jöri Bardill, Niels Gutschow, Rudolf Högger, Otto Huber,
Lutz Kleeberg, Peter Meienberger, Robert Schmid,
Annemarie H. Spahr, Dietlinde Warth, Hermann Warth,
Hans Weber, Emil Wick, Ulrich Wiesner, Jürgen Winkler

DuMont Buchverlag Köln

Umschlagvorderseite: Mann aus Mukut, Westnepal
Umschlagrückseite: Der heilige Berg Amai Dablang
Umschlaginnenklappe vorn: Tika-Aufdrücken
Umschlaginnenklappe hinten: Terrassenlandschaft im nepalischen Mittelland

CIP-Kurztitelaufnahme der Deutschen Bibliothek

Bedenig, Dieter
Nepal : Kathmandu, Tor zum Nepal-Trekking / unter Mitarb. von Jöri Bardill ... – 1. Aufl. – Köln : DuMont, 1977.
(Richtig reisen)
ISBN 3-7701-0999-6

Reproduktion: offset repro zentrum, Düsseldorf
Druck: Gebr. Rasch & Co., Bramsche
Buchbinderische Verarbeitung: Boss-Druck, Kleve

Printed in Germany ISBN 3-7701-0999-6

Kathmandu zum Kennenlernen

Nepal-Trekking 117

Kathmandu - Informationen

Anflug auf Kathmandu

Er gilt als einer der schönsten Linienflüge, die man auf unserem Globus unternehmen kann – der Flug von Delhi nach Kathmandu, parallel zum Himalaja-Kamm. Einen Fensterplatz auf der linken Seite des Flugzeugs muß man erwischen und – schönes Wetter. Ersteres klappte zumindest für etliche von uns. Aber das Wetter ... eigentlich hätte auch das funktionieren sollen, denn wir hatten einen Flug am zeitigen Morgen eines Frühherbst-Tages gebucht, und da ist die Chance für gutes Wetter günstig. Nachmittags hingegen wird das Land in dieser Jahreszeit häufig von einem Wolkenmeer überflutet, das die Ausläufer des Monsuns heranführen.

Erster Kontakt: trotz rechtzeitiger Buchung durch eine bekannte und hier seit vielen Jahren tätige Organisation findet der Flug eben doch am Nachmittag statt. Ergebnis: Wolken, Wolken ...

Aber dann tauchen doch einige der ganz Großen mit ihren Gipfeln aus dem weißen Meer auf. Schließlich lichten sich die Wolken ... und da liegt es unter uns, das bergumsäumte *Tal von Kathmandu* (Farbt. 1, 2). Alles drängt zu den Fenstern. Der heilige Fluß Bagmati schlängelt sich durch hellgrüne Reisfelder, Reis wächst auch auf den kunstvoll in Terrassenform an den Berghängen angelegten Feldern. Der erste Stupa mit weißer Kuppel wird sichtbar ... und dann, die Hauptstadt Nepals selbst. Ruhig, ohne westliche Nervosität, liegt sie in der Nachmittagssonne vor uns, Ausgangspunkt für unsere Bergfahrt ins Mount Everest-Gebiet, in die Khumbu-Region, ins Land der Sherpa ...

Gekonnt setzt der Pilot der Royal Nepal Airlines unsere Maschine auf der Landepiste auf. Kathmandu, das Tor zum Nepal Trekking, liegt offen vor uns.

Entwicklung und Unterentwicklung am Südhang des Himalaja

Von Rudolf Högger

Nepal liegt am Südabhang des Himalaja. Sein Hoheitsgebiet erstreckt sich von der Gangesebene bis zu den höchsten Gipfeln der Welt, vom indischen Kumaun bis an die Grenze Sikkims. Es umfaßt die tiefliegenden Wald- und Ackerflächen des Terai (50 bis 80 m ü.d.M.), das Mahabharat-Vorgebirge (bis 3000 m ü.d.M.), eine dichtbesiedelte mittlere Hügelzone mit Talsohlen von nur 700 und Kuppen bis zu 4000 Metern über dem Meer und schließlich die Doppelkette des Himalaja-Hauptgebirges. Hier erhebt sich der Mount Everest (Sagarmatha), dessen Gipfel mit 8848 Metern gemessen wurde.

In diesem Raum, der Weite und Enge zugleich bedeutet, geschützt durch unwegsamen Tiefland-Urwald und hohe Berge, vielfältig angeregt, aber auch bedroht durch indische und tibetische, britische und chinesische Kultur- und Machtentfaltung, hat sich ein Staatswesen von ganz besonderer Eigenart ausgebildet: *Es ist das einzige noch bestehende Hindu-Königreich der Welt.* Als 200 Jahre alter Nationalstaat darf es in gewisser Hinsicht als außerordentlich erfolgreich gelten; in manch anderer Beziehung dagegen erscheint seine Geschichte als verzweifelt erfolglos. Die Verschränkung von Erfolg und Miß-

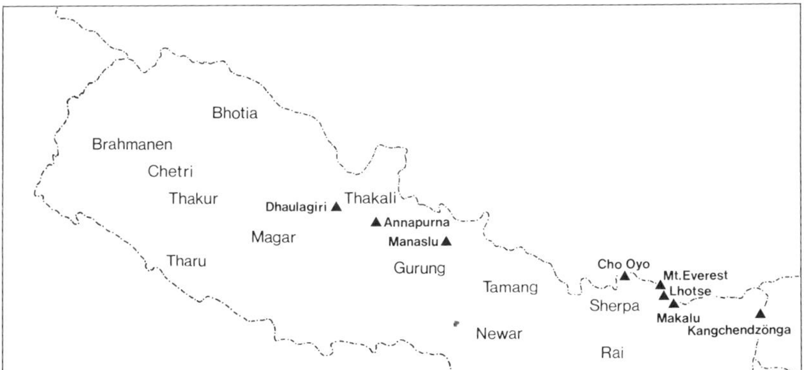

Die wichtigsten nepalischen Volksgruppen und die Lage der acht Achttausender Nepals

erfolg, Entwicklung und Unterentwicklung ist ein Grundzug der nepalischen Vergangenheit und Gegenwart. Wir wollen ihm in den folgenden Abschnitten nachspüren.

Außergewöhnliche kulturelle Erfolge stellen zunächst die Besiedlung und die landwirtschaftliche Nutzung des nepalischen Hügellandes dar. Es sind nicht Leistungen eines einzigen Volksstammes, sondern solche einer Vielzahl von ethnischen Gruppen, die im Laufe der Jahrhunderte in das Gebiet des heutigen Nepal eingewandert sind. Am längsten ansässig sind die sogenannten altnepalischen Stämme, zu denen die Newar, Gurung, Tamang, Sunwar, Rai und Limbu gehören. Von Norden wanderten sodann tibetische Gruppen (Sherpa und Thakali) ein. Aus dem Süden und Westen kamen Siedler indischen Ursprungs. Meist waren es Angehörige der oberen Kasten (Brahmin, Thakur, Chetri), aber auch die niederen Kasten der Kami (Schmiede), Damai (Schneider), Sarki (Schuhmacher) und Khumbar (Töpfer) waren vertreten. Wenn wir heute von den *Nepali* sprechen, so meinen wir damit eine bunte Vielfalt von indischen und mongolischen Stämmen, die sich in Sprache und Religion mannigfach unterscheiden, jedoch durch die gemeinsame Geschichte der vergangenen 200 Jahre und einen gemeinsamen Staat verbunden sind.

Die Urbarmachung des nepalischen Hügelgebiets begann vermutlich schon vor Christus und dauert bis in die heutige Zeit fort. Hauptsiedlungsgebiete sind seit jeher die natürlichen, vorzugsweise nach Süden gewendeten Geländeterrassen in mittlerer Höhe der oft sehr steilen Hügelflanken. Hier – in sicherer Distanz von den gefährlichen, tief eingeschnittenen Flüssen und den trockenen, windigen Kuppen – fanden sich Sonnenlicht und Feuchtigkeit genug, um einen ausgedehnten Ackerbau zu ermöglichen.

Die auffallende Streusiedlung mit ihren zahlreichen Einzelhöfen und kleinen Weilern zeigt die Eigenart der hier vorherrschenden Wirtschaftsweise an: Die Tätigkeit der Bevölkerung ist in erster Linie auf die Selbstversorgung ausgerichtet. Jede Familie erarbeitet sich das Lebensnotwendige im wesentlichen selber. Der Austausch von Gütern bleibt beschränkt. Das Waldland mußte gerodet werden. Auf den ursprünglichen Brand-Hack-Bau folgte später ein intensiver Ackerbau. Mit einfachsten Handwerkzeugen und hölzernen Ochsenpflügen wurden die Hänge in jene Terrassenlandschaften verwandelt, die wir als Muster einer geschickten Anpassung an natürliche Gegebenheiten nicht genug bewundern können. Aus den seitlichen Bachgräben leiten die Bauern das Wasser in die Felder, wo Reis, Weizen und Gemüse wachsen. Auf unbewässerten Terrassen werden Mais, Hirse, Kartoffeln, Senf, Bohnen und Linsen angebaut.

Die meisten dieser Feldfrüchte sind erst im Laufe der Zeit von Einwanderern oder Händlern nach Nepal gebracht worden. Sie bildeten neben der Arbeit der Neusiedler eine Hauptvoraussetzung dafür, daß sich die Lebensgrundlagen der Nepali bis weit ins 19. Jahrhundert hinein ständig ausweiteten und verbesserten. In vielen Fällen erlaubte es die Einführung neuer Acker-

Nepalischer Hügelbauer, Schöpfer der Kulturlandschaft am Südhang des Himalaja

Tamang-Frau aus Ostnepal

früchte und die intensive Bearbeitung des Bodens sogar, Überschüsse zu erzielen. So begannen die Sherpa im nordöstlichen Nepal vor gut hundert Jahren mit dem Anbau von Kartoffeln und bauten auf ihrer Ernte einen einträglichen Handel sowohl mit indischen als auch mit tibetischen Grenzgebieten auf. Daß die dabei erzielten Gewinne beträchtlich gewesen sein müssen, ahnen wir, wenn wir die reichbemalten Klosterräume im Sherpagebiet besuchen. Wirtschaftlicher Wohlstand hat hier reichen künstlerischen und religiösen Ausdruck ermöglicht.

Aber der Austausch von Gütern war nicht nur für die Errichtung religiöser Bauwerke, sondern auch für den täglichen Lebensunterhalt eine Notwendigkeit. Salz und Metalle mußten seit jeher, Baumwollgewebe und Kerosin erst in neuerer Zeit in manche Teile des Hügellandes importiert werden. Als Tauschmittel dienten ausgelassene Butter, Früchte, Korbwaren oder Heilkräuter. Eine besonders wichtige Rolle spielte der Handel für die Bewohner des nordwestlichen Landesteils. Viele Bhotias, auf deren kargen Feldern nicht genügend Getreide für eine ganzjährige Versorgung wächst, machen diesen Mangel durch Tauschgeschäfte zwischen Indien und Tibet wett. Gegen ein Maß Gerste tauschen sie jenseits der nördlichen Landesgrenze zwei Maß Salz, und für diese zwei Maß Salz werden ihnen in südlicheren Teilen Nepals drei bis vier Maß Getreide angeboten – auch dies ein Beispiel optimaler Anpassung an natürliche Gegebenheiten und zugleich ein Hinweis darauf, daß die nepalische Kultur auch in den entlegensten Tälern den Kontakt mit der weiteren Umwelt nie verloren hat.

Offenheit gegenüber der Außenwelt und schöpferische Eigenständigkeit zugleich kennzeichnen auch die Kultur der alten Königsstädte im Kathmandu-Tal. Träger dieser Kultur waren seit jeher die *Newar,* eine Volksgruppe, deren Sprache offenbar dem Tibeto-Burmanischen zuzurechnen, deren Herkunft aber sehr schwierig zu bestimmen ist. Vom 13. bis ins 18. Jahrhundert lag die Herrschaft über die Newar in den Händen eines Fürstengeschlechts indischer Herkunft, der *Malla,* deren Abkömmlinge auch im übrigen Gebiet des heutigen Nepal Fürstentümer errichteten.

Der Herrschaftsbereich der Malla innerhalb und im nahen Umkreis des Kathmandu-Tals zerfiel im 15. Jahrhundert in selbständige kleine Königreiche, von denen die wichtigsten *Kathmandu* (Kantipur), *Patan* (Lalitpur) und *Bhadgaon* (Bhaktapur) waren. Der wirtschaftliche Wohlstand aller dieser Königsstädte beruhte nicht nur auf der landwirtschaftlichen Nutzung des

Neben den hochkastigen Brahmin und Chetri wanderten auch Vertreter niedriger Kasten wie dieser Khumbar aus Indien ins nepalische Hügelland ein

Newar-Frau während eines Festes am Bagmati, dem Hauptfluß des Kathmandu-Tals

fruchtbaren Schwemmbodens im Kathmandu-Tal, sondern auch auf dem transhimalajischen Handel. Jedes der drei Königreiche kontrollierte eigene Handelspfade sowohl in Richtung Indien als auch in Richtung Tibet und produzierte selber so hochwertige Güter wie Schmuck, Bronzestatuen und Metallgefäße für den Export. Die Zahl der im tibetischen Lhasa ansässigen newarischen Händler wurde am Ende des 18. Jahrhunderts auf rund 3000 geschätzt.

Wir wissen wenig über die Formen der Zusammenarbeit unter den Newar zur Zeit der Malla. Was damals aber an Bau- und Kunstwerken entstanden ist, insbesondere die Städte- und Dorfbilder des Kathmandu-Tals, ist so überwältigend, daß wir annehmen müssen, es habe sich um sehr starke und leistungsfähige Gesellschaftsstrukturen gehandelt. *Jaya Sthiti Malla* soll nach 1350 bei den teilweise buddhistischen Newar das hinduistische Kastensystem eingeführt und damit eine wichtige Voraussetzung für die Ausprägung handwerklicher Berufsgruppen geschaffen haben. Andere, mehr genossenschaftliche Verbände (Guthis), die u. a. für den Bau und den Unterhalt profaner und religiöser Bauten sorgten, sind möglicherweise noch älteren Ursprungs. Gesellschaftsformen und handwerkliches Können der Newar haben jedenfalls in Verbindung mit der künstlerischen Patronage der Malla eine bauliche Umwelt entstehen lassen, die nicht nur in Asien, sondern auch im Europa des Spätmittelalters und der frühen Neuzeit ihresgleichen sucht.

Immer wieder haben es die Newar zur Malla-Zeit fertiggebracht, Elemente fremder und ganz unterschiedlicher Baustile in die eigene Ausdrucksweise einzubeziehen und umzuformen. Als Ausdruck dafür kann der 1637 vollendete Krishna-Radha-Tempel vor dem Königspalast in Patan dienen. Über seinem mehrstöckigen, fein gegliederten Hauptbau, dessen luftige Balkone an mogulische Bauwerke in der Gangesebene erinnern, erhebt sich der turmartige Shikara, eine Bauform, die im Tal von Kathmandu nur selten, im nördlichen und südlichen Indien dagegen sehr häufig anzutreffen ist. Und wie sich mohammedanische und hinduistische Architektur im Krishna-Radha-Tempel von Patan zu einer der schmuckvollsten Kultstätten Nepals verbunden haben, so ist der Tempel auch ein Ausdruck des einzigartigen religiösen Neben- und Miteinanders in der Newar-Gesellschaft: Während im zweiten Stockwerk des Tempels ein Bildnis des hinduistischen Gottes und Helden Krishna verehrt wird, soll das vierte Stockwerk früher dem buddhistischen Avalokiteshvara vorbehalten gewesen sein.

Bei den Frauen und Männern des Kathmandu-Tals, die noch heute alljährlich am Krishna-Radha-Tempel Krishnas Geburtstag feiern, fällt der theologische Unterschied zwischen diesem hinduistischen Retter und dem in seiner Nachbarschaft verehrten buddhistischen Erbarmer wohl kaum ins Gewicht. Bedeutungsvoll für sie wie für alle ihre Vorfahren ist aber zweifellos die strahlende Festlichkeit, die an jenem Tag den Krishna-Radha-Tempel umgibt und die aus dem Jahreslauf der Königsstadt Lalitpur nicht wegzudenken ist.

Nicht nur die Staaten des Kathmandu-Tals, sondern auch jene des übrigen Hügellandes zwischen Gangesebene und Himalaja waren zur Zeit unseres Mittelalters und bis in die Mitte des 18. Jahrhunderts sehr kleinräumig. Zu jener Zeit sollen im Gebiet des heutigen Nepal mehr als fünfzig Rajas in fast ständiger Fehde und stets wechselnder gegenseitiger Abhängigkeit regiert haben. Zu den zahlreichen Fürstensitzen gehörte auch *Gurkha*, ein drei bis vier Tagesmärsche nordwestlich von Kathmandu liegender Flecken, wo im Jahre 1722 *Prithvi Narayan Shah*, der nachmalige Gründer des nepalischen Staates, geboren wurde.

In den Jahren 1768/69 brachte Prithvi Narayan die über Kathmandu, Patan und Bhaktapur führenden Handelsrouten unter Gurkhas Kontrolle und eroberte in der Folge die Königsstädte des Kathmandu-Tals. Unter seinen Nachfolgern wurde das Gurkha-Reich vorübergehend bis nach Tibet hinein ausgedehnt. Im Jahre 1794 reichte das Herrschaftsgebiet der Shah von Sikkim im Osten bis gegen Kashmir im Westen. Erst der Zusammenstoß mit der wachsenden britischen Macht in Indien ließ das Reich der Gurkha zusammenbrechen. Im Vertrag von Segauli wurde Nepal im März 1816 auf seine heutigen West- und Ostgrenzen eingeschränkt. Das Terai fiel zunächst an die Engländer, wurde jedoch später dem nepalischen Territorium wieder angefügt.

Die Familie der Shah leitet ihren Ursprung von indischen Fürsten her, die auf der Flucht vor muslimischen Eroberern ins vorhimalajische Hügelland gekommen waren. Ebenso wie die Herkunft der Shah läßt sich auch ihre politische und militärische Leistung nur im weiteren geschichtlichen Zu-

Am Geburtstag des Hindu-Helden Krishna wird der Krishna-Radha-Tempel in Patan von vielen tausend Frauen und Männern aus dem Kathmandu-Tal besucht

sammenhang des indischen Subkontinents verstehen: Als junger Mann verbrachte Prithvi Narayan Shah einige Monate des Winters 1742/43 in Benares, einem der wichtigsten geistigen Zentren des Hinduismus und zugleich einem Ort, von dem aus sich das politische und militärische Geschehen im nördlichen Indien glänzend verfolgen ließ. Der Fürstensohn aus dem Himalaja beobachtete von hier aus den raschen Zerfall des riesigen Reiches der Groß-mogulen, das noch ein halbes Jahrhundert vorher von Zentralindien bis Kashmir gereicht hatte. Die Reichsverwaltung war weitgehend funktionsunfähig geworden. Lokale Machthaber suchten ihre Unabhängigkeit vom kaiserlichen Hof in Agra. François Bernier, ein französischer Arzt, der Indien im 17. Jahrhundert besuchte, gibt eine treffende Schilderung von der Art und Weise, in der sich die Beamten des Mogulreiches auf Kosten der Bauern und Händler bereicherten. Die folgende Bemerkung soll aus dem Munde eines solchen Beamten stammen:

»Warum sollte uns der vernachlässigte Zustand dieses Landes beunruhigen? Und warum sollten wir unser Geld und unsere Zeit darauf verwenden, es fruchtbar zu machen? Jeden Augenblick kann es uns weggenommen werden, und unsere Anstrengungen brächten dann weder uns selbst noch unseren Kindern etwas ein. Wir wollen aus dem Boden soviel Geld wie nur möglich herausholen, auch wenn die Bauern verhungern oder sich aus dem Staub machen, und wenn wir den Befehl erhalten, zu gehen, wollen wir eine trostlose Wildnis hinterlassen.«

Auf dem Korbmarkt in Patan. Körbe dienen vielen Bauern des Hügellands als Tauschmittel beim Einkauf von Salz oder Baumwollstoffen

Was Prithvi Narayan Shah an dieser Situation am meisten beeindruckte, war einerseits das hoffnungslose Unvermögen der Mogulen, die einzelnen militärischen und zivilen Machthaber innerhalb ihres Reiches unter Kontrolle zu halten, andererseits die unglaubliche Verantwortungslosigkeit dieser Machthaber gegenüber ihren Untertanen, auf denen doch die wirtschaftliche Lebensfähigkeit des ganzen Staates beruhte. Als der junge Fürst von Gurkha in seine

Heimat zurückkehrte, war er entschlossen, den Erfahrungen, die er in Indien gesammelt hatte, in seinen eigenen politischen und militärischen Plänen Rechnung zu tragen.

Wenn es ihm in der Folge gelungen ist, die Grundlage für einen neuen Staat zu legen, dessen Einheit nicht nur das Reich der Großmogulen und jenes der Marathen in Zentralindien, sondern auch die Herrschaft der Engländer auf dem Subkontinent überdauern sollte, dann lassen sich dafür zumindest wichtige Teilerklärungen anführen: Es waren zahlreiche Reformen des hinduistischen Rechts, die der Gurkha-Herrschaft in den Fürstentümern des Hügelgebietes Anziehungskraft verliehen; es war eine sehr straffe Disziplin, mit denen sich die neuen Herrscher im Tal von Kathmandu ihre Lehensträger in den übrigen Landesteilen dienstbar zu halten wußten; und es war schließlich die periodisch spürbar werdende wirtschaftliche Sorge um die täglichen Lebens- und Produktionsbedingungen der nepalischen Bauern, die einen Ausgleich zu manchem politischen Zwang und eine wichtige Voraussetzung für die Urbarmachung des Vorhimalaja schufen.

Die außergewöhnliche Leistung des jungen nepalischen Königshauses bestand darin, daß es die politischen Grundlagen für eine verhältnismäßig große staatliche Einheit schuf, die militärische Kraft zur Ausdehnung und Befestigung dieser Einheit aufrechterhielt und den landwirtschaftlichen Ertrag des Bodens nicht zuletzt mit Hilfe von zahlreichen Einwanderern aus Tibet und Indien so steigerte, daß die Kosten für die Aufrechterhaltung der staatlichen Einheit im schwer zugänglichen Hügelland gedeckt werden konnten. Keinem Herrscherhaus und keinem Volk auf dem indischen Subkontinent ist angesichts der englischen Machtausweitung im 19. und 20. Jahrhundert Ähnliches gelungen.

Aber der Preis, den Nepal für seine Selbstbehauptung zu entrichten hatte, war hoch – so hoch, daß sich mit dem äußeren Erfolg des neuen Staates schließlich der innere Mißerfolg anbahnen mußte. Unter den gegebenen wirtschaftlichen und technischen Verhältnissen des ausgehenden 18. Jahrhunderts bot sich den Shah gar keine andere Möglichkeit an, als die verschiedenen, so außerordentlich schwer verknüpfbaren Landesteile auf Grund feudaler und familiärer Treuebeziehungen zu verwalten. Daraus entwickelten sich im Laufe der Jahre immer stärkere Sonderrechte einzelner Adliger, und mit diesen Sonderrechten wuchs die Gefahr innerer Machtkämpfe, die dem jungen Staat leicht ein ähnliches Schicksal hätten bereiten können, wie es das Reich der Mogulen in Indien erlitten hatte. Um dieser Gefahr entgegenzuwirken, suchten die Shah-Könige jenes Land, das sie Beamten und Offizieren für deren Dienstleistungen zu übertragen pflegten, nach Ablauf der Dienstzeit wieder an sich zu ziehen oder zumindest hart zu besteuern. Dieses System leistete der skrupellosen Ausbeutung von Feldern, Wald und Menschen gewaltig Vorschub. Schon anfangs des 19. Jahrhunderts wäre deshalb die oben zitierte

Bemerkung eines mogulischen Beamten auch für gewisse Tendenzen im Königreich Nepal zutreffend gewesen.

Die Fehden zwischen dem Königshaus und einzelnen Adelsfamilien spitzten sich gegen die Mitte des letzten Jahrhunderts derart zu, daß die englischen Eroberer Indiens versucht sein mußten, den gefährlichen Unruheherd an ihrer Nordgrenze unter Kontrolle zu bringen und wie zahlreiche andere hinduistische Königreiche ihrem direkten Einfluß zu unterwerfen. Daß es nicht dazu kam, war nur zum Teil eine Folge der natürlichen Verteidigungsmöglichkeiten Nepals. Wichtiger dürfte das Auftauchen *Jang Bahadur Ranas,* einer überragenden Herrschergestalt, gewesen sein, die der Politik des Landes innerhalb weniger Jahre seinen Stempel aufzudrücken vermochte.

Jang Bahadur vernichtete 1846 durch ein Massaker seine gesamte Gegnerschaft innerhalb des nepalischen Adels und erzwang als neuer Premierminister von König Surendra Shah uneingeschränkte Kompetenzen in allen politischen und militärischen Angelegenheiten. Er ließ sich das Recht bestätigen, selbst Befehle des Monarchen zu mißachten, wenn diese dem nationalen Interesse zuwiderlaufen sollten. Die erbliche Vormachtstellung der Ranas innerhalb des nepalischen Staates wurde gesetzlich verankert, während die Angehörigen der königlichen Familie jeder Souveränität entblößt und zu Gefangenen innerhalb ihrer eigenen Paläste gemacht wurden.

Gegenüber den Briten in Indien wußten sich Jang Bahadur und seine Nachfolger nicht nur als Garanten der militärischen und politischen Stabilität im Bergland, sondern auch als direkte Verbündete im Kampf gegen indische Rebellen unentbehrlich zu machen. In der für Großbritannien gefährlichen Sepoy-Meuterei des Jahres 1857 führte Jang Bahadur selber mehrere tausend Gurkha-Soldaten zum Siege für die Kolonialherren. Seither haben immer wieder nepalische Söldner unter der britischen Fahne in Indien und anderen Teilen der Erde gedient. In den beiden Weltkriegen waren es je zwischen 150 000 und 200 000, von denen wohl jeder zehnte mit seinem Leben für die reichen Einkünfte bezahlte, die der nepalischen Staatskasse aus dem Söldnerwesen zuflossen.

Nur etwa der siebente Teil dieser Staatseinnahmen wurde jedoch im Dienste des nepalischen Gemeinwesens und seiner Wirtschaft ausgegeben. Den Löwenanteil verzehrten die Rana unter sich für durchaus private Vergnügungen und Geschäfte. Daß sich die Machthaber für den Bau ihrer Paläste riesige Kristalleuchter und -spiegel, für kleine Spazierfahrten im Kathmandu-Tal ganze Limousinen über das Mahabharat-Gebirge schleppen ließen, ist weitherum bekannt. Wieviele Enteneier jedoch als Pflegemittel für die Haartrachten der Rana-Frauen im Gefolge einer Jagdexpedition über dieselben Gebirgspfade ins Terai getragen wurden, hat wohl nur ein einziger deutscher

◁ Im Siedlungsgebiet der buddhistischen Tamang oder Sherpa treffen wir auf solche Tschorten, ursprünglich wohl Grabstätten oder Reliquienschreine

Augenzeuge im Winter des Jahres 1899 festgehalten und der Nachwelt überliefert: Er zählte fünfzig volle Körbe.

Die Familienherrschaft der Rana, die ein gutes Jahrhundert dauerte, ist nicht zu Unrecht mit einer Kolonialherrschaft verglichen worden. Insofern als die Rana die staatlichen Einkünfte aus Steuern, Söldnerwesen und Holzexporten nur zum ganz geringen Teil in einer Art anlegten, die volkswirtschaftlich produktiv und sozial ausgleichend hätte wirken können, folgten sie nicht nur dem Beispiel mogulischer Beamten, sondern auch jenem neuerer Kolonialherrschaften. Große Kapitalmengen flossen ins Ausland, wo sie für die Rana gewinnbringend angelegt wurden und zugleich der politischen Sicherung der Machthaber dienten. Umgekehrt wurden fast alle Investitionen vermieden, die das Land äußeren politischen oder wirtschaftlichen Einflüssen hätten öffnen können. An Straßen fehlte es ebensosehr wie an Schulen, und jeder namhafte Handel blieb fest im Monopolbesitz der führenden Familie. Öffentliche Bauten wurden großenteils in Zwangsarbeit erstellt, und wer eine dem Staat wichtige Hindu-Regel verletzte, konnte seiner Kastenzugehörigkeit kurzweg verlustig erklärt oder gar versklavt werden.

Mußten solche Ausbeutung und Unterdrückung nicht zwangsläufig zu jener Rückständigkeit führen, die wir heute als Unterentwicklung bezeichnen?

Gewiß kann manche schwere Hypothek der gegenwärtigen Situation Nepals auf die Rana-Herrschaft zurückgeführt werden. Eine umfassende Erklärung der riesigen Probleme, die sich dem Land heute stellen, ergibt sich daraus allerdings nicht. Diese Probleme sind viel zu zahlreich und zu verschiedenartig, als daß sie sich auf eine einzige Ursache zurückführen ließen.

Das ist besonders deutlich geworden, seit es König *Tribhuvan Shah* 1951 gelang, sich aus der Bevormundung der Rana zu lösen und Nepal den politischen und wirtschaftlichen Ideen des nachkolonialen Indien zu öffnen. Der frische Wind, der in den fünfziger und sechziger Jahren durch das Königreich zu wehen begann, hat keineswegs nur Befreiung und Fortschritt, sondern auch viele neue Gefahren gebracht. Er hat dazu beigetragen, wirtschaftliches Eigenleben zu ersticken und wertvolles geistiges und materielles Kulturgut Nepals einem fast aussichtslosen Konkurrenzkampf mit der modernen Welt auszuliefern.

Noch zur Zeit Prithvi Narayan Shahs waren zahlreiche nepalische Bauern in der Lage gewesen, Baumwollstoffe nicht nur für ihren eigenen Bedarf zu weben, sondern auch Überschüsse nach Tibet zu exportieren. Nepalisches Eisen und Kupfer war an verschiedenen Orten gewonnen und verarbeitet worden. Im Laufe des 19. und 20. Jahrhunderts waren jedoch die nepalischen Rohstoffe knapp und die aus Indien oder Japan importierten Waren verhältnismäßig billiger geworden. Handwerk und Heimindustrie verloren allmählich ihre Grundlagen. Diese ungünstige Entwicklung verstärkte sich mit dem Bau einer Straße aus dem indischen Tiefland nach Kathmandu in den fünfziger und einer weiteren Verbindung zwischen Kathmandu und Lhasa in den sechziger Jahren unseres Jahrhunderts. Indisches Aluminium-, Chromstahl-

und Plastik-Geschirr verdrängt heute beispielsweise die Messing- und Kupfergefäße des traditionellen nepalischen Haushalts; chinesische Seife und Zahnpasta machen einheimische Produkte konkurrenzunfähig.

Der Mangel an Bodenschätzen und anderen Rohstoffen sowie die geringe Kaufkraft der eigenen Bevölkerung machen eine Fortsetzung nepalischer Handwerkstraditionen oder gar den Aufbau eigentlicher Industrien unmöglich. Nepal ist dem Konkurrenzdruck vor allem der indischen Wirtschaft ausgeliefert, und was dem Rana-Regime standgehalten hat, muß jetzt dem Güterangebot einer Industriegesellschaft weichen.

Mit den wirtschaftlichen Veränderungen gehen solche kultureller Art Hand in Hand. In den engen Gassen, auf den Vorplätzen und durch die Tempelbezirke der Newar-Siedlungen, die für keinerlei Art von Fahrzeugen geplant oder gebaut wurden, drängen sich hupend Lastwagen, Autobusse und Taxis. Der Tourismus, eine der wichtigsten Folgen der nepalischen Öffnung zur Außenwelt hin, trägt zu einer schnellen und in mancher Beziehung fragwürdigen Umwertung aller Werte bei. Der wachsende Strom von neugierigen Fremden, der sich Jahr für Jahr ins Kathmandu-Tal ergießt und mit einzelnen Wellen auch abgelegene Bergtäler erreicht, fördert nicht nur die rasche bauliche Umgestaltung des überlieferten Siedlungsbildes (Flugplätze, Straßen, Hotels, Kaufläden), sondern er bietet den Nepali auch ein unablässiges Schauspiel unserer materiell so verwöhnten westlichen Gesellschaft.

All unsere gut gemeinte Bewunderung für das vergangene kulturelle Schaffen der Nepali vermag die zerstörerische Wirkung unseres touristischen Vorbildes auf eben dieses Schaffen und den ihm zugrunde liegenden sozialen Zusammenhalt nicht aufzuwiegen. Wir müssen uns klar darüber sein, daß Nepal für seine neu erworbene Weltoffenheit und die Deviseneinkünfte, die ihm der Tourismus bringt, einen ungeheuren Preis bezahlt. Ob er sich lohnt und ob die einschneidende Wirkung des Fremdenverkehrs durch künftige planerische Bemühungen allenfalls gemildert werden kann, wird sich noch zeigen müssen.

All die Gefahren, die mit der wirtschaftlichen, sozialen und touristischen Öffnung Nepals verknüpft sind, dürfen uns jedoch nicht darüber hinweg täuschen, daß das Bauernvolk am Südhang des Himalaja ohne neue Kontakte und Austauschmöglichkeiten mit der Außenwelt schlechterdings keine Chance hat, sein höchst bescheidenes gegenwärtiges Lebensniveau auch nur zu halten, geschweige denn zu verbessern. Das wird sofort deutlich, wenn wir uns noch einen Moment mit den Folgen des starken Bevölkerungswachstums beschäftigen, das die nepalische Geschichte der vergangenen hundert Jahre charakterisiert hat.

Der Bevölkerungsdruck und der Mangel an zusätzlichen Erwerbsquellen zwingen die Bewohner des Hügellandes, die Grundlagen ihrer Selbstversorgungswirtschaft ständig auszuweiten. Während die nepalischen Bauern ihre Terrassenfelder früher nur auf den sonnigen, nach Süden exponierten Bergrippen anlegten, sind sie heute gezwungen, die Ackerfläche immer mehr seitlich in die ursprünglich bewaldeten, wasserführenden Bergtobel auszu-

Der Bedarf an Brennholz ist eine der Hauptursachen für die fortschreitende Zerstörung der Wälder und damit der ganzen Hügellandschaft

dehnen. Damit wächst die Gefahr von Erdrutschen. Ganze Terrassenhalden können ins Tal abgleiten und die Lebensgrundlage vieler Familien vernichten. Im geologisch jungen Himalaja und unter den rasch wechselnden Einflüssen intensiver Sonnenbestrahlung und heftiger Regengüsse schreitet die Erosion der nepalischen Hügel ohnehin viel rascher fort als etwa in den Alpen. Sie bedroht heute weite Gebiete der dicht besiedelten Hügelzone.

Nicht nur der Bedarf an landwirtschaftlichem Boden, sondern auch die Nachfrage nach Bau- und Brennholz steigt unaufhaltsam. Die Minderung der Wald- und Weideflächen aber rächt sich auf mehrfache Weise: Der Boden verliert viel von seiner Kraft, Wasser aufzunehmen und zurückzuhalten. Der Reichtum der Quellen und viele Bewässerungsmöglichkeiten schwinden, und es wird schwierig, im Wald genügend Futter für das Vieh und Laub für die Herstellung von Komposterde zu gewinnen.

Wo das Brennholz mangelt, muß getrockneter Mist als Energiespender dienen. Damit wird dem Ackerland neben der Feuchtigkeit und dem Kompost auch noch wertvoller Dünger entzogen. Es ist deshalb nicht verwunderlich, wenn die Statistiken der nepalischen Regierung im Landesdurchschnitt sinkende Hektarerträge anzeigen. Der Druck auf Wald und Wiese wird als Folge davon weiterhin verstärkt; eine erste negative Kreisbewegung wird sichtbar. Weitere kommen hinzu: Je stärker der Wald und die Weide übernutzt werden, desto schwieriger wird die Viehhaltung und die Düngerproduktion. Der Ersatz für das fehlende Brennholz wird seinerseits spärlich und die natürliche Erneuerung des Ackerbodens immer mehr in Frage gestellt.

Die Wirtschaftsweise des nepalischen Bauern – einst ein Muster von Geschicklichkeit, Zähigkeit und Anpassungsfähigkeit – ist in der wachsenden Not der Bevölkerungsexplosion zum brutalen Raubbau geworden. Anders als in den industrialisierten Ländern ist das Ungleichgewicht zwischen der menschlichen Tätigkeit und der natürlichen Umwelt aber nicht die Folge gesteigerter Wirtschaftskraft und Produktivität, sondern steht im Zusammenhang mit einer technisch wenig entwickelten Selbstversorgungswirtschaft, in welcher sich der einzelne Bauer mit seiner Familie nur knapp des Hungers erwehrt.

Was könnte die merkwürdige Verbindung von Erfolg und Mißerfolg in der nepalischen Geschichte deutlicher werden lassen als das kultivierende und zugleich zerstörerische Wirken des Menschen gegenüber der Natur? Ähnlichen Zweideutigkeiten sind wir in allen Abschnitten der neueren nepalischen Geschichte begegnet: Künstlerische Blüte und politische Zersplitterung zur Zeit der Malla-Könige; nationalstaatliche Selbstbehauptung und feudale Schwerfälligkeit unter den Shah; Abwehr der englischen Kolonialmacht und Ausbeutung des eigenen Volkes durch die Familie Rana; schließlich die Öffnung zur modernen Außenwelt mit all ihren befreienden und erdrückenden Auswirkungen. Jede Phase dieses geschichtlichen Ablaufs erscheint als Versuch, die Mängel der vorangehenden Epoche zu beseitigen. In jeder Phase kämpften die Nepali jedoch auch gegen neue Probleme. ›Entwicklung‹ wurde unablässig erstrebt und teilweise ermöglicht, während die Ansätze zur ›Unterentwicklung‹ als Kehrseite der Entwicklung in ganz verschiedenen Formen wirksam geblieben sind.

So darf es uns nicht wundern, wenn auch die heutigen Entwicklungsanstrengungen Nepals in hohem Maße ambivalent erscheinen (vgl. dazu den Beitrag von Hermann Warth). Es gibt ganz einfach keinen geradlinigen, unproblematischen Ausweg aus der historisch so vielfältig bedingten Gegenwart in eine goldene Zukunft. Einfache und rasche Lösungen für die Probleme der Armut, der Unwissenheit und der Umweltzerstörung sind nicht in Sicht.

Um so ermutigender ist es, daß es in der nepalischen Regierung trotzdem Leitbilder für eine erstrebenswerte Zukunft gibt. Nicht nur der Lebensstandard östlicher oder westlicher Industriestaaten, sondern auch die eigene Tradition und geschichtliche Erfahrung bestimmen diese Vorstellungen. So ist die Erinnerung an Nepals frühere Funktion der kulturellen und wirtschaftlichen Drehscheibe zwischen Indien und Tibet wach geblieben. Mit ihr verbindet sich die Hoffnung, eines Tages von neuem eine ähnliche Rolle übernehmen zu können. Trotz allen Schwierigkeiten der Anpassung an neue politische und wirtschaftliche Gegebenheiten in den großen Nachbarländern ist Nepals Mut zur Auseinandersetzung mit der modernen Welt nicht verloren gegangen.

Gewiß fehlen heute noch viele verkehrstechnische und politische Voraussetzungen dafür, daß Nepal seine naturgegebene Mittlerstellung zwischen Indien und Tibet ausnutzen kann, aber es erscheint auf lange Sicht nicht ausgeschlossen, solchen Schwierigkeiten abzuhelfen. Diesem Ziel hat sich denn auch die nepalische Außenpolitik verschrieben, die vor allem den Ausgleich zwischen den mächtigen Nachbarn im Norden und im Süden sucht und sich vor jeder Paktstellung hütet. Sie schafft damit den notwendigen Rahmen, innerhalb dessen die wirtschaftlichen und technischen Planer ihre Aufgabe anpacken müssen.

Wird es gelingen, aus der geographischen Lage des neutralen Kleinstaates am Südhang des Himalaja neue Impulse für die innere Entwicklung zu gewinnen? Die topographischen und klimatischen Bedingungen gewähren dem Land gegenüber seinen Nachbarn in der Produktion gewisser landwirtschaftlicher Güter unbestrittene Vorteile. Tibet bietet für den Reis aus dem nepalischen Tiefland einen aufnahmefähigen Markt, während Indien als Abnehmer von Milchprodukten und Obst aus den Hügeln in Frage kommt. Das Land an der geographischen Barriere zwischen dem indischen Subkontinent und Zentralasien hat seinen beiden Nachbarstaaten je Besonderes zu bieten. Wenn es die Nepali fertigbringen, die landwirtschaftliche Produktion ohne Schaden für die natürliche Umwelt zu verbessern und gleichzeitig das Land verkehrsmäßig zu erschließen, dann lassen sich die Grenzen der armen Selbstversorgungswirtschaft nach und nach sprengen, die Bevölkerungsexplosion eindämmen und die Ursachen der Umweltzerstörung bekämpfen. Nur praktische Versuche und mutige Planung vermögen zu zeigen, ob dieses Bild einer möglichen Zukunft richtig ist. Für alle jene, denen Nepals Schicksal nicht gleichgültig ist, ist es jedoch entscheidend zu wissen, daß das Land am Himalaja nicht ganz ohne Hoffnung für diese Zukunft kämpft.

König Pratapamalla von Kathmandu und seine Säule vor dem Palast Hanuman Dhoka

Von Ulrich Wiesner

Unter den vielen Malla-Königen der Periode der drei Stadtkönigreiche von Kathmandu, Patan und Bhaktapur zwischen 1482 und 1768 ist Pratapamalla von Kathmandu eine der interessantesten und schillerndsten Gestalten. Der Schatten dieses Königs liegt auf nahezu allen historischen Monumenten seiner Zeit, schreibt R. D. Regmi, der sich auf die zahlreichen erhaltenen Inschriften von Pratapa bezieht.

Pratapamalla hat als König die relativ lange Regierungszeit von 1641 bis 1674. Bereits zu Lebzeiten seines Vaters Lakshminarasimhamalla (1620–1641) soll er die Regierungsgeschäfte geführt haben, angeblich, weil dieser in seinen letzten Jahren in Wahnsinn verfallen sei. Nach einer anderen Version war es den Machenschaften eines Ministers namens Kazi Mayasingh, in dessen Händen wohl die tatsächliche Macht lag, zu danken, daß zwischen Vater und Sohn eine Entzweiung eintrat, die dazu führte, daß Pratapa und Lakshminarasimha in Haß und gegenseitiger Furcht voreinander im Palast lebten.

Eine wichtige Rolle hierbei spielte die Frage der Weitergabe des Mantras der (Mutter-)Göttin Taleju, einer magischen Formel, mit deren Kenntnis man Taleju, die in Kathmandu einen alles überragenden riesigen Tempel hat, dienstbar machen konnte. Gleichsam als Herrschaftsinsignie wurde dieses Mantra vom Vater an den Sohn vererbt. Durch die Feindschaft zwischen

Kathmandu, Taleju-Tempel; im Hintergrund Svayambhunath mit den beiden begleitenden Türmen (links oben)

Pratapa und Lakshminarasimha bedingt oder durch den Wahnsinn des letzteren gelangte Pratapa jedoch nicht in den Besitz des Mantras, das seit dem Tode von Lakshminarasimha verloren ist. Dennoch aber wurde Pratapa zu einem fähigen Herrscher, wie die lokalen Chroniken tröstend bemerken. Daß Pratapa nicht Erbe des Mantras wurde, mit dem er Taleju hätte beherrschen können, scheint einer der Schlüssel zum Verständnis für sein weiteres Handeln als König zu sein. Sofort nach dem Regierungsantritt umgab sich Pratapa mit einer Reihe von religiösen Gelehrten, die als Vertreter heterogenster Richtungen einen bedeutenden Einfluß auf den König ausübten.

Kunsthistorisch ist das Wirken von Pratapamalla deshalb bemerkenswert, weil es durch ein gewisses archäologisches Interesse gekennzeichnet ist. Deshalb hat Pratapaditya Pal diesen König als den ›antiquarian king‹ bezeichnet. Ob die Taten von Pratapamalla wirklich im Sinne eines historischen Interesses zu deuten sind, soll dahingestellt bleiben. Es scheint vielmehr so zu sein, daß es sich um eine beinahe manische Suche nach alten Kulten handelt und um die Versuche, diese zu adaptieren und in neuem Sinne wiederzubeleben.

Seinen Palast in Kathmandu, Hanuman Dhoka, stattete er mit einer Fülle von Kultbildern verschiedenster Gottheiten aus, das Palastportal, das später der gesamten Anlage seinen Namen gab, schützte er mit einem Bildnis von Hanuman. Auf Anraten von Narasimha Thakur ließ er nach dem alten Heiligtum der Göttin Guhyeshvari suchen. Nachdem die Stelle in dem östlich von Pashupatinath gelegenen Wald entdeckt worden war, ließ Pratapamalla hier ein neues Heiligtum mit einem komplexen ikonographischen Programm errichten. Merkwürdigerweise steht in Verbindung mit dieser Neueinrichtung auch die Vertreibung der Buddhisten aus dem Heiligtum von Dakshin Kali im Süden des Kathmandu-Tales, die sich daraufhin in das Heiligtum von Vajra Yogini bei Sankhu zurückgezogen haben sollen.

Ferner wird Pratapamalla die Freilegung der drei originalen Ganeshas zugeschrieben, desjenigen in Chabahil, zwischen Kathmandu und Pashupatinath gelegen, des Kultbildes von Chandra Vinayaka in Chobar und von Surya Vinayaka im Süden von Bhaktapur. Dabei ist nicht ganz klar, wieso hier nur von drei Ganeshas berichtet wird, da eigentlich zu dieser Konstellation vier Kultbilder gehören.

Auf Anraten von Narasimha Thakur ließ er eine Straße anlegen, die Kathmandu und damit seinen Palast mit dem Heiligtum der Göttin von Pulchowk verband. Durch zwei vorgestellte flankierende Türme wurde das buddhistische Heiligtum von Svayambhunath, ein als Halbkugel allseitig orientierter Stupa, der entsprechend auch kultisch allseitig wirken konnte, unter Pratapamalla so verändert, daß es eine Hauptansichtsseite nach Kathmandu hin erhielt. Um diese direkte, neu geschaffene Beziehung noch zu verstärken, ließ er auch den Pilgerweg von seiner Hauptstadt zu diesem Heiligtum ausbauen und mit Brücken versehen. Ebenfalls einen Pilgerweg, und damit eine markierte direkte Weg-Verbindung, ließ Pratapamalla zwischen dem shivaitischen Heiligtum von Pashupatinath und seinem Palast in Kathmandu herstellen, der zusätzlich auch optisch dadurch verdeutlicht wurde, daß über die gesamte Strecke hin eine Folge von Fahnen angebracht wurde. Diese Beispiele zeigen, daß Pratapamalla die Tendenz hatte, die kultische Ausstattung seines Palastes dadurch zu erweitern und zu vervollständigen, daß er die verschiedensten Heiligtümer im Kathmandu-Tal durch Anlage oder Ausbau von Straßen als Pilgerwege auf diesen bezog und damit für den Palast direkt wirksam machte. Damit wirft er im 17. Jahrhundert gleichsam ein neues Netz kultischer Beziehungen über das Kathmandu-Tal.

In diesem Zusammenhang ist eine der merkwürdigsten Maßnahmen Pratapamallas die Auffindung und Transferierung eines Bildnisses von Jalasayana Narayana, Vishnu, der auf der kosmischen Schlange in den Wassern ruht. Dieses Werk, das nach Pal und Slusser um ca. 600 entstanden ist, wurde in Gyaneshvara, im Osten des heutigen Kathmandu, entdeckt. König Pratapamalla ließ hinter seinem Palast Hanuman Dhoka einen Garten mit einem Wasserbecken anlegen, in das das Bildnis aus Gyaneshvara eingesetzt wurde. Den Garten nannte er Bhandarkhal, sicherlich in Erinnerung an einen Garten gleichen Namens, dessen Anlage lokale Chroniken einem König Vikramashri zuschreiben. Für Pratapamalla war, den alten Schilderungen zufolge, das technisch schwierigste Problem nicht, das tonnenschwere Bildnis über viele Kilometer zu transportieren, sondern Wasser für das neu angelegte Becken hinter seinem Palast zu bekommen. Dabei dürfte die Schwierigkeit wohl nicht darin zu suchen sein, überhaupt Wasser zu bekommen, sondern das kultisch wirksamste.

Kathmandu, Jalasayana Narayana, Vishnu, der auf der kosmischen Schlange im Wasser ruht; Bildnis im Garten Bhandarkhal hinter dem Palast Hanuman Dhoka, um 600 n. Chr.

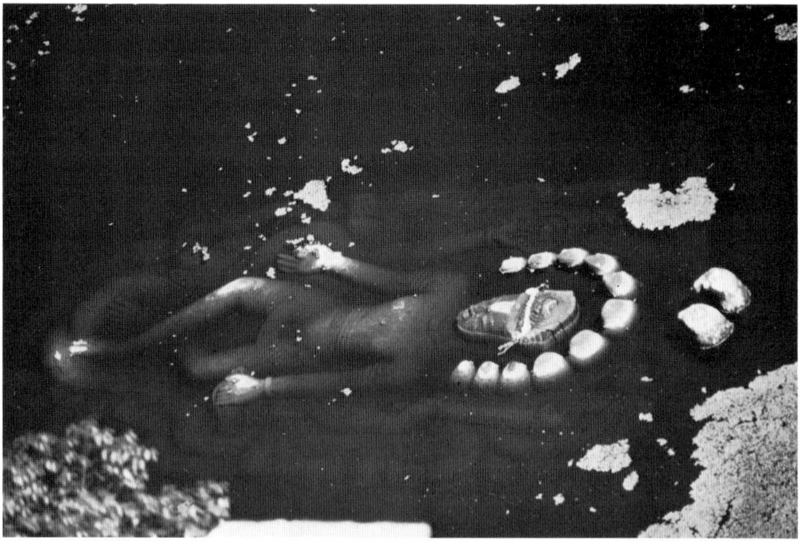

Der König ließ deshalb einen Kanal von Budhanilakantha, am Nordrand des Kathmandu-Tales, bis zum Garten Bhandarkhal graben. In Budhanilakantha (wie auch in Balaju am Westrand des Tales) liegt in einem Wasserbecken ebenfalls ein Bildnis von Jalasayana Narayana, das aber im Unterschied zu demjenigen aus Gyaneshvara zwischenzeitlich nicht in Vergessenheit geraten war, sondern immer hohe Verehrung genossen hatte. Das Wasser, das Pratapa aus Budhanilakantha in den Garten Bhandarkhal leiten wollte, war durch das dortige Bildnis geheiligt.

Wegen Geländeunebenheiten in der Nähe der heutigen indischen Botschaft schien jedoch dieses Vorhaben undurchführbar zu werden. Pratapamalla tat das feierliche Gelübde, solange nicht in seinen Palast zurückzukehren, bis nicht das Wasser aus Budhanilakantha dorthin gelangt sei. Für den Zeitraum von einem Jahr ließ er sich an der Stelle nieder, wo das Wasser aufhörte, weiterzufließen. Sogar die Prozession Indrayatra, an deren Ende die jährlich erneute Übergabe der Herrschergewalt an den König steht, fand in diesem Jahr nicht in Kathmandu statt, sondern wurde hierhin verlegt. Man wird sich heute kaum mehr vorstellen können, welchen Eingriff die Verlegung von Indrayatra aus der Stadt hinaus in das traditionelle Gefüge religiöser Feste bedeutete. Jedenfalls verfehlte der Starrsinn Pratapamallas nicht seine Wirkung. Nach Ablauf eines Jahres, nachdem Dammbauarbeiten erfolgreich beendet werden konnten, erreichte das Wasser aus Budhanilakantha das Becken mit dem Bildnis von Jalasayana Narayana im Garten Bhandarkhal und mit ihm kehrte auch der König in seinen Palast Hanuman Dhoka zurück. Diese

Balaju, Jalasayana Narayana, 1. Hälfte des 7. Jahrhunderts

Verbindung der beiden Bildnisse von Jalasayana Narayana durch einen Kanal ist sicherlich in ähnlicher Weise zu verstehen wie die oben genannten Pilgerwege, als einem kultischen Bezug eines Heiligtums auf den Palast, dessen Wirkung damit dem König direkt zufließt. Hinzu kommt in diesem Fall, daß die Gottheit, dupliziert, im Palast selbst anwesend ist. Daß die Könige Nepals seit dieser Zeit bei Strafe des Todes nicht mehr Budhanilakantha besuchen dürfen, ist zwar in Form einer Drohung überliefert, tatsächlich besteht aber aufgrund der Maßnahmen Pratapas auch keine Notwendigkeit für den Besuch eines Königs mehr.

Zum Bildnis selbst ist noch folgendes zu bemerken: Mary Sh. Slusser und Gautamavajra Vajracarya, auf die die neuerliche, kunsthistorische Entdeckung dieses Werkes hinter dem Palast Hanuman Dhoka zurückgeht, haben in einem gemeinsamen Artikel das chronologische Verhältnis der Jalasayana Narayana-Figuren in Bhandarkhal, Budhanilakantha und Balaju untersucht und sind zu dem Schluß gekommen, daß das Werk in Budhanilakantha eine monumentale Kopie desjenigen in Balaju sei, beide aber in der Regierungszeit von Vishnugupta zwischen 633 und 643 entstanden sein müssen. Das Bildnis aber, das Pratapamalla im 17. Jahrhundert in seinen Palast Hanuman Dhoka bringen ließ, glauben sie mit einem bereits im Jahre 608 inschriftlich erwähnten Kultbild in Bhumbhukkika, einem Ort, der sich heute nicht mehr lokalisieren läßt, identifizieren zu können. Zwar bestimmen beide Wissenschaftler das Verhältnis der Bildnisse von Budhanilakantha und Balaju im Sinne von Kopie und Original. Über das Verhältnis des Bildnisses, das sich seit Pratapamalla im Garten Bhandarkhal befindet, zu den beiden erstgenannten treffen sie jedoch, außer einer chronologischen, keine Aussage.

Vor dem Palast Hanuman Dhoka hat Pratapamalla sich und seiner Familie ein Denkmal gesetzt. Eine hohe monolithische Säule mit einem mächtigen Kapitell trägt einen bühnenartigen Thron, auf dem z. T. in vergoldeter Bronze eine vielgliedrige Figurengruppe dargestellt ist. Die starre Haltung der einzelnen Gestalten selbst weist schon darauf hin, daß es sich nicht um ein Denkmal im emanzipierten Sinne des 19. Jahrhunderts handelt, sondern, trotz der modischen Kleidung in Art der damaligen islamischen Mogul-Herrscher Nordindiens, um ein Monument, das aus einem religiösen Zusammenhang heraus verstanden werden muß.

Es fällt auf, daß die einzelnen Figuren maßstäblich verschieden dargestellt sind. Dies entspricht einer hierarchischen Ordnung, bei der der König selbst im größten Maßstab wiedergegeben ist. Sieht man von den Figuren ab, die vor Pratapamalla angeordnet sind und die eher anekdotischen Charakter haben, so besteht die Gruppe aus dem König im Zentrum, flankierend umgeben von vier seiner Söhne an den Ecken. Zwar wird damit, vordergründig, eine konkrete Familiensituation wiedergegeben, jedoch ist nicht zu übersehen, daß der Aufbau der Gruppe einem streng geometrisch pyramidalen Schema als Fünfer-Konstellation unterworfen ist.

Kathmandu, König Pratapamalla umgeben von vier seiner Söhne auf der im Jahre 1670 aufgerichteten Säule

Sieht man sich nach dieser Feststellung den Aufbau des bühnenartigen Thrones und das Kapitell an, so wird auch hier ein streng geometrisches Ordnungsschema deutlich. Der Thron wird an den Ecken von vier Löwen getragen. In der Mitte jeder seiner vier Seiten erscheint ein Elefant als Trägerfigur. Der Thron wird also von acht Tiergestalten getragen, vier Löwen und vier Elefanten. Untersucht man dann den Thron und seine Trägerfiguren auf ihre Ausrichtung nach den Himmelsrichtungen, so stellt man fest, daß die Löwen die Zwischenhimmelsrichtungen angeben (also: SW, SO, NO, NW) und die Elefanten die Haupthimmelsrichtungen (S, O, N, W). Da der König innerhalb der gesamten Komposition das Zentrum einnimmt, gleichsam die zentrale Achse, die durch die monolithische Säule angegeben wird, so hat der König in der Zone seines Thrones eine achtfache Ausrichtung bzw. Auffächerung, einmal durch seine vier Söhne und die darunter angeordneten Löwen nach den Zwischenhimmelsrichtungen, durch die Elefanten aber nach den Haupthimmelsrichtungen hin. Aus diesen Richtungen aber betrachtet erscheint der König völlig frei. Ist die Zone des Thrones achtfach ausgerichtet, so ist das darunterliegende Kapitell blattartig sechzehnfach gegliedert.

Von der zentralen Achse her gesehen, die durch die Säule und den König gebildet wird, erfährt die gesamte Komposition nach unten hin eine immer stärkere Aufgliederung, auf dem Thron vierfach, der Thron selbst achtfach, das Kapitell schließlich sechzehnfach.

Ein solches Schema kann nicht einfach das Ergebnis einer möglichst dekorativen Anordnung und Zuordnung von Einzelteilen sein, die unter ästhetischen Gesichtspunkten zu genießen ist. Eine Orientierung nach den Himmelsrichtungen meint auch den inhaltlichen Bezug auf diese. König Pratapamalla ist im Zentrum von sich schneidenden Diagonalen und einer senkrechten Achse (durch die Säule angegeben) dargestellt, die unendlich verlängert werden können. Damit aber auch nimmt er das Zentrum eines Systemes ein, das die Welt, ja den ganzen Kosmos umfaßt, in den das eigentlich von ihm beherrschte geographisch begrenzte Gebiet eingeordnet ist und dessen relative Größe, aufgrund eines solchen absoluten Bezugssystemes, belanglos wird. Die Säule mit dem Bildnis von Pratapamalla, umgeben von seinen vier Söhnen, wird damit zum Abbild einer kosmologischen Vorstellung, die auch auf die staatliche Sphäre übertragbar ist.

Nepalische Chroniken berichten folgende merkwürdige Geschichte: König Pratapamalla soll, auf Anraten des damaligen Obersten Priesters von Pashupatinath, des aus Südindien stammenden Khodhanyasi, für den Zeitraum von vier Jahren die Herrschaft seinen vier Söhnen übertragen haben, wobei jeder für die Zeit eines Jahres die Regierungsgeschäfte führen sollte. Die Begründung für dieses ungewöhnliche Verfahren wird rational gegeben, jeder der vier Söhne sollte das ›Regierungshandwerk‹ erlernen. Eine solche Begründung erscheint auch schon deshalb unglaubwürdig, weil schließlich nur einer seiner Söhne die Nachfolge antreten konnte. R. D. Regmi bringt in diesem Zusammenhang vor, daß zum Zeitpunkt der Übergabe der Macht an seine vier Söhne, den er für das Jahr 1668 annimmt, altersmäßig keiner dieser Söhne in der Lage sein konnte, die Schwierigkeiten einer Verwaltung zu verstehen. Eine wahrscheinlichere Begründung für die Übergabe der Macht durch Pratapamalla an seine Söhne dürfte sein, daß hier eine räumlich gedachte, vierfache Auffächerung des Königs, so wie sie u. a. in der Säule dargestellt ist, in eine konkret zeitlich vierfach gegliederte umgesetzt wurde. Daß hinter dieser Maßnahme Pratapamallas eine Vorstellung steht, die der kosmologischen Konzeption seines Denkmals entspricht, legt ein zeitlicher Zusammenhang nahe. Die Machtübertragung wird für das Jahr 1668 angenommen, die Säule wurde im Jahre 1670 errichtet, demnach während der Zeit, in der die Söhne Pratapamallas formell König waren.

In all seiner anspruchsvollen Konzeption enthält dieses Denkmal Pratapamallas auch ein Moment der Trauer. Als nämlich die turnusmäßige Übernahme der Macht an den Lieblingssohn von Pratapa, Chakravartendra, kam, starb dieser bereits vierundzwanzig Stunden später. Der Tod von Chakravartendra soll noch vor Errichtung der Säule stattgefunden haben. Die in der Figurengruppe gezeigte Konstellation gibt also einen Zustand wieder, der

Kathmandu, Pratapamalla-Säule und Degutale-Tempel ▷

zum Zeitpunkt, als die Säule aufgestellt wurde, bereits nicht mehr existierte – es ist um so mehr ein Idealzustand. Zum Gedächtnis an Chakravartendramalla wurde im Osten vor der Stadt ein großes quadratisches Wasserbecken, Rani Pokhari, von dessen Mutter gestiftet. In seinem Zentrum befindet sich eine Insel, auf der sich ein Shiva geweihter Tempel erhob, der leider in der Mitte des 19. Jahrhunderts in sehr vereinfachten Formen neu errichtet wurde. An der Südseite von Rani Pokhari steht heute noch der steinerne Elefant, auf dem König und Königin zusammen mit ihrem verstorbenen Sohn dargestellt sind.

Kehren wir wieder zur Säule Pratapamallas zurück. Zusätzlich zu dem streng zentrierten Aufbau des Denkmals und der Einordnung der Figuren und aller Details in ein absolutes, geometrisches Schema, das wiederum der Vorstellung von der Gliederung des Weltbaues folgt, ergibt sich ein wichtiger Aspekt für die Deutung der Figuren aus ihren Blickrichtungen. Sie sind nicht – entsprechend ihrer Plazierung – vom Zentrum, dem König, ausgehend, allseitig auf die vier Himmelsrichtungen orientiert, sondern in eine einzige Richtung, nach Süden. Dort aber steht der große dreigeschossige Degutale-Tempel auf hohem, turmartigem Unterbau. Dieser Tempel ist der Familiengöttin der späteren Malla-Dynastie geweiht und nur für den König selbst zugänglich. Auf diesen Bau, und damit auf die Göttin, bezieht sich die Figurengruppe, die eigentlich in sich selbst ihr Zentrum hat. Dieser Bezug wird einmal hergestellt durch die Blickrichtung, dann aber auch durch die Position der Säule, die genau in der Hauptachse des Tempels steht, und ferner durch die gleiche Ebene, auf der sich sowohl die Figurengruppe wie auch der Tempel befinden. Es ist dies die Ebene, die durch die Höhe des turmartigen Unterbaues angegeben wird, der eine Plattform bildet, auf der erst sich der Degutale-Tempel erhebt.

Erweitert man nun diese Plattform über den Platz hinweg, auf dem die gewöhnlichen Gläubigen sich befinden, bis hin zur Säule Pratapamallas, die sich auf diesem Platz erhebt, so ergibt sich eine Korrespondenz und Zugehörigkeit: der König und seine vier Söhne sitzen gleichsam auf einem gedachten Tempelhof, weit oberhalb der dem gewöhnlichen Gläubigen zugänglichen Sphäre und verehren ihre Gottheit, der für den Bestand der Dynastie und auch der Herrschaft eine so eminente Bedeutung zugesprochen wird. Dies ist als außerordentliche Demonstration anzusehen, denn der Hauptzugang zum Palast führt zwischen Degutale-Tempel und Säule hindurch, unterhalb dieser zu denkenden Ebene des Tempelhofes, auf dem die Verehrung stattfindet.

Nachdem Pratapamalla 1670 diese Säule mit seinem Bildnis vor dem Tempel der von ihm favorisierten Gottheit hatte aufstellen lassen, folgten bald auch Patan und Bhaktapur, wo vor den dortigen Palästen ebenfalls solche Säulen aufgestellt wurden. Kathmandu, Patan und Bhaktapur waren von 1482, dem Todesjahr von König Yakshamalla, bis 1768, dem Jahr der Eroberung des Tales durch die Shah-Dynastie, selbständige Königreiche. Die

Geschichte dieser Zeit ist gekennzeichnet durch einen ständigen, zermürbenden Machtkampf der drei Königreiche untereinander, die sich in immer wechselnden Konstellationen miteinander verbündeten und gegen das dritte zu Felde zogen. Dabei ist es aber wichtig festzustellen, daß die drei selbständigen Königreiche sich trotz ihrer kriegerischen Auseinandersetzungen sehr wohl auch als Einheit verstanden, so daß etwa zu bedeutenden Feiern immer alle Könige anwesend waren. Auch wurde ein neuer König in einer Stadt immer durch einen seiner ›Bruderkönige‹ eingesetzt. Womöglich war es die Rivalität der drei Königreiche und gleichzeitig ihr Gefühl, eine Einheit darzustellen, die dazu führte, daß ihre jeweiligen Hauptstädte mit ungeheurer Energie und in weitgehender Parallelität zueinander, bei örtlich verschiedenen Voraussetzungen, ausgebaut wurden. Ein Beispiel hierfür sind auch die drei Säulen in den drei Hauptstädten.

In Patan ließ Yoganarendramalla (1684–1705) eine Säule mit seinem Bildnis und dem seines Sohnes vor dem dortigen Degutale-Tempel errichten. Dies soll so sehr den Neid des Königs von Bhaktapur, Bhupatinadramalla (1696–1722), erregt haben, daß er beschloß, die Familie Yoganarendramallas auszulöschen. Yoganarendras Sohn starb schon bald darauf, angeblich aufgrund magischer Praktiken, während Yoganarendramalla selbst im Verlauf eines Krieges gegen Bhaktapur vergiftet wurde. König Bhupatindramalla von Bhaktapur jedoch hatte nicht das Glück, noch zu seinen Lebzeiten eine Statue von sich aufgestellt sehen zu können. Erst nach seinem Tode wurde ihm von seinem Sohn und Nachfolger Ranajitamalla (1722–1768), dem letzten König von Bhaktapur, eine solche Statue vor Sundhoka, dem Eingang zum nicht sichtbaren Taleju-Tempel innerhalb des Palastes, errichtet. Im Unterschied zu Kathmandu und Patan war es also nicht ein Degutale-Tempel. Dies ist Ausdruck von lokal verschiedenen kultischen Verhältnissen, denn Degutale ist Familiengottheit nur der Malla-Dynastie von Kathmandu und Patan gewesen, nicht aber auch derjenigen von Bhaktapur. Auch wird Bhupatindra in seinem Denkmal nicht von seinem Sohn begleitet. Dies hat womöglich darin seinen Grund, daß Ranajita zur Zeit der Aufstellung der Säule bereits König war. Damit wurde eine hierarchisch gestaffelte Ordnung der Einzelfiguren unmöglich.

Solche monolithischen Säulen aufzurichten scheint ein Spezialwissen erfordert zu haben, das nur wenige Leute in Kathmandu besaßen, nicht aber in Bhaktapur. So mußte Ranajitamalla in Verhandlungen mit dem dortigen König Jayaprakashamalla (1736–1768) eintreten, um für diese Leute die Erlaubnis zu erwirken, in Bhaktapur die Arbeiten durchführen zu können. Offiziell soll zwar Jayaprakasha seine Zustimmung gegeben haben, insgeheim aber habe er den Leuten aufgetragen, die Säule zu verderben. Und so passierte dann auch ein Betriebsunfall, indem der Monolith beim Aufrichten wegrutschte und in drei Stücke zerbrach. Die Säule soll zwar dann wieder zusammengefügt und so aufgerichtet worden sein, ihre geringe Höhe aber spricht dafür, daß sie beim neuerlichen Aufrichten verkürzt wurde. Nach Ab-

Bhaktapur, Bhupatindramalla-Säule vor dem Palast, errichtet von König Ranajitamalla (1722–1768)

schluß der Arbeiten wurden diese Ingenieure sowohl vom König von Bhaktapur als auch vom König von Kathmandu mit großen Ehren bedacht. Im Vergleich der drei Säulen vor den jeweiligen Palästen kann man feststellen, daß sowohl diejenige von Patan wie auch die von Bhaktapur ein weniger komplexes und bei weitem anspruchsloseres ikonographisches Programm aufzuweisen haben als die Säule Pratapamallas in Kathmandu.

In den lokalen Chroniken wird berichtet, König Pratapamalla habe diese Säule auf Anraten eines Brahmanen aus Maharashtra aufstellen lassen. Normalerweise erscheinen in den Berichten dieser Chroniken Hinweise auf das Eingreifen von Priestern, die die Taten eines Königs lenken sollen, höchst selten. Dies spiegelt sicherlich nur teilweise den tatsächlichen Einfluß der Priesterschaft im Staat wider, die wesentlich im Verborgenen wirkte. Wenn aber ein solcher Hinweis, ein Brahmane habe es angeraten, erscheint, so war offensichtlich in den Augen der Bevölkerung eine religiöse Rechtfertigung notwendig, d. h., die entsprechende Handlung eines Königs war ungewöhnlich. Welche Bewandtnis hat nun die Notwendigkeit einer religiösen Rechtfertigung in diesem konkreten Fall? Soviel jedenfalls kann aufgrund des Denkmälerbestandes kunsthistorisch geschlossen werden: Die Säule Pratapamallas hat in Nepal selbst keine Vorbilder, ihre Konzeption stellte im damaligen Nepal ein Novum dar.

Feste in Kathmandu

Von Annemarie H. Spahr

Die Feste in Nepal sind wie eine Kette von Barock-Perlen – jedes anders: klein, wichtig, unscheinbar – wobei die Religion die verbindende Schnur ist. Religion, wie wir sie nicht mehr kennen, tief verwurzelt im täglichen Leben – tägliches Leben ist Religion. Die Feste sind Teil der nepalischen Lebensform, die ohne diese Feste undenkbar wäre; sie sind für die Nepali nichts Außergewöhnliches. Jahr um Jahr kommen die Feste wieder, deren Mythologie und Ablauf in den religiösen Schriften festgelegt ist. Die wenigsten Nepali wissen um das Weshalb und Warum. Man bekommt zur Antwort: »es war immer so« oder man wird an die Priester verwiesen, die lange Geschichten über das sehr menschliche Leben der Gottheiten zu erzählen wissen, und unwillkürlich werden wir an die griechische Mythologie erinnert.

Was den Ausländer immer wieder erstaunt, ist das sehr un-heilige, unfromme und un-zeremonielle Benehmen während der religiösen Zeremonien. Während Gebete gesprochen werden, weist eine Mutter mit lauter Stimme ihre Kinder zurecht, die Männer rauchen, der Priester unterbricht seine Litanei, spuckt vernehmlich aus oder befiehlt einem Ministranten, Zubehör zu holen, das er vergessen hat. In den Tempelbereichen spielt sich das tägliche Leben ab, Kinder spielen Verstecken hinter den heiligen Figuren, die prachtvollen Statuen dienen zum Aufhängen der Wäsche und die warmen Tempelstufen zum Trocknen von Getreide und rotem Pfeffer.

Jede Volksgruppe, jede Unterkaste, jeder Familienklan und jede religiöse Organisation hat ihre eigenen Feste. Außenseiter wissen oft gar nichts von dem, was der Nachbar tut.

Die inhaltsreichsten und farbigsten Feste mit viel Pomp und Ausdruck, mit tantristischen Zeremonien etc. findet man hauptsächlich in der Newar-Gemeinschaft und da vor allem bei den Newar-Buddhisten. Die *Newar* sind die Urbevölkerung des Tales, sie haben all die kunsthandwerklichen Kostbarkeiten geschaffen, sie sind die eigentlichen Kulturträger.

Newar, im Gegensatz zu den Parvatia (›Nicht-Newar‹), gebrauchen Alkohol für ihre Feste. Rakshi (Schnaps aus Reis, Mais oder Hirse) wird den Göttern dargeboten und dient nicht eigentlich zum ›Anheizen‹ der Beteiligten.

Ganz grob kann man die Feste folgendermaßen einteilen:

1. *Regierungs-Feiertage,* die mit der Staatsgründung und mit späteren politischen Ereignissen zusammenhängen, sowie Geburtstage des Königs und der Königin.

Diese Feste werden im allgemeinen von einem besonderen Komitee organisiert, das sich aus Regierungsfunktionären und Leuten des öffentlichen und geschäftlichen Lebens zusammensetzt. Die gesamte Bevölkerung, egal welcher Rasse, welcher Kaste etc., nimmt daran teil, entweder als Zuschauer oder als Mitwirkende bei Umzügen, die auf dem Tundikhel (Paradeplatz) stattfinden.

2. *Feiertage der beiden Hauptreligionen,* die im Lande vertreten sind: Hinduismus und Buddhismus; in Zusammenhang mit bestimmten Göttern, deren Manifestationen, Funktionen und Empfehlungen. Außer den eigentlichen Festen finden auch Wallfahrten statt, entweder zu einem bestimmten Heiligtum oder zu sämtlichen Tempeln eines bestimmten Gottes.
3. *Feste,* an denen nur *bestimmte Kasten* oder eine limitierte Kombination von Kasten teilnehmen.
4. *Feste der sogenannten Guthi,* einer Organisation verschiedener Familien einer Kaste, resp. deren Oberhäupter (nur Männer), die man am besten mit einem Laien-Orden vergleichen kann. Diese Guthi sind oft die Organisatoren großer Feste.
5. Und dann natürlich die eigentlichen *Familien-Feste,* wie z. B. Verheiratung der Newar-Mädchen im Alter von ca. 4–6 Jahren mit einem Gott, die Verleihung der heiligen Schnur für die Jünglinge der obersten beiden Kasten, Namensgebung, Hochzeiten, Ehrungen von alten Leuten, wenn sie z. B. 88 Jahre, 8 Monate, 8 Stunden, 8 Minuten, 8 Sekunden alt werden.

Wer bezahlt alle diese Zeremonien? Bei Regierungsfesten ist es klar: der Staat. Bei Familienfesten ist es die organisierende und einladende Familie, wobei z. B. bei Hochzeiten die finanziellen Pflichten auf beiden Seiten festgelegt sind. Und die religiösen Feste? Jeder wichtige Tempel besitzt Land, d. h., es gehört dem Tempel, dem repektiven Gott. Dieses Land wird verpachtet und vom Ertrag der Ernte werden die Kosten für die täglichen Zeremonien, für die Priester und für die Feste bestritten. Diese Verwaltungen werden auch Guthi genannt. Teils sind sie in Staatshänden, wie z. B. Pashupatinath, das Staatsheiligtum ist, teils sind sie öffentliche Korporationen, und teils sind sie Zusammenschlüsse einiger Familien. Die Mitgliedschaft bei den Guthi ist erblich, doch darf immer nur ein Mann einer Familie Mitglied sein. Die Guthi-Mitglieder haben Beiträge zu entrichten, aus denen dann die Ausgaben bestritten werden. Sehr viele dieser Abgaben sind auch heute noch Naturalien.

Feste in Nepal werden um der Ursache willen begangen und nicht wegen der Zuschauer. Sie sind z. T. willkommen – an einem bestimmten Fest reserviert man für die Ausländer sogar einen Platz ganz vorn –, z. T. wird man ganz einfach ignoriert. Bei lokalen, kleineren Umzügen kann man sogar mitmachen, was viel Spaß macht, bei einzelnen Festen muß man sich zuerst ausweisen, wo man wohnt, ehe man zuschauen darf, und gewisse Feste sind für uns total verschlossen – was man respektieren sollte.

Mit wenigen Ausnahmen richtet sich der Zeitpunkt des Festes nach den Phasen des Mondes, dem *Mond-Kalender*. Sie stehen auch in Zusammenhang mit den Jahreszeiten und dem Ablauf des bäuerlichen Jahres.

Man beginnt mit dem Zählen bei Vollmond und wieder bei Neumond; also z. B. am 8. Tag des zunehmenden Mondes findet dieses Fest statt und am 14. Tag des abnehmenden Mondes ein anderes.

Der Mond-Kalender kennt auch Schaltjahre, ›mala mas‹ genannt. Sie kehren alle drei Jahre wieder und bedingen, daß sich besonders die großen Herbstfeste um einige Wochen verschieben. In jenen Jahren haben wir dann zwei volle Monate ohne Feste. Aus diesen Gründen ist es beinahe unmöglich, jedes Fest ganz genau zeitlich festzulegen.

Die elften Tage jeder Mond-Phase sind ganz allgemein wichtig, und es gibt einige Feste, die an elften Tagen stattfinden. Daneben sind ›Ekadasi‹, wie man diese Tage nennt, noch aus einem andern Grund erwähnenswert: an einem elften Tag darf nicht geschlachtet werden, also kann man kaum Fleisch kaufen.

Nachfolgend die Nepali-Monate, die für die Bestimmung der Feste wichtig sind, daneben unsere Monate. Ein neuer Nepali-Monat beginnt ca. Mitte unseres Monats, das Nepali-Neujahr beginnt am 15. April:

Baishakh	April – Mai
Jeysth	Mai – Juni
Ashad	Juni – Juli
Srawan	Juli – August
Bhadra	August – September
Ashwin	September – Oktober
Kartik	Oktober – November
Mangsir	November – Dezember
Poush	Dezember – Januar
Magh	Januar – Februar
Phalgun	Februar – März
Chaitra	März – April

An Festen interessierte Gäste sollten sich wenn irgend möglich bei verschiedenen Leuten erkundigen, wann ein Fest stattfindet. Nepali sind in dieser Beziehung ziemlich gleichgültig und ihre Angaben eher verschwommen. Im allgemeinen ist es die Aufgabe der Priester, die Leute auf ein Fest aufmerksam zu machen. Nicht-Newar werden auch kaum wissen, wann und wo ein Newar-Fest stattfindet und umgekehrt.

Der Zeitpunkt des Festbeginns wird meistens durch einen Astrologen festgelegt, so daß es ebenfalls kaum möglich ist, eine präzise Auskunft zu erhalten. Sehr viele Feste finden gegen Abend und nachts statt. Der Beginn kann sich jedoch, z. B. wegen des Fehlens eines Kultgegenstandes, der erst geholt werden muß, oder weil sich ein wichtiger Mitwirkender verspätet hat, um Stunden verschieben oder sogar auf einen andern Tag verschoben werden.

Ich habe bewußt keine Erklärungen über das Warum und Weshalb der Feste eingefügt, weil sie den Rahmen dieses Abschnittes sprengen würden. Herkunft und Bedeutung der Feste und Zeremonien sind in der Mythologie zu suchen. Später haben geschichtliche Persönlichkeiten – berühmte Priester, Könige etc. – manches Neue hinzugefügt, z. T. Feste nach ihren Vorstellungen erweitert oder eingeschränkt.

Ich beginne die Reihe der Feste mit Absicht entsprechend unserem Kalender, um Besuchern aus dem Ausland die Orientierung zu erleichtern.

Ein Wort zu ›puja‹. Der volle Ausdruck heißt in der nepalischen Sprache ›puja garnu‹ – to worship – verehren, anbeten. In der täglichen Umgangssprache nennt man jede religiöse Handlung ›puja‹.

Eine Puja kann sehr verschiedene, sich steigernde Formen haben, die sich im Grund gleich bleiben, beginnend mit der täglichen puja zu Hause: man gibt sich selbst die Tika, wirft aus einem Löffel, der die Lippen nicht berühren darf, einige Tropfen heiliges Wasser in den Mund und legt einige Blütenblätter, die ein Götterbild berührt haben und demzufolge ›prasad‹ sind (Segnung, Dank-Opfer) auf das Haar. Frühmorgens, besonders an bestimmten Tagen (Dienstag für Gott Ganesh, Samstag als wöchentlicher Feiertag), sieht man Nepali auf der Straße, die in einer Hand einen Teller oder ein Gefäß tragen, das mit Opfergaben gefüllt ist: etwas Reis, Zinnoberpulver, Blumen und wenn es hoch kommt ein Ei. Damit geht man in bestimmte Tempel und verrichtet dort ›puja‹, indem man diese Gaben dem Gott darbietet, etwas von den Blumen zurückerhält, nachdem sie das Götterbild berührt haben und dann die Grundlage für die häusliche puja bilden. Vom Rest der Opfer in den Tempeln profitieren Kühe, Hunde, Affen – niemand stört sich daran. Weitere Formen von Puja: Tieropfer an bestimmten Tagen und Orten (nicht jeder Gott nimmt Tieropfer an), für Götter, die Menschenform angenommen haben (z. B. während der Asta Matrika-Tänze in Patan), werden ganze Mahlzeiten von Familien dargeboten, die sich damit religiöse Verdienste erwerben. Viele tägliche kleine Zeremonien sind für uns kaum als puja erkennbar, so z. B. die Geste, mit der man zuerst einer toten Seele zu essen gibt, ehe man selbst ißt, etc. etc. Puja können Sekunden oder Minuten, aber auch mehrere Stunden oder Tage dauern.

Es besteht oft die irrige Annahme, daß es nur zwei lebende Göttinnen – Kumari – gebe, die königliche von Kathmandu und die mit dem Rato Machhendra verbundene in Patan. Einer Studie von Michael Allen gemäß sind es jedoch deren elf im Kathmandu-Tal.

Ein praktischer Hinweis zum Besuch von Festen: Tragen Sie nichts aus Leder an sich noch mit sich. Praktisch sind Tennisschuhe oder ähnliches, Gürtel und Kamera-Tasche läßt man zu Hause, auch wenn letztere aus Plastik ist. Man ist unabhängiger und kann auch Höfe der Tempel betreten.

Es empfiehlt sich jedoch, durch Gesten zu fragen, ob der Eintritt erlaubt ist. In buddhistischen Tempeln zieht man an der Schwelle die Schuhe aus, auch solche aus Tuch oder Gummi.

Jatra – Wallfahrt, Pilgerfahrt, religiöser Umzug

Aussprache: j – dsch – in Puja und Jatra
ch – tsch Pahanchare.

Im nachfolgenden habe ich nur die großen Feste aufgeführt. Hunderte bleiben unerwähnt. Die Sehenswürdigkeit ist mit * von eins bis fünf gekennzeichnet, wobei fünf Sterne jedem Besucher wirklich ein Erlebnis bringen. Es wurde auch berücksichtigt, ob ein gelegentlicher Besucher von einem Fest etwas zu sehen bekommt oder nicht.

Die Liste der Feste erhebt, wie gesagt, weder Anspruch auf Vollständigkeit noch auf zeitliche Genauigkeit.

Wer mehr über Feste und ihre Hintergründe wissen möchte, dem empfehle ich folgende Literatur:

Mary M. Anderson, *The Festivals of Nepal*
Gopal Singh Nepal, *The Newars*
Michael Allen, *The cult of Kumari*
Katharine Hoag, *Exploring Mysterious Kathmandu*
John K. Locke, S. J., *Rato Matsyendranath of Patan and Bungamati*
(Diese Titel sind meines Wissens nur auf Englisch erhältlich.)
Dieter Frank, *Traumland Nepal*
Seemann, *Nepal*
Ulrich Wiesner, *Nepal, Königreich im Himalaya*

Diese Bücher dienten auch mir zur theoretischen Untermauerung von persönlich Erlebtem.

Feste

Januar - Poush

Neujahr gemäß unserem Kalender wurde bis vor einigen Jahren kaum beachtet. Nun sind Silvester/Neujahr unter westlichem Einfluß und ausländischer Präsenz und gutem Geschäftssinn zu einer Attraktion in den großen Hotels geworden. Der Durchschnitts-Nepali nimmt keine Notiz davon.

Am achten Tag des wachsenden Mondes im Monat Poush (anfang Januar, selten in den letzten Tagen Dezember) beginnt das einwöchige Fest des Bades des *Seto Machhendra* (weißer Machhendra). Sein Tempel befindet sich in Kel-Tole, zwischen Asan Tole und Indra Chowk.

Das Fest beginnt am Abend des besagten Tages, zieht sich weit in die Nacht. Die Staats-Kumari kommt zu Besuch. Das Bad wird an den folgenden Tagen wiederholt und am Abend des nachfolgenden Vollmondes wird das Götterbild wieder an seinen alten Platz im Innern des Tempels getragen. Drei Monate später folgt dann sein Ausflug in einen andern Stadtteil.

***** Vor allem am ersten Tag, doch ist viel Geduld und Ausharren am selben Platz nötig, da der Tempelhof voller Menschen ist.

Maske aus Kathmandu

Januar - Februar - Magh

Magh Sankranti. Als Ausnahme von der Regel richtet sich dieser Tag nach dem Sonnen-Kalender und zeigt den Kurswechsel der Wintersonne nach der nördlichen Hemisphäre an. Obwohl dieser Tag zu den kältesten im Jahr gehört, ist er einer der wichtigsten, um ein heiliges Bad zu nehmen, speziell dort, wo zwei Flüsse zusammentreffen.

Solche ›Bade-Tage‹ sind sehr interessant: man kann die kleinen Zeremonien beobachten, den Ausdruck der Frömmigkeit, die intensive Konzentration auf das Tun.

Haupt-Bade-Orte sind: Sankhamol (Patan), *Panauti* (südlich von Banepa), *Deoghat* (Terai), *Dolalghat* (Zusammenfluß von Sun Kosi und Indrawati, auf dem Weg zur chinesischen Grenze), *Lele* (Nähe von Chapagaon) und *Teku* (auf dem Weg zur Universität).

*** Wenn damit ein Besuch einer der interessanten Orte wie Panauti verbunden werden kann.

Wenige Tage vor oder nach Sankranti ist Vollmond, der den Beginn des *heiligen Monats Magh* markiert. Der Beginn wird Swastani Purnima genannt oder Mila Punhi. An diesem Tag wird Gott Vishnu in seiner Form als Narayan aus seinem Tempel auf Changu Narayan (Hügel zwischen Bouddha und Sankhu) nach Kathmandu in den Taleju-Tempel gebracht (Zutritt für Ausländer strikt verboten), wo er von der lebenden Göttin Kumari erwartet wird. Nach diesem Besuch kehrt er auf seinen Hügel zurück.

Narayan wird abends, zu nicht genau festgelegter Zeit gebracht. Die Zeremonie kann sich sehr lange hinziehen.

*** Geduld! Ausharren!

Während des Monats Magh wird in traditionellen Familien aus den ›Swastani‹-Schriften vorgelesen.

Sehr viele Hindu, vor allem Frauen, fasten während dieses Monats. Streng religiöse Hindus gehen dazu nach Sankhu, wo am letzten Tag des Monats eine interessante Feuerzeremonie zu später Stunde stattfindet.

An einem dieser Magh-Tage nach Sankhu zu gehen, lohnt sich auf jeden Fall: kleine, alte Newar-Stadt am Ende der Straße, die an Bouddha vorbei gegen das Talende hinführt. Hatte ihre Blütezeit während des Handels mit Tibet und war wichtige Station auf dem Weg von Kathmandu nach Tibet. Beachten Sie die Reliefsteine inmitten der gepflasterten Straßen in den verschiedenen Stadtteilen. Auf diese Steine wurden Kleider eines eben Verstorbenen oder die Nachgeburt eines eben Geborenen gelegt – als Anzeige an die Bevölkerung.

***

Am fünften Tag des abnehmenden Magh-Mondes beginnt offiziell der Frühling: *Basant Panchami* oder *Shree Panchami.*

Im Hof von Hanuman Dhoka haben sich am Morgen die Regierungsbeamten einzufinden und – gewöhnlich in Anwesenheit des Königs – den Frühlingsgesängen und -gebeten der königlichen Priester zu folgen.

Am selben Tag wird die *Göttin der Gelehrsamkeit, Saraswati,* verehrt. Ihr Haupttempel ist auf dem Swayambhu-Hügel, wohin an diesem Tag Tausende pilgern. Es ist Tradition, daß man an diesem Tag schulpflichtig-werdenden Kindern einige Buchstaben des Alphabetes beibringt. Früher wurden die Kinder auch an diesem Tag eingeschult: Ende der langen, kalten Winterferien.

Manjusri ist für die Buddhisten, was Saraswati für die Hindu.

*** In Hanuman Dhoka zwischen 8 und 9 Uhr morgens und den ganzen Tag über in Swayambhu.

Am 15. Tag des wachsenden Mondes im selben Monat wird der Gott der Händler, *Bhimsen,* verehrt. Sein Haupttempel steht im alten Kathmandu, zwischen Kasthamandap und dem Vishnumati-Fluß. Bhimsen ist aber auch in jedem kleinen Laden zu finden. Bhimsen nimmt Tieropfer an.

Solche Opfer finden auch in Sankhu statt, beginnen am Abend vorher und sind am Haupttag am Vormittag beendet. Eine außergewöhnliche Metallmaske von exquisiter Arbeit bedeckt in Sankhu das Gesicht des Götterbildes während der Zeremonien. Die Maske ist nur an diesem Tag sichtbar.

**

Maha Snan (großes heiliges Bad) beendet den Monat Magh am Vollmondtag. Gläubige baden vor allem in Pashupati in Gauri Ghat, das etwas flußaufwärts liegt und vor dem Tempel der Guhyeshvari.

Im Inneren von Pashupati wird an diesem Tag der berühmte Shiva Lingam mit Milch, Yoghurt, Honig, Zucker und ausgelassener Butter gebadet und mit Wasser aus dem heiligen Fluß Bagmati überspült, was von Nicht-Hindus nicht beobachtet werden kann. **
Am selben Tag findet das *Fest der 1001 Lichter* in Bouddha statt. Am Fuß des Stupa zelebriert das Oberhaupt von Bouddha eine Zeremonie, die stark mit hinduistischen Merkmalen vermischt ist.

Die sich hier versammelnden Gläubigen sind vom völkerkundlichen Standpunkt aus besonders interessant: sie kommen um diese Jahreszeit aus den weit entfernten Gebieten von Nordwest-Nepal, z. T. auf wochenlangen Fußmärschen zu einer Pilgerfahrt nach Bouddha. Sehr interessante Trachten.

Der Stupa ist nachts feenhaft beleuchtet mit Hunderten von Öllämpchen und Kerzen. ****

Februar - März - Phalgun

Shiva Ratri. Tag vor Neumond und Neumond im Monat Phalgun. Wichtigste Manifestation des Hinduismus. Tausende von Gläubigen strömen nach Pashupatinath, viele kommen zu Fuß aus Indien. Sie alle verbringen die kalte Nacht in der Umgebung des Tempels, sitzen am Feuer, beten, singen. Bei Sonnenaufgang am folgenden Tag nehmen sie ein geistig reinigendes Bad im kalten Bagmati-Fluß und drängen sich nachher ins Allerheiligste vor. Viele begeben sich am selben Tag wieder auf den Heimweg.

Der Nachmittag ist vorwiegend den Einheimischen vorbehalten. Die königliche Familie besucht am späten Nachmittag den Tempel.

Shiva Ratri sieht auch mehrere Tage eine große Ansammlung von Sadhu (hinduistische Bettelmönche) in phantastischem ›make-up‹ (Farbt. 13), Fakire (lebend Begrabene etc.) und bettelnde Invaliden.

**** Am 14. Tag nachts und am folgenden Tag früh morgens.

März - April - Chaitra

Am 8. Tag des zunehmenden Chaitra-Mondes finden gleich drei Feste statt, die nichts miteinander zu tun haben:

Chait Dasain oder *Sano Dasain.* Zweimal im Jahr finden an bestimmten Tagen Tieropfer in größerem Stil statt. Chait Dasain ist das Frühlings-Opfer. Übrigens werden die geopferten Tiere gegessen, entweder in der Familie, die das Opfer dargebracht hat oder in der Armee und Polizeitruppe.

Seto-Machhendra beginnt an diesem Tag seine Fahrt durch die Altstadt. Sein Tempel-Wagen ist in der Nähe des Hotels Annapurna aufgestellt worden. Der Gott wird dahin getragen und in das kleine Häuschen oberhalb der riesigen Räder gesetzt und die Fahrt kann losgehen. Da der Wagen sehr hoch ist, müssen auf seinem Weg die Telephon- und Stromleitungen vorübergehend entfernt werden. Es lohnt sich, einige Stunden zu warten, um diesen urtümlichen Wagen durch die engen Gassen schwanken zu sehen. Er fährt an mehreren Tagen über Asan Tole, Hanuman Dhoka nach Lagankhel (Kathman-

Vishnu aus Pashupatinath, sein Haupt ist von Kobraköpfen umkränzt

du), bzw. wird gezogen und kehrt dann zum Abbruch wieder an seinen Standort zurück, nachdem Seto-Machhendra wieder nach Hause in seinen Tempel in Kel Tole zurückgebracht wurde.

Dann beginnt am selben Tag auch *Holi,* eine Art Frühlingsfest, das seinen Ursprung in Indien hat. Am ersten Tag wird auf dem Platz Basantapur (Basant – Frühling) ein mehrstöckiger Schirm errichtet, behangen mit vielfarbigen Stoffetzen, der sogenannte ›chir‹. Ihm werden Opfer dargebracht und er wird verehrt.

Die folgenden Tage waren noch vor wenigen Jahren den jungen Burschen vorbehalten, die sich gegenseitig, aber auch Passanten mit dünnflüssiger Zinnoberfarbe bespritzten. Die Regierung hat nun dieses ›Fest‹ auf die Innenhöfe beschränkt. In der nächsten Vollmondnacht wird der Chir demontiert und verbrannt. Die Inder in Kathmandu feiern noch zwei Tage länger.

*

Tag der Demokratie. Staats-Feiertag, fällt normalerweise zwischen Basanta Panchami und Shiva Ratri und erinnert an die triumphale Rückkehr von König Tribhuvan aus Indien, die das Ende der Rana-Herrschaft besiegelte. Farbenfroher Umzug auf dem Tundikhel, an dem verschiedene Volksgruppen und Organisationen teilnehmen.

*

Am 14. Tag des abnehmenden Mondes ist *Pisach Chaturdasi* oder *Pahanchare,* ein Tag, an welchem die Newar-Familien ihre Familienangehörigen und Freunde zu einem ›bhoj‹ (Festessen) einladen.

Dann werden speziell die Tempel von Bhadra Kali (runder Tempel zwischen Hauptpost und Singha Durbar), Te Bahal (erster großer Hof links vom New Road Tor) und Kankeswari (am Ufer des Vishnumati) besucht.

In derselben Nacht – Zeitpunkt unbestimmt – beginnen in Nar Devi Tänze, die bis in die Morgenstunden dauern. Abwechslungsweise, ab und zu gemeinsam, tanzen zwölf Männer in Kostümen und Masken. Vor dem Ende der Tänze finden Tieropfer statt.

Am Vormittag desselben Tages sieht man in den Seitenstraßen der Altstadt, in der Nähe von Shiva-Tempeln, kleine Kinder auf Strohbündeln sitzen. Sie erhalten eine spezielle Mahlzeit im Namen von Shiva.

Am Nachmittag findet ›Ghore Jatra‹ statt, eines der beliebtesten Feste der Newar, ohne erkennbaren religiösen Hintergrund. Ghore Jatra war ursprünglich ein Pferderennen. Heute kämpfen neben Pferden auch Fahrräder und Riksha um einen Preis. Die Armee organisiert dieses Unterhaltungsprogramm mit Geschicklichkeitsspielen und Akrobatik. Um das zu sehen, stehen die Newar schon frühmorgens am Zaun und verteidigen ihren Platz. Für Gäste ist es nicht einfach, zu diesem Fest eine Eintrittskarte zu erlangen.

Auch *Patan* hat seine *Ghore Jatra.* Im Gebiet des Bal Kumari-Tempels, etwas außerhalb von Patan, inmitten einer großen Menschenmenge, rennt ein betrunkenes Pferd mit einem betrunkenen Reiter, bis dieser herunterfällt

Seto Machhendra – der weiße Machhendra von Kathmandu (im Gegensatz zum Roten Machhendra von Patan-Bungamati) residiert für einige Tage im Jahr in diesem Wagen, der jedes Jahr neu aufgebaut und dann an bestimmten Tagen durch bestimmte Teile der alten Stadt von bestimmten Volksgruppen gezogen wird. Hier steht er in Asan Tole, am ersten Tag seiner Reise

Erfahrene Männer dirigieren das Ziehen des Wagens, der außerordentlich schwerfällig zu führen ist. An den Männern kann man den Durchmesser der altertümlichen Räder messen. Ebenfalls sieht man den Unterbau des Wagens, Bündel einer Lianenart. Die ›Augen‹ auf den Rädern dürfen nur von Mitgliedern einer bestimmten Kaste gemalt werden

und ersetzt werden muß oder bis das Pferd weiteres Rennen verweigert. Für Hunderte von Newar-Familien ist dieser Tag Anlaß zu einem Picknick.

Während des ganzen Tages von Ghore Jatra finden Tier-Opfer statt, vorwiegend im Bhadrakali-Tempel in Kathmandu.

Am Tag nach Ghore Jatra treffen sich streitende Göttinnen-Schwestern in Asan Tole, um ihren jahrhundertealten Streit beizulegen – was jedes Jahr mißlingt. Einmaliges Schauspiel auf diesem relativ kleinen Platz, der bis zum letzten Balkon zum Bersten mit Menschen gefüllt ist. ****

Balaju Jatra. Einzelne Vollmondnächte oder Tage sind besonders heilig, so derjenige von Chaitra, der wenige Tage vor oder nach dem nepalischen Neujahr stattfindet.

Die Wallfahrt auf den Swayambhunath-Hügel, nach Nagarjun (Hügel oberhalb Balaj) und an die 22 Wasserspeier von Balaju zieht Tausende an, auch von außerhalb des Kathmandu-Tales. *

April - Mai - Baishakh

Bisket Jatra – Neujahr fällt immer auf den letzten Tag von Chaitra und den ersten Tag von Baishakh gemäß dem nepalischen Sonnen-Kalender. Das Fest richtet sich also nicht nach dem Mond.

Bhadgaon ist der Ort, an dem Bisket Jatra stattfindet. Das Fest beginnt vier Tage vor dem neuen Jahr. Gott Bhairav und Göttin Bhadra Kali (diejenigen von Bhadgaon) werden in ihren riesigen Tempelwagen von Angehörigen bestimmter Kasten durch bestimmte Gassen der Stadt gezogen. In den Nächten vor Neujahr ist ein ständiges Kommen und Gehen zu den Wagen, traditionelle Musikanten ziehen umher, maskierte Tänzer führen jahrhundertealte Tänze vor.

Am Tag vor Neujahr werden die Wagen auf einen offenen Platz in der Unterstadt gezogen, wo ein langer Baumstamm mit einfachen Mitteln aufgerichtet wird. Der obere Teil gleicht einem Kreuz, von dessen beiden Armen lange Brokat-Banner flattern, eine männliche und eine weibliche Schlange symbolisierend. Dieser ›lingam‹ wird am Neujahrs-Tag unter Beteiligung der ganzen Bevölkerung wieder gefällt, was in der großen Menschenmenge eine Präzisionsarbeit bedeutet. An diesen beiden Tagen werden den Göttern in den Tempelwagen Tieropfer dargebracht. Das Fest dauert vier Tage, mit Musik, Tanzen und Umzügen vieler Götter in tragbaren Tempeln.

In der Töpferstadt *Thimi* wird das Neue Jahr an zwei Tagen gefeiert. Alle Stadt-Götter werden herumgetragen, begleitet von Musikanten und Hunderten von Gläubigen und Festfreudigen. Auch in Thimi ist diese prächtige Jatra erst in den frühen Morgenstunden zu Ende.

Unweit von Thimi, gegen Norden, liegt *Bodegaon,* ein kleines, engverschachteltes Newar-Dorf, das am Tag nach Neujahr eine besondere Attraktion hat: Ein Mann des Dorfes läßt sich von einem Priester die Zunge mit einer Lanze durchstechen und marschiert damit durchs Dorf, auf einer Schulter eine Art Weihnachtsbaum mit brennenden Fackeln tragend. Zudem findet auch hier eine Jatra der Dorf-Götter statt zu einem Tempel außerhalb der Dorfmauern. Eine Göttin darf nicht mit und muß unter dem Tor auf die Rückkehr der Brüder und Schwestern warten.

Sämtliche Trommler versammeln sich zu einem lautstarken Trommelkonzert, zu dem einzelne Bauern tanzen. Die Luft ist voll Zinnoberpulver und die Stimmung ist großartig.

****

Der nepalische *Muttertag* fällt auf den Tag von Neumond Baishakh. Die Nepali gehen nach Hause, um »das Gesicht der Mutter zu sehen«; diejenigen, deren Mutter nicht mehr am Leben ist, wallfahren nach Mata Tirtha, an der Straße nach Thankot, ein hübsches, weitverstreutes Chhetri-Dorf mit zwei Teichen, in denen die Pilger ein Bad nehmen.

*

Rato Machhendra (Roter Machhendra)

Die Feste zu Ehren dieses sehr wichtigen Gottes können sich über Wochen und Monate hinziehen, ich fasse diesen Abschnitt deshalb zusammen.

Der Rato Machhendra ist von viel größerer Bedeutung als der Seto Machhendra. Beide Götter haben jedoch das jährliche Bad und den Tempelwagen gemeinsam. Für den Rato Machhendra findet das Bad am Tag nach Baishakh Vollmond statt. Der Gott verläßt dazu seinen Tempel und wird nach Lagankhel/Patan gebracht, dort gebadet, neu bemalt und eingekleidet und kehrt dann in seinen Tempel zurück.

Ungefähr zur selben Zeit wird in Pulchowk/Patan der Tempelwagen hergerichtet. Der Aufbau auf den riesigen Rädern und der kleine Raum, in dem der Gott sitzt, wird Jahr um Jahr neu gebaut und ist ca. 15 m hoch.

Am Tag nach Neumond im selben Monat, zum von den Astrologen festgelegten Zeitpunkt, wird der Gott aus seinem Tempel getragen und im Wagen zeremoniell inthronisiert, umringt von einer großen Menschenmenge.

Nach drei Tagen wird der Tempelwagen auf seine Reise gebracht, durch ganz bestimmte Straßen in Patan, eine Reise, die, wie gesagt, oft verschoben und oft zeitlich verlängert wird. Einmal fehlen die nötigen Männer zum Ziehen, ein anderes Mal können die Astrologen keinen günstigen Tag finden. An bestimmten Orten hält der Wagen für mehrere Tage, und wiederum finden, entweder am frühen Morgen oder nachts, Zeremonien statt. Der vorletzte und längste Halt ist in Lagankhel (Patan), wo verschiedene Zeremonien stattfinden. Unter anderem wird eine Kokosnuß von der Spitze des Aufbaues auf den Boden geworfen, und jedermann rennt danach: derjenige, der sie erwischt, wird noch im selben Jahr einen Sohn bekommen. An verschiedenen dieser Zeremonien nimmt auch die Patan Kumari teil.

An einem wiederum von Astrologen vorbestimmten Tag und zur festgesetzten Stunde, die von der Wasseruhr diktiert wird, tritt der Gott dann das letzte Stück seiner Reise nach Jawalakhel an, wo er in der Nähe des Zoos für drei Tage bleibt.

Der letzte Tag ist besonders interessant bzw. die Nacht vor Ende des Festes. Dem letzten Tag wird durch die Anwesenheit des Königs und der Spitzen der Regierung besonderes Gewicht gegeben. Eine Art reichbestickte Kinderweste, deren Bedeutung und Ursprung kontrovers ist, wird vom Wagen herunter durch den Königlichen Priester dem Volk gezeigt. Der König zollt dem Gott und der Kumari Respekt und damit ist das Hauptfest zu Ende. Es wird an diesem Tag auch unweigerlich regnen, was zur Segnung des Festes wesentlich beiträgt.

Machhendra wird gegen Abend aus dem Tempelwagen gehoben und nach Bungamati in seine zweite Residenz getragen. Er bleibt sechs Monate dort und kehrt dann nach Patan zurück. In der Zwischenzeit muß er ab und zu besucht werden, um zu sehen, ob es ihm gut geht, und solche Besuche sind wiederum Anlaß zu Zeremonien und Picknicks.

Zu allen Machhendra-Zeremonien erscheint übrigens die Ehrengarde des königlichen Priesters in ihren altertümlichen, dunkelblauen Uniformen.

Mai - Juni - Jeysth

Der *Geburtstag Buddhas* fällt auf den Vollmond im Monat Jeysth. Swayambhunath ist der Ort, den man an diesem Tag besuchen muß.

Vormittags offizielle Zeremonie in Anwesenheit von hohen Regierungsbeamten und Mitgliedern des diplomatischen Korps, anschließend zeremonielle Tänze der buddhistischen Newar-Priester und Umzug der Mönche von Swayambhu.

In Kathmandu und Patan finden in Innenhöfen einfache Zeremonien statt, zu denen die buddhistischen Familien ihre Thangkas hervorholen und sie rund um den Hof aufhängen.

Am Abend sind Swayambhu und Bouddha reich beleuchtet.

***

Sithinakha oder Kumar Jatra, Ende von Dewali

Am sechsten Tag des zunehmenden Jeysth-Mondes werden die Sodbrunnen gereinigt, es ist vor allem eine Familienangelegenheit.

Am folgenden Tag wird der Gott Kumar aus seinem Tempel in Jaisidewal (in der Nähe von Kasthamandap) geholt und in einem tragbaren Tempel durch die Straßen getragen.

Kumar Jatra beendet die Reihe der Frühjahrsfeste und eine Anzahl festfreier Wochen folgt.

Kumar Jatra beendet aber auch einen Monat, der den Haus-Göttern geweiht ist. Die Newar-Familien hatten in den vergangenen Wochen ihre Dewali-Pflichten ihrem Familiengott und ihren Vorfahren gegenüber zu erfüllen. Und Kumar Jatra ist letzte Gelegenheit, dies zu tun. Während des ganzen Monats, aber besonders an diesem Tag, kann man Familien mit einem Tier zu Opferzwecken und einigen Kultgegenständen auf der Straße oder auf einer Wiese sitzen sehen. Bei näherem Hinsehen entdeckt man dann eine Ansammlung von eingerahmten Steinen oder Schlangenköpfen, oft neben einer Tafel, die in alter Sprache die Zeremonien vorschreibt, die vor diesen Hausgöttern zu vollziehen sind.

*

Juli - August - Srawan

Ghanta Karna – Tag/Nacht vor Neumond, die Nacht des Teufels und der Hexen; letztere treffen sich bei einem bestimmten Tempel. Während des Tages errichten Buben an Straßenkreuzungen Dreibeine aus Bambus und halten Fußgänger und Fahrzeuge auf, die ihren Tribut zu entrichten haben.

Der Teufel – Ghanta Karna – wird von einem Newar der unberührbaren Kaste dargestellt, der von Haus zu Haus geht und ruft: »Ghanta Karna ist tot« und niemand wagt es, ihm ein Trinkgeld zu verwehren.

In sehr traditionsgebundenen Familien füllt die Hausfrau einen alten Tontopf mit schmutzigen Reishülsen, geronnenem Blut, Büffelinnereien, bedeckt alles mit Blumen und Früchten, setzt einen brennenden Docht oben drauf und stellt den Topf auf eine Straßenkreuzung, hoffend, daß eine in dieser Nacht vorbeigehende Hexe das ißt und infolgedessen nicht ins Haus kommt.

*

Gunla, Newarname für den Monat Srawan, zwei Wochen vor und zwei Wochen nach Vollmond. Der heilige Monat für Buddhisten mit einer Reihe außerordentlich interessanter Zeremonien, besonders in Patan, wo während dieses Monats in den ehemaligen Klöstern (Bahal oder Vihara) Ausstellungen alter Kultgegenstände, heiliger Bücher und Malereien stattfinden.

**

Am 2. Tag nach Vollmond ist *Mata-Ya,* das Lichterfest in Patan.

***

Am Ende dieses Monats kann man an Flußufern Gläubigen begegnen, die vor sich eine Unzahl von Tonfigürchen von Göttern verehren, die die Hausfrauen während des Monats gemacht haben. Nach der Anbetung werden sie dem Fluß übergeben.

*

Nag Panchami. Am 5. Tag des wachsenden Mondes werden die Schlangen verehrt. Primitive Bildchen, Schlangen darstellend, werden über der Haustüre angebracht. Man bittet damit den Schlangengott um Segnung und Schutz – er ist besonders dafür verantwortlich, daß ein Haus dem Monsunregen standhält.

August - September - Bhadra

Janai Purne. Die beiden oberen Kasten der Hindus (Newar eingeschlossen) wechseln an diesem Tag die heilige Schnur, die jeder erwachsene Mann dieser Kasten trägt. Teils wird das zu Hause gemacht, teils kann man das auch in Pashupati beobachten.

An diesem Tag bindet ein Priester einen gelben Baumwollfaden um Handgelenke von Hindus und Buddhisten, Kindern und Erwachsenen: Schutz gegen Unglück. Frauen tragen ihn an der linken Hand, Männer an der rechten. Die Schnur soll drei Monate halten und erst an Laxmi Puja an den Schwanz einer Kuh gebunden werden.

Am Abend und in der Nacht vor Janai Purne wird der große Lingam, von einer goldenen Schlange umwunden, in die Mitte des Kumbeshwar-Teiches in Patan gesetzt. Früh am andern Morgen tauchen Tausende in den Teich ein und berühren den Lingam.

Janai Purne ist auch der Tag, an welchem sich die Jankri (traditionelle ›Ärzte‹ oder Quacksalber, die jedoch oft erstaunliche Fähigkeiten besitzen) von nah und fern in Patan treffen und z. T. in Trance tanzen.

***

Etwa eine Woche lang nach Janai Purne kann man in der Stadt Lakhe-Tänze sehen. Zeit und Ort wechseln von Tag zu Tag, präzise Auskünfte sind nicht zu erhalten.

****

Am Tag nach Janai Purne findet *Gai Jatra* statt, ein Totenfest, an dem zu Ehren eines während des vergangenen Jahres Verstorbenen eine Prozession nach Hanuman Dhoka arrangiert wird. Ein Junge wird als Kuh verkleidet und mit Holz/Papier-Hörnern ausgestattet, begleitet von Musikanten, einer echten Kuh und einem Jungen, der einen Asket darstellt. Der kleine Umzug geht durch die Innenstadt zum Hanuman Dhoka, hinter dem Hanuman hindurch – auch die Kuh! – und wieder nach Hause. Viele solche Umzüge begegnen sich unterwegs.

Am Nachmittag herrscht Karnevalstimmung in der Stadt – Tod und Leben, Trauer und Freude sind eng beisammen in Nepal –, Kostümierte spazieren durch die Stadt, rezitieren eine Art Schnitzelbank, und die Zeitungen bringen Extrablätter heraus, in denen jedermann, ob hoch oder niedrig, lächerlich gemacht werden kann.

***

Krishna Astam ist, wie der Ausdruck sagt, am 8. Tag des abnehmenden Mondes. Gläubige pilgern zum großen Krishna-Tempel in Patan.

**

Vater-Tag ist – im Gegensatz zum Westen – eine sehr alte Institution, am Bhadra Neumond. Wallfahrt nach Gokarna, außerhalb Bouddha.

*

Teej und Rishi Panchami am vierten und meist fünften Tag des wachsenden Mondes. Fest- und Fasttage der Hindufrauen, an denen sie beten, um einen guten Ehemann zu erhalten oder an denen sie die Götter um die Erhaltung der Gunst und Gesundheit ihrer Männer bitten. Ein heiliges Bad mit vielfältigen Reinigungszeremonien ist ein Muß. Die Frauen tragen rote Sari und den Schmuck, den sie zur Hochzeit erhielten. Außerordentlich farbenprächtiges Bild an den Flußufern der Bagmati und Vishnumati.

Indra Jatra – Kumari Jatra, wohl das farbenprächtigste Fest des Tales.
Am 12. Tag des zunehmenden Aswhin Mondes wird auf dem Platz vor dem Hanuman Dhoka unter großem Zeremoniell und atemloser Spannung ein riesiger Mast aufgerichtet. Das Pferd des Königs darf zusehen. – Der königliche Priester steht am Rand des Platzes, die Uhr in der Hand, und wenn die von den Astrologen bestimmte Zeit gekommen ist, beginnen sich die Seile zu spannen, und langsam, langsam richtet sich der Baum unter lauten »hosteheinse«-Rufen, begleitet von Musketenschüssen, traditioneller Musik und Tänzen auf. Äußerst spannend!

An diesem Tag wird auch der Seto Bhairav sichtbar gemacht, der das Jahr hindurch – ausgenommen an Chaitra Dasain – hinter einem Holzgitter verborgen bleibt. In der Stadt werden Indra-Statuen aufgestellt, Indra-Masken auf Pfählen schmücken kleine Plätze, und Lichterbäume stehen an verschiedenen Orten. Tänzer durchziehen die Stadt und Laien führen Indra-Stücke auf improvisierten Bühnen auf.

Am selben Abend – erster Tag von Indra Jatra – zieht eine lange Schlange von Menschen durch die ganz alten Pfade von Kathmandu, alle paar Meter eine kleine Tonschale mit Öl und einem brennenden Docht auf das Pflaster setzend – zu Ehren der Toten des vergangenen Jahres.

Am Tag vor Vollmond findet die berühmte *Kumari Jatra* statt. Die Königsfamilie, die Spitzen der Regierung und das diplomatische Corps versammeln sich auf dem Balkon des Gaddi Bhaitak. Die lebende Göttin wird herausgetragen und in ihren Tempelwagen gesetzt, ihre beiden Begleiter Ganesh und Bhairav in die beiden nachfolgenden, kleineren Wagen. Der König grüßt die Kumari und wirft ihr Münzen zu, auf dem Platz bewegen sich mit teils eleganten, teils ungelenken Bewegungen die Newar-Priester, und ein einzelner Tänzer mit wilder roter Mähne führt ekstatische Sprünge vor. Die Wagen setzen sich schwankend in Bewegung – gezogen von Angehörigen bestimmter Kasten. Ein Platz für ausländische Zuschauer ist meistens reserviert. Wichtig: *Früh hingehen und den einmal eingenommenen Platz nicht mehr verlassen!*

Die Wagen kehren am Abend nach Hanuman Dhoka zurück und fahren während drei weiteren Tagen in die verschiedenen Himmelsrichtungen aus.

Am achten und letzten Tag muß der König die Kumari im zweiten Stock ihrer Residenz besuchen und von ihr die Tika empfangen.

Am selben Abend wird auch der Lingam gefällt und von den Manandhar zum Ufer der Bagmati getragen.

*****

September - Oktober - Ashwin

Dasain. Das wohl wichtigste Fest für die Nepali, ob Newar oder Parvatia, ist wohl Dasain, eine zehn Tage dauernde Festzeit, beginnend mit Ghatasthapana, gefolgt von einer Woche, während der ein Außenstehender kaum etwas von den Vorbereitungen merkt. Auch Ghatasthapana ist eine Familien-Angelegenheit.

Am 7. Tag von Dasain findet die sehr interessante Phulpati-Prozession statt, zu der die Regierungsbeamten im Hanuman Dhoka-Hof anzutreten haben. Die Prozession mit eigenartigen Gefäßen, die von Frauen des Hofes getragen werden, führt von Hanuman Dhoka durch die Altstadt an das Ufer von Rani Pokhari, wo früher ein Stadttor stand, und wieder zurück an den Ausgangsort. Zur selben Zeit feuert auf dem Tundikhel eine Zweierreihe Soldaten im offenen Karree Salven in die Luft. Der König ist anwesend und fährt anschließend nach Hanuman Dhoka, um »Phulpati zu grüßen«.

In der Nacht vom 8. auf den 9. Tag – *kala ratri* – finden in einem Innenhof von Hanuman Dhoka die großen zeremoniellen Tieropfer statt. Kein Außenstehender, vor allem kein Ausländer, kann teilnehmen oder zusehen.

Während des ganzen neunten Tages – *Novami* – werden überall Tiere geopfert, im großen Stil von der Armee und der Polizei (›Kot‹ beim Hanuman Dhoka und Polizei-Hauptquartier in Tangal), und an beiden Orten sind Besucher sehr willkommen. Die Polizei stellt sogar Englisch sprechende Offiziere zur Verfügung, die sich der Besucher annehmen und erklären, was vor sich geht.

Aber auch Familien bringen der Göttin Durga, einer Form der Kali, Tieropfer dar.

Am 10. Tag – *Astami* – gehen Nepali zu Vorgesetzten oder anderen höhergestellten Personen und empfangen von ihnen Tika. Anschließend und an den folgenden Tagen bis zum Vollmond gehen sie zu ihren Familienangehörigen um entweder Tika zu empfangen oder bleiben zu Hause, um Tika zu geben. Am Vollmond ist diese Festzeit zu Ende.

An diesem Vollmond werden zum ersten Mal nach Sonnenuntergang kleine Tonlampen an Bambusstecken hochgezogen. Viele Häuser in der Altstadt tragen auf dem Dach diese Lampen. Am folgenden Vollmond brennen sie zum letzen Mal.

Während der Dasain-Tage finden in Patan die sogenannten Asta Matrika-Tänze statt, von abends bis in die Nacht, ohne festgesetzte Zeit und Dauer.

Auch Bhadgaon hat seine speziellen Dasain-Bräuche, die ebenfalls eng mit Durga verbunden sind.

**** Siebter und neunter Tag, Patan und Bhadgaon

Oktober - November - Kartik

Tihar beginnt am dreizehnten Tag des abnehmenden Kartik-Mondes. Der erste Tag ist dem Todesgott und seinem Boten, der *Krähe*, geweiht.

Der zweite Tag gehört den *Hunden*. Sie werden durch den Puja geehrt, erhalten Tika auf Stirn und Pfoten, einen Blumenkranz um den Hals und besonders gutes Futter. Reizende Zeremonie in einer Familie mit Haushund.

Der dritte Tag ist der Glücksgöttin *Lakshmi* geweiht und ist zugleich Ehrentag der *Kuh*, die auch Tika erhält.

Hauseingänge, Geschäfte etc. werden mit bestimmten Symbolen bemalt und mit Tagetesgirlanden behängt. Abends werden überall Lichter angezündet, damit die Glücksgöttin Lakshmi den Weg in die Häuser findet. Märchenhaft ist dann der Anblick der Stadt.

Wenn man eine traditionelle Newar-Familie kennt, kann man das Glück haben, am vierten Tag zu einer äußerst interessanten Zeremonie eingeladen zu werden: *Mah-Puja* oder Verehrung seiner selbst. – Der Tag ist auch der Beginn des neuen Newar-Geschäftsjahres.

Am fünften Tag werden die Brüder von ihren Schwestern verehrt und verwöhnt. Wer keinen Bruder hat, adoptiert einen. Reizende Zeremonie in Familien, bei denen Kinder in diese Gebräuche eingeführt werden.

Während der gesamten Tihar-Zeit ist das Spielen um Geld gestattet.

*****

Haribodhini Ekadasi ist, wie der Name besagt, ein elfter Tag, und zwar der elfte des wachsenden Mondes.

Wallfahrten zu den *Narayan-(Vishnu-)Tempeln* finden statt; die Gläubigen haben Zeit dazu, die Ernte ist eingebracht. Der größte religiöse Verdienst kommt dem zugute, der alle vier großen Vishnu-Tempel innerhalb von 24 Stunden besucht (sie liegen z. T. 15 km voneinander entfernt).

Am Tag nach Haribodhini Ekadasi pilgern Tausende hinaus zum großen, im Schlangenbett ruhenden *Vishnu* von Budhanilkhanta. ***

November - Dezember - Mangsir
Bala Chaturdasi, die Nacht vor Neumond, ein weiterer Bittgang für das Eingehen in ein jenseitiges, besseres Leben der Toten.

Die Bewohner des Kathmandu-Tals und der Hügellandschaft verbringen die Nacht in Pashupati, setzen Fackeln und Öllichter aus, verstreut über die Hügel um den Tempel – ein wundersamer Anblick von weitem –, die sie beim Morgengrauen aufs Wasser der Bagmati setzen.

Die Pilger machen dann die Runde durch die heiligen Stätten, wobei sie überall die mitgebrachten sieben verschiedenen Getreidesorten verstreuen.
***

Dezember - Januar - Poush
Der erste Tag von Poush ist ein *Regierungsfeiertag:* Verfassungstag und Ehrentag für König Mahendra, der diese Verfassung schuf.

Umzug auf dem Tundikhel. *

Der Geburtstag des jetzigen Königs beendet unser Jahr.

Schrein in Pashupatinath

Architektur im Kathmandu-Tal

Von Niels Gutschow

Bautypen

Architektur in Nepal – unmittelbar drängen sich Vorstellungen von *Pagoden* auf. Sich übereinandertürmende Dächermassen über Bauten, die auf hohen, abgetreppten Podesten stehen. Stützbalken mit erotischem, kunstvollen Schnitzwerk und geheimnisvolle Wächterfiguren rufen Träume wach, lassen diese Bauten zu Symbolen einer fernen Welt werden, deren Götter so verschieden sind von dem alleinigen Gott der Christen.

Das offene Erdgeschoß der Pagode ist nur selten begehbar. Der Gott wird von außen verehrt. Er manifestiert sich figürlich oder aber in einer abstrakteren Form. Ein Stein mag als Symbol dienen – Ritus erst holt den Gott herbei, läßt ihn im Geiste präsent sein. Unter den Dächern, über dem Stufenberg wirkt der heilige Raum der Pagode als eingeschnürte Taille eines Denkmals. Es ist kein Tempel im üblichen Sinne, kein Sammelraum einer Gemeinde. Die berühmteste Pagode gar, die fünfgeschossige Nyatapola-Pagode in Bhaktapur, steht als höchstes Bauwerk der Stadt als unnahbares Denkmal eines esoterischen Herrscherkultes. Am Anfang des 18. Jahrhunderts wurde der Bau von Bhupathindra Malla seiner persönlichen Gottheit gewidmet, nur Eingeweihten ist sie mit Namen bekannt.

Zahlreiche Pagoden auf den Königsplätzen (Durbar Square) der drei Städte des Tales legen Zeugnis ab von der regen Bautätigkeit der Newar im 17. und 18. Jahrhundert. Aber auch in den kleinen Orten stehen großartige Bauten. Erwähnt seien hier nur die Indresvara-Pagode in Panauti, die Bagubati-Pagode in Nala und die Bagh Bhairav-Pagode in Kirtipur.

Deutlicher noch als die Pagoden sind *Stupas* Denkmäler im eigentlichen Sinne des Wortes. Sie symbolisieren den *Buddha,* die Essenz seiner Lehre. Im Inneren beherbergen die Stupas unbekannte Reliquien. Im Äußeren sind sie nach den vier Richtungen der Welt ausgerichtet. Der Aufbau mit der Halbkugel auf einem Sockel und der sich verjüngenden Spitze versinnbildlicht den Weg zur Erleuchtung, zur Aufgabe des Ich-Bewußtseins. Der fromme Pilger und tägliche Verehrer des Buddha umrundet den Stupa rechtsherum dem Laufe der Sonne nach.

Die großen Stupas im Westen (Swayambunath, Farbt. 17) und Osten Kathmandus (Bodnath) bilden großartige Beispiele buddhistischer Gedächtnisbauten, die sich zu Pilgerzentren entwickelt haben. In Kathmandu und Patan stehen viele kleinere und Tausende von kleinen Stupas (2–3 m Höhe) in den

Blick über den Durbar-Platz in Bhaktapur. Links am Platz der Palastbereich mit dem Taleju-Tempel, rechts davon in einer Platzerweiterung die gedrungene Pashupatinath-Pagoge. Im Vordergrund typische Bauten von Hochkastigen: dreigeschossige Bebauung um große Höfe

Höfen der ehemaligen *Klöster (baha)*. Allein in Patan sind 148 Höfe ehemaliger Klöster erhalten!

Für den *hinduistisch* geprägten Kult der Newar sind neben den Pagoden (versetzte Ziegelwände lagern auf hölzernen Deckenbalkenlagen!) die steinernen *Sikhara* (Haustein- oder Ziegel)-Tempel charakteristisch. Während die Pagoden häufig volkstümliche, schreckerregende Götter (Muttergottheiten

Bhaktapur, Chupin ghat am Morgen des Neuen Jahres (Bisket-jatra) im Frühjahr 1973

Chupin ghat im Herbst 1977
Die beiden Bilder machen den fortschreitenden Verfallsprozeß der Baudenkmäler deutlich. Die Stiftung des Sivalaya am Chupin ghat kommt nicht mehr auf für den Unterhalt der Bauten: die Pagode hat ein Dach verloren, das Eingangsgebäude ist zusammengestürzt. Und doch nutzen Tausende die heiligen Badeplätze im Rahmen des jahreszeitlichen Ritus

und Bhairavas) beherbergen, setzen die Sikhara-Tempel eher Siva und Visnu ein Zeichen.

Neben den *freistehenden Pagoden* und *Sikhara-Tempeln* gibt es noch eine Vielzahl von religiös genutzten *Bautentypen,* die die Bezeichnung *Tempel* verdienen. Es sind öffentliche Bauten *(Sattal, Dyochem, Math),* die in der hierarchisch geordneten Kastengesellschaft der Newar fest verankert sind. Im Sinne mittelalterlicher Spitäler übernehmen sie vielfältige sozio-religiöse Aufgaben. Sie dienen den großen Familien als Festraum und beherbergen eine Götterfigur, die an hohen Festtagen auf einer Lade im Rahmen einer Prozession durch die Stadt getragen wird. Im Gegensatz zu den nicht begehbaren Bauten mit Malcharakter handelt es sich um begehbare, meist dreigeschossige Bauten, die vom üblichen Wohnhaus nicht abweichen. Prächtige Fenster im Obergeschoß oder ein Dachreiter zeigen dem Eingeweihten die rituelle Nutzung des Hauses an.

Rituelle Verankerung

Die religiös genutzten Bauten der Newar stehen noch heute in vielfältigem rituellen Zusammenhang. Entsprechend ihrer Bedeutung für eine Gasse, eine Nachbarschaft, die gesamte Stadt oder gar das Tal von Kathmandu, werden sie bevorzugt am frühen Morgen im Rahmen einer täglichen Verehrung (puja) besucht.

Im Ritus der Jahreszeiten jedoch stehen einzelne Tempel oder Gruppen davon im Brennpunkt des Geschehens. Es gibt sogar Tempel – vielgeschossige, aufwendige Bauten –, die dem Ritus einer einzigen Nacht dienen. Während der großen *Stadtfeste* (jatra) und *Prozessionen* werden Bauten in einen Zusammenhang gestellt, der sich nicht allein visuell erschließt. In der *Zeit,* im Ablauf des Geschehens, werden die vielfältigen Bedeutungsinhalte des Ritus empfunden und erfahren. Tempelgruppen und Prozessionen lassen den Stadtraum als Abbild einer höheren, ›kosmischen‹ Ordnung erscheinen. Das Werk der Götter wird ›reproduziert‹. Die kosmische Qualität der geschaffenen Ordnung jedoch macht die Stadt im Verständnis der Newar erst bewohnbar. Die Götter der Tempel bilden das vereinende Moment einer räumlichen und gesellschaftlich heterogenen Stadt. Religiöse Handlungen – Feste und Prozessionen – machen die grundlegende Ordnung der Stadt bewußt. Im Stadtritual wird *Raum und Zeit* zu einer heiligen Ordnung. Die Integration des Bewohners in heiligen Raum und heilige Zeit lassen jeden Schritt als religiöse Übung erscheinen.

Die Stadt – der Lebensraum der Newar – ist also nicht allein das materielle Gehäuse einer Gesellschafts- und Wirtschaftsform.

Baukonstruktion – Verfallserscheinungen

Die Bauten der Newar entsprechen einfachen Gesetzmäßigkeiten: starke Mauern (45–55 cm) in gebranntem und luftgetrocknetem Backstein, geringe Spannweiten (bis 3,50 m), dichte Lage der Deckenbalken (im Abstand von

Indra-jatra im September in Bhaktapur (vor dem Bhairav-Tempel am Taumadhi-Platz). Ein aus Bambusstangen und Matten gebastelter Elefant wird als Zeichen des regenspendenden Gottes Indra auf Schultern um die Stadt getragen. Er folgt dem üblichen Prozessionsweg, damit die ganze Stadt an seiner göttlichen Kraft teilhaben kann

25 cm), dichte Sparrenlage (alle 25 cm), weit vorspringende, 33 Grad geneigte Dächer, geringe Geschoßhöhen (lichte Höhe ca. 1,70 m).

Die in Lehm gemauerten Mauern sind nur selten verzahnt, oft stoßen sie stumpf aufeinander. In den Höfen und an den Platzfronten ruht das erste Obergeschoß auf Ständern. Offene Fenster und Erker der von den Plätzen und Höfen sichtbaren Bauteile sind mit reichem Schnitzwerk verziert. Überdimensionierung aller Bauteile verleiht den Bauten nur eine begrenzte Standfestigkeit. Aufsteigende Feuchtigkeit greift die Backsteine an, läßt die Mauern im Erdgeschoß auseinanderplatzen. Erdbeben zerstören in jeder Generation erneut die Städte. Das letzte Erdbeben im Jahre 1934 brachte mehr als ein Drittel der Bausubstanz, darunter viele hervorragende Bauten, zum Einsturz. Da Ziegel und Lehmmörtel wieder verwendbar sind, konnten die meisten Tempel jedoch innerhalb weniger Jahre wieder aufgebaut werden.

Der Bhairav-Tempel in Bhaktapur z. B. stellt sich mit all seinen Benutzungsspuren heute bereits wieder als altehrwürdiger Bau dar.

Verstärkte Bautätigkeit der Rana-Familien (sie bauten Dutzende von Palästen) in der 1. Hälfte des 20. Jahrhunderts jedoch hat Holz rar werden lassen. Schlechtes Holz und Bambus der dreißiger Jahre bringen viele Bauten bereits nach vierzig Jahren zum Einsturz. – Heute kommt Bauholz aus den Sägereien im Himalaja-Vorland. Für den durchschnittlichen Verbraucher sind die Preise dadurch ins Unermeßliche gestiegen. Internationale Hilfe ist notwendig geworden, um nationales Kulturgut zu retten. Neben den konstruktiv bedingten Verfallserscheinungen hat auch gesellschaftlicher Wandel zum Niedergang der Tempel geführt.

Die Unterhaltung von religiösen Bauten wurde traditionell von Stiftungen getragen. Als Zeichen frommer Gesinnung stifteten Könige und wohlhabende Kaufleute Bauten und bestimmten den Ertrag von ›gestifteten‹ Feldern dem kultischen und materiellen Unterhalt. In neuester Zeit nun wurden Stiftungen privatisiert oder auch verstaatlicht. Die ehemaligen Stifter verarmen im Zuge einer wirkungsvollen Landreform. Verstaatlichungen haben den Stadtbewohner aus seiner Verantwortung entlassen oder aber – sieht man den Vorgang unter anderen Voraussetzungen – von gesellschaftlichem Zwang befreit.

Die Lücke wird vom Staat kaum ausgefüllt. Internationale Organisationen helfen, den Weg in eine neue Zeit zu ebnen.

Restaurierung

Denkmalpflege ist als Haltung gegenüber Bauten, die ihre ursprüngliche Funktion verloren haben, im Abendland des 19. Jahrhunderts entstanden. In Nepal werden aus Tempeln erst im Zeichen des internationalen Tourismus ›Denkmäler‹. Fast alle Bauten stehen dort noch – im Gegensatz zu den historischen Stadtkernen Mitteleuropas – in ursprünglichem Nutzungszusammenhang. Der äußerlich-materielle Verfall gibt nicht unbedingt einen Hinweis auf die Intensität kultischer Nutzung. Die Gestalt eines Bauwerks wird als vergängliche Schale empfunden. Der *Ort* hat darüber hinaus größere Bedeutung: im Ritus manifestiert sich das Göttliche. Selbst unscheinbaren Steinen, die allein durch rote Farbe rituelle Nutzung verraten, kommt große Bedeutung zu. So erklärt sich die dem Besucher oft unerklärliche Gleichgültigkeit gegenüber dem Erhaltungszustand vieler Tempel.

In den siebziger Jahren erst entstand in Nepal im Zusammenhang einer weltweiten Denkmalseuphorie ein Denkmalsbegriff, der die Pagoden zu Symbolen nationaler Identität hochstilisierte. Für den jungen Staat wirken diese Symbole nationaler Identität integrierend.

Vor diesem Hintergrund gewann das erste große Restaurierungsprojekt mit ausländischer Hilfe in den Jahren 1971/72 Bedeutung. Die deutsche Bundesregierung half bei der Restaurierung des *Pujahari Math* in Bhaktapur. Alte Bautechniken wurden belebt, die newarischen Handwerker zeigten sich in der

Das restaurierte Pujahari Math am Tacapal-Platz in Bhaktapur. Mit Unterstützung der deutschen Bundesregierung wurde dieses Gebäude mit bedeutenden Holzschnitzereien 1971/72 restauriert. Heute sind alle Bauten am Tacapal-Platz restauriert, die Bundesrepublik betreibt östlich davon ein umfangreiches Erneuerungsprojekt

Lage, höchsten Anforderungen gerecht zu werden. Die deutschen Bauleiter, zu denen auch der Verfasser gehörte, wohnten mit ihren Familien in unmittelbarer Nähe der Baustelle. So war das Nutzungsgefüge der Stadt erlebbar und eine kontinuierliche Baustellenleitung über sieben Tage in der Woche möglich. Für Nepal war es eine neue Erfahrung, daß ›Experten‹ aus dem technisch überlegenen Westen gekommen waren, um das Erbe des ›unterentwikkelten‹ Landes aufzuwerten.

Dieses Erbe galt nun nicht als Zeichen von Unterentwicklung, sondern von hoher Entwicklung. Für das Land brachte das Restaurierungsprojekt Selbstbestätigung und Antrieb zu neuen Vorhaben.

Seit 1974 nun betreibt die Bundesrepublik in Bhaktapur ein integriertes Sanierungs- und Entwicklungsprogramm. Neben den Bemühungen um eine Verbesserung der hygienischen Situation und der Belebung der lokalen Wirtschaft hat die Denkmalpflege einen angemessenen Platz gefunden. Diejenigen öffentlichen Bauten, die rituell nicht mehr genutzt werden, sollen Handwerkskooperativen und Schulen dienen.

Auch die UNESCO betreibt in Nepal ein großes Restaurierungsprojekt. Seit 1973 wird der ehemalige Palast der Könige (2. Hälfte des 18. Jahrhunderts), der Hanuman Dhoka-Palast, restauriert. Das gewaltigste Bauwerk des Landes – seit Generationen funktionslos (der König residiert außerhalb der Stadt) – wird als Symbol nationaler Identität restauriert – im besten Sinne ein Denkmal!

Fenster im Kathmandu-Tal

Von Hans Weber

Das Tal von Kathmandu ist ein Tal im besten Sinn des Wortes: stark gegliedert von Flüssen, umschlossen von grünen Hügelzügen, die im Norden von den mächtigen Schnee- und Eisriesen des Himalaja himmelhoch überragt werden. Vor dieser gewaltigen Kulisse nimmt sich das Menschenwerk bescheiden aus, obwohl es deutliche Zeichen hinterlassen hat. Zahllose Terrassen, Hunderttausende von kleinen Äckern und Feldern zernarben die Hänge, übereinanderliegend, scheinbar Treppen zum Himmel. Dazwischen kleine Bauerndörfer, die in der Ebene größer geratene Schwestern haben: die drei Städte Kathmandu, Bhatgaon und Patan, die kulturellen, sozialen und gesellschaftspolitischen Zentren des ursprünglich bäuerlichen Volkes der Newar.

Der Aufstieg der Newar zu einem hochentwickelten Kulturvolk erfolgte mit der Machtübernahme der Malla-Könige im 13. Jahrhundert; mit ihnen setzte sich auch der kulturelle Einfluß Indiens vollends durch. Herrliche Paläste und Tempel, Klöster und Priesterhäuser, Befestigungen und öffentliche Raststätten entstanden, einzigartige Kunstwerke, die von der hohen Kulturstufe der Newar zeugen. Typisch ist dabei vor allem die enge Verschmelzung der roten Ziegelsteinmauern mit dem Holzfachwerk. Tempelsäulen, Stützen und Streben, Dachkonstruktionen und ganze Hausfronten, Eckpfeiler und vorspringende Balkone, Tür- und Fenstergitter wurden reich mit Schnitzereien, Reliefarbeiten und Plastiken geschmückt. Die stupende Fertigkeit der newarischen Holzschnitzer hat die Verbindung Ziegelstein–Holz durch die überreiche Verwendung geschnitzter Architekturteile zur wohl charakteristischsten Kunstäußerung der Newar gemacht.

Die Kunst des Holzschnitzens entwickelte sich im 15. und 16. Jahrhundert unter der Herrschaft der Malla-Könige zur vollen Blüte. Zu ihren schönsten Werken gehören dabei die prachtvollen, durchbrochenen Fenster, Zeichen der unbekümmerten und kreativen Fabulierfreudigkeit der Newar-Holzschnitzer, die alle formalen Grenzen sprengte. Erstaunlich dabei ist, daß sich die künstlerische Verzierung der Fensterumrandungen und der typischen Fenstergitter nicht allein auf die Paläste und Tempel beschränkte, sondern auch an profanen Gebäuden, so etwa den Wohnhäusern, zu finden ist. Die allgemeine Verbreitung der geschnitzten Fensterflächen ist darauf zurückzuführen, daß im Kathmandu-Tal unsere übliche Fensterverglasung bis ins letzte Jahrhundert hinein unbekannt war. Das zwang die Newararchitekten, nach anderen Lösungen zu suchen. Entwickelt wurde schließlich die einmalige Fenstervergitterung, die der nach der Straße und dem Hof zu orientierten Lebensweise der Bevölkerung gerecht wurde. Die durchbrochenen Holzflächen der Gitter lassen

Das berühmte Pfauenfenster am Pujahari Math in Bhatgaon zählt zu den Meisterwerken der newarischen Holzschnitzkunst. ▷

einerseits eine gute Sicht auf die Straße zu, andererseits wird den Neugierigen der Einblick in die dunklen Räume verwehrt.

Die Entwicklung und Ausformung der typischen Newarfenster verlief parallel zur Entwicklung der Architektur, der Hausformen und Fassadenkonstruktionen. Basis der Newarbaukunst ist die Symmetrie der Fassadengestaltung. Wo immer möglich wurden um eine zentrale Achse – die aus einem Hauptfenster oder einem Haupttor bestehen konnte – die übrigen Fenster angeordnet, wobei die Hauptfenster jedes Stockwerkes durch besonders reiche Verzierungen oder aber durch ihre Größe hervorgehoben wurden. Charakteristisch ist auch, daß nur wenige dieser Fenster durch Läden verschlossen werden konnten. Ursprünglich war der typische Fensterstil der Horizontalen verpflichtet, wobei das eigentliche Gitter meistens quadratisch war. Vor ungefähr zweihundert Jahren änderte sich die gebräuchliche Form: die Fenster wurden höher, vertikaler, wobei aber die Gitter beibehalten wurden. Gleichzeitig vernachlässigte man die Symmetrie der Fassade, die zentrale Achse wurde zugunsten von horizontalen Fensterreihen aufgegeben. Nur das Hauptfenster – San Jhya – behielt seinen ursprünglichen Platz innerhalb der Architektur, wobei es allerdings den größten Teil seiner ehemals überreichen Schnitzereien verlor. Die Hinwendung zu vertikalen Fenstern erforderte auch größere Fenstergitter, die nicht selten die Höhe der Stockwerke erreichten und rund sechzig Zentimeter breit waren. Nochmals später kam man – vor allem bei Wohnhäusern – von der übergroßen Fenstervergitterung ab und entwickelte kleine, etwa einen halben Meter hohe Fensterbrüstungen, wobei die Fenster mit Läden verschlossen werden konnten.

Die Fenstergitter des Newarhauses können als repräsentative Gradmesser der raffinierten Newarkunst gelten. Dies trifft nicht nur für die Holzschnitzerei als solche, sondern ebenso sehr für die geschickte Zimmermannsarbeit der Konstruktionen zu. Jedes Fenster ist aus zahlreichen Einzelteilen, die sich in Form und Größe stark unterscheiden, ohne Eisenteile oder Leim zusammengesetzt. Zwei Rahmen – ein größerer im Hausinnern und ein kleinerer, reich verzierter an der Fassade – bilden das Gerüst des Fensters, das durch hölzerne Verzapfungen und Holznägel zusammengehalten wird. Die Vergitterung oder Jalousie des Fensters ist nicht etwa gebohrt oder herausgesägt, sondern durch eine kunstvolle Kombination dreier verschiedener Latten zusammengefügt (nach Wolfgang Korn: The traditional Architecture of the Kathmandu Valley).

Berühmtestes Beispiel dieser ebenso reichen wie typischen Kunstgattung ist das sogenannte *Pfauenfenster* am Pujahari Math in Bhatgaon. Im Gegensatz zur sonst eher flächigen Verzierung hat hier ein genialer Holzschnitzer die räumliche Tiefe entdeckt: die Schwanzfedern des Vogels bilden das eigentliche Gitter, während der Körper des Tieres in den Raum vorspringt und der Komposition eine kühne, selten anzutreffende Plastizität verleiht. Von demselben Schnitzer dürften auch die anderen, an der Hauptfront des Math befindlichen Fenster stammen; auch hier läßt sich die Tiefenwirkung an schönen

Die Schnitzereien und Fenstergitter des Basantapur-Turmes im Palastkomplex des Hanuman Dhoka in Kathmandu entstanden in der zweiten Hälfte des 18. Jahrhunderts unter Prithvi Narayana (1768–1775), der die Herrschaft der Malla brach

Beispielen erkennen. In Kathmandu ist es vor allem der *Hanuman Dhoka-Palast,* der alte Königspalast, und die angrenzenden Bauwerke rund um den Durbar Square, die – nebst wunderschönen Beispielen der übrigen Arten der Holzschnitzerei – hervorragende Fenstergitter besitzen. Die Vergitterung – namentlich am *Basantapur-Turm* – zeichnet sich durch ihre feine, exakte Arbeit und die äußerst komplizierten geometrischen Muster und Konstruktionen aus. Das mit der Restaurierung des Hanuman Dhoka beschäftigte Team der UNESCO hat rund anderthalb Dutzend verschiedene Dekorationssysteme ausmachen können, dazu kommen eine ganze Reihe von einfacheren Formen. In Patan schließlich, der dritten der drei alten newarischen Königsstädte, ist es wiederum der alte Palast, der sich durch reiche Fenstergitter auszeichnet. Diese Wunderwerke der Holzschnitzkunst wurden mit Werkzeugen hergestellt, die heute noch von den Newarhandwerkern verwendet werden.

Reich verziertes Fenster am Manikeshar Chowk des alten Königspalastes von Patan. Die Errichtung dieses Bauwerkes wird dem König Shrinivasamalla (1661–1684) zugeschrieben

Die Aufteilung des Kathmandu-Tales in drei unabhängige Kleinkönigreiche hat die Entwicklung der Kunst und des Kunsthandwerkes entscheidend beeinflußt. Die Rivalität der Könige, die einander durch die Errichtung von repräsentativen Bauwerken zu übertreffen suchten, die Förderung der schönen Künste durch die Herrscher und zweifellos auch die Nachahmung durch das wohlhabende Bürgertum haben hier Werke der Schnitzkunst entstehen lassen, die einzigartig sind. Interessant ist, daß künstlerisch wertvolle Holzschnitzereien in Form von Fenstergittern auch in den Newardörfern inner- und außerhalb des Tales zu finden sind. So etwa in Kirtipur und Sankhu, westlich und östlich von Kathmandu, oder aber in Banepa und Dhulikhel an der Straße zur tibetischen Grenze.

Die wichtigsten Schnitzereien entstanden während der Blütezeit der drei Kleinkönigreiche und können dem 16., 17. und 18. Jahrhundert zugeordnet werden. Die Datierung des Holzwerkes ist in den meisten Fällen sehr schwierig, da zumeist – wenn überhaupt – nur die Bauzeit der einzelnen Gebäude bekannt und auch diese mit Vorsicht aufzunehmen ist. Wohl findet man da und dort Metallschildchen, die von einer Restaurierung oder Erweiterung bestehender Bauten berichten; über die Herstellung des Holzwerkes und die sicherlich erfolgte Neuausstattung bestehender Bauwerke mit Schnitzereien und damit auch Fenstergittern wird nichts berichtet.

Die Schnitzereien des Basantapur-Turmes im Palastkomplex von Kathmandu und damit auch die hervorragenden Fenstergitter entstanden bereits unter der Herrschaft der Shah-Dynastie aus Gurkha, die 1768 das Kathmandu-Tal eroberte.

Die ikonographische Ausstattung der Fensterkonstruktionen hatte stets einen religiösen Hintergrund. Dieser zeigt sich bei den Fenstergittern nur sehr

Beispiel einer bäuerlichen Fensterbrüstung aus Thimi (Detail)

bedingt, er wird aber wirksam bei den Fensterrahmen, den Pfosten, Säulen und Balken.

Die eigentlichen Fensterflächen sind je nach dem Können der Holzschnitzer filigranartig durchbrochen oder strahlen etwa flammenförmig von einem Götterbildnis aus. Lotosartige, runde, ovale oder rechteckige Gitterflächen, von reichem Schnitzwerk in den Ecken umrahmt; die Knotenstellen des Gitters in Form von Blumenknospen; rautenförmige Aussparungen, kunstvoll gedrechselte und geschnitzte Säulchen; Götterfiguren und andere mythologische Darstellungen und Miniaturgestalten aus Holz sind Beispiele der geschnitzten Vielfalt. Es ist eine wundersame Welt der ornamentalen und figürlichen Formen, der linearen und geometrischen Verschlingungen und Verflechtungen, der perspektivischen Spielereien und markanten Strukturen. Licht und Schatten formen die hölzernen, durchbrochenen Fenstergitter und hauchen ihnen geheimnisvolles Leben ein.

Die scheinbar unendliche Variierung des Themas ›Gitter‹, die Durchdringung der geschnitzten, durchbrochenen Flächen, die vom Licht gegliedert Symbole der faßbaren Realität sind, und der Griff in die tiefen Schatten der ausgesparten Raumelemente erschließen neue, geistige Dimensionen. Diese sind in den kreativen Kräften des Newar-Volkes verborgen, das wie kaum ein anderes den Werkstoff Holz zu bearbeiten wußte und diese Fertigkeit heute noch beherrscht, wenn auch nicht mehr so meisterhaft. In der Kunst der variationsreichen Gestaltung der hölzernen Architekturfragmente ist die Liebe, das Verständnis für die Natur und ihren unendlichen Artenreichtum zu sehen. Die bäuerliche und handwerkliche Gesellschaft der Newar, die durch ihre Umwelt und Herkunft eng mit der Natur verbunden war, hat mit der Gestaltung des Holzes eine Möglichkeit gefunden, um den jenseitigen Mächten mit ihrem oft launenhaften Wohlwollen ihre Referenz zu erweisen.

Eine Zeitenwende im Rückspiegel betrachtet

Von Peter Meienberger

Vishnu ist noch immer der Erhalter der Welt

In der Mitte unseres Jahrhunderts ist auch für Nepal eine Zeitenwende angebrochen. Während die industrialisierte Welt inzwischen ins Atomzeitalter eingetreten und Indien gerade erst aus der britischen Kolonialherrschaft in die Unabhängigkeit entlassen worden war, erzwang im abgelegenen Himalajastaat Nepal im Jahre 1951 eine kleine Elite von Politikern und jungen Intellektuellen den Abgang der Rana-Maharadschas von der Herrschaft. Der Rana-Fürstenclan hatte das Land während hundert Jahren, von 1846 bis 1951, praktisch als Familienbesitz beherrscht und verwaltet. 1951 ging nun die ausübende Macht an die Krone zurück, die während der Rana-Herrschaft in Nepal nur eine Statistenrolle auf der politischen Bühne innegehabt hatte. Erstmals öffneten sich nun auch die Grenzen dieses einzigartigen und einzigen Königreiches, das in seiner Verfassung – im Unterschied zu seinem großen südlichen Nachbarn Indien – sich ausdrücklich als hinduistischer Staat bezeichnet.

In den zahlreichen und überaus bunten religiösen Festen des nepalischen Kalenderjahres, in den vielfältigen Zeremonien und Vorschriften, die den Gang des Alltags bestimmen, treten auch für den nur kurze Zeit verweilenden Touristen die kulturellen Wesenszüge Nepals in ihrer Fremdartigkeit deutlich hervor (Farbt. 11–16). Sie sind der augenfällige Teil eines umfassenderen Ganzen, in das Staatsform, Gesellschaftsstruktur und Wirtschaftsorganisation miteinzubeziehen sind. Dieses kulturelle Ganze gründet auf dem religiös-philosophischen Weltverständnis des Hinduismus und findet seinen sichtbaren Ausdruck in der nepalischen Monarchie, deren heutiger Herrscher, König Birendra, eine irdische Erscheinungsform, also eine Inkarnation Vishnus verkörpert – jenes einen Hauptgottes aus dem Pantheon der indischen Götterwelt, dem die Erhaltung der Welt und deren Befreiung vom Bösen übertragen ist. Ebenso findet dieses nepalisch-hinduistische Weltverständnis seinen Ausdruck in der überwiegend kastenmäßig gegliederten Gesellschaftsordnung des Landes, in der dem einzelnen Platz und Rolle durch seine Herkunft weitgehend bestimmt und auf Lebenszeit zugewiesen sind. Dementsprechend wirkt auch heute noch in der Wirtschaftsorganisation Nepals jenes gestaltende Prinzip der erblichen Arbeitsteilung fort, wonach die Angehörigen einer bestimmten Kaste seit Jahrhunderten denselben Beruf ausüben oder in einer ihnen bestimmten Berufsgattung tätig sind.

Junges Mädchen beim täglichen Opferritus an einem Straßenaltar in Kathmandu: Die zahlreichen religiösen Verpflichtungen jedes einzelnen sind verwoben in den Alltag und prägen den Lebensablauf auf vielfältige und bestimmende Weise

Als Auswanderer nach Nepal gekommen ...

Mannigfaltige Kräfte aus dem indischen Subkontinent haben über Jahrhunderte hinweg an der Ausgestaltung der heutigen nepalischen Gesellschaft, ihrer Wirtschaftsorganisation und Staatsordnung mitgewirkt. Diese gestaltenden Kräfte wurzeln im Gedankengut der beiden großen geistigen Strömungen, die aus dem indischen Subkontinent hervorgegangen sind: der *hinduistisch-brahmanischen* und der *buddhistischen* Religion. Sie fanden ihre Ausbreitung über den Weg politischer Herrschaft, aber auch über das zündende Beispiel von Sozialrevolutionären, wie sie die indische Geschichte bis in die Gegenwart hinein hervorgebracht hat.

Die meisten Herrscher der zahlreichen kleinen Fürstentümer des nepalischen Hügellandes waren lange über die Neige des ersten christlichen Jahrtausends hinaus Buddhisten und mit ihnen weite Teile der Bevölkerung. Über den Zeitraum vom 12. bis zum 15. Jahrhundert hinweg stellen wir eine verstärkte Ausbreitung hinduistischen Kulturgutes im nepalischen Raum fest. Im Kathmandu-Tal zum Beispiel gelangte im 13. Jahrhundert eine indische Adelsfamilie, die *Malla* aus der zweithöchsten Kastengruppe der Ritter (Kshatriyas), an die Macht. Die Malla erließen eine hinduistische Sozialgesetzgebung auf der Grundlage des Kastensystems – im Gegensatz zum bisherigen, überwiegend buddhistischen Gesellschaftssystem, das eine religiös begründete Ungleichheit der Menschen innerhalb der gesellschaftlichen Ordnung ablehnte. Auf diese Weise entstand im Kathmandu-Tal das erste ausgeprägt hinduistische Königreich Nepals.

Noch heute finden wir im zentralen Hügelland und besonders im Kathmandu-Tal ein friedliches Nebeneinander von Hindus und Buddhisten, ein erstaunliches Gemisch an religiösen Formen, eine ebenso erstaunliche Vielfalt hinduistisch-buddhistischer Götter – oft unter demselben Tempeldach –, Festlichkeiten und Zeremonien, allesamt stark durchwoben mit ursprünglicheren Elementen tantristischer Religiosität, in der Dämonen und Geister, Symbolik und magische Formeln eine große Rolle spielen und in Nepals Religionen heute noch fortwirken. Dagegen sind die Bewohner der schwer zugänglichen, unwirtlichen Himalaja-Bergtäler im Norden des Landes kulturell eng mit Tibet verbunden – ihre Religion ist der Buddhismus in seiner tibetisch-lamaistischen Ausprägung geblieben. Wiederum anders bildet der dichtbevölkerte südliche Teil des Landes, das *Terai*, mit seinen weiten fruchtbaren Ebenen und Urwäldern über die Grenze hinweg zusammen mit Nordindien eine kulturgeografische Einheit. Über die Bewohner des Terai wölbt sich denn auch der Himmel der indischen Götterwelt.

Die Malla und mit ihnen zahlreiche andere Adelsfamilien aus nordindischen Fürstenstaaten – Angehörige der Ritter- und der Priesterkasten, der Kshatriyas und der Brahmanen – sind als Auswanderer nach Nepal gekommen, als politische Flüchtlinge vor den in den indischen Subkontinent eindringenden islamischen Eroberern. Diese angesehenen Familien wurden an den nepalesischen Fürstenhöfen, denen sie oft durch Handelsbeziehungen nahestanden, willkommen geheißen. Sie erhielten kultivierbares Land zur Bebauung, es wurden ihnen Ämter im Staats- und Hofdienst übertragen, bis ihre Nachkommen dann schließlich – inzwischen wirtschaftlich stark und politisch einflußreich geworden – die eingesessenen Fürstengeschlechter allmählich von der Herrschaft verdrängten.

Die heute in Nepal herrschende königliche Dynastie der Shah und mit ihr zahlreiche Familien der ländlichen Aristokratie weisen in ihren Ahnengalerien Angehörige hoher indischer Fürstengeschlechter nach, mit denen sie durch die gemeinsame Kultur, durch wirtschaftliche Beziehungen und gegenseitige Heiraten bis heute verbunden geblieben sind. Diese hinduistisch-nepalische Elite rechnet sich den höchsten Kastengruppen zu: den *Brahmanen* und den *Kshatriyas*. Unter den letzteren bilden in der nepalischen Gesellschaft die *Thakuri* und die *Chettri* die höchstrangigen Untergruppen. Die königliche Dynastie der Shah ist den Thakuri zuzurechnen, während aus den Chettri die Familie der Rana hervorgegangen ist – eben jener Clan, der 1951 ins Glied zurücktreten mußte.

Die Brahmanen haben sich eingerichtet

Die Ausübung der politischen Herrschaft in diesem Land wurde im Laufe der Zeit das ausschließliche Privileg von Familien aus den Ritter- und Priesterkasten. Dies war durchaus im Einklang mit den überlieferten heiligen Schriften, wonach die Regierungsfunktionen von Kshatriyas, unter Berücksichtigung der beratenden Stimme von Brahmanen, auszuüben sind. Aus den Reihen von Kshatriya-Familien rekrutierten sich denn auch die nepalischen Staatsmänner und Heerführer; die Brahmanen dagegen waren (und sind heute noch) wichtige und einflußreiche Berater in religiösen und astrologischen, gesetzgeberischen und politischen Belangen am Hof und in der Regierung, sie wirken als Diplomaten und Rechtsanwälte.

Das hohe Ansehen hinduistischer Kulturwerte wurde entscheidend gestärkt durch die orthodox-hinduistische Herrschaft der Rana – 1846–1951 – und es scheint durch die gewaltsam erzwungene Beseitigung der Maharadscha-Regierung keinen Schaden gelitten zu haben. Viele Anzeichen deuten sogar eher darauf hin, daß die oben umschriebene Hinduisierung der nepalischen Gesellschaft keineswegs abgeschlossen ist, sondern ihren Fortgang nimmt: Die meisten nepalischen Intellektuellen, die heute in Regierung, Verwaltung, Erziehung, Publizistik oder in der Armee ihr Auskommen finden, haben ihre Bildung an indischen Hochschulen erworben. Im sprachlichen Bereich wird das Übergewicht hinduistischer Kultur gar zur Abhängigkeit, denn die offizielle Landessprache Nepali – heute von etwas mehr als der Hälfte der Bevölkerung gebraucht als Verständigungsmittel im babylonischen Wirrwarr von rund vierzig heute noch gesprochenen eigenständigen Sprachen und Dialekten –, diese Landessprache hat in den letzten beiden Jahrzehnten mehr Hindi-Wörter in ihren Wortschatz aufgenommen als aus allen einheimischen Sprachen über Jahrhunderte hinweg zusammengenommen. Die anhaltende

Ausbreitung hinduistischen Kulturgutes in den verschiedensten Bereichen nepalischen Lebens gewinnt an Bedeutung angesicht der Bedrohung, wie sie der überlieferten Kultur erwächst aus der Übernahme abendländisch-westlicher Technologien und den ihnen innewohnenden, völlig andersartigen kulturellen Werten.

Reine und Unberührbare – Was sind Kasten?

Seit 1963 sind in Nepal alle Bürger vor dem Gesetz gleichgestellt, es dürfen ihnen also aus ihrem Kastenstatus keine verfassungsmäßigen Nachteile erwachsen. Aber noch steht dieser revolutionäre Gesetzeserlaß isoliert da in einer völlig andersgearteten gesellschaftlichen Wirklichkeit, er ist mehr Postulat als Norm. Dennoch ist durch sein Bestehen eine Auseinandersetzung in die Wege geleitet worden – die langwierige und widersprüchliche Auseinandersetzung zwischen Altem und Neuem, zwischen Vergangenheit und Zukunft.

Nepals Kastensystem ist eine grundlegende gesellschaftliche Einrichtung und dennoch fehlt ihm jene Ausschließlichkeit und Härte, wie sie die indische Gesellschaftsordnung herausgebildet hat und heute noch kennt. Anders als in Indien, wo das religiös begründete Kastenwesen sich schon in vorchristlicher Zeit herausgebildet hatte, fand es in Nepal erst viel später seinen Eingang. Es vermochte sich denn auch in der Vielzahl von ethnisch in sich geschlossenen Volksgruppen und Stämmen in den schwer zugänglichen Talschaften und Berggegenden bis heute nicht einheitlich durchzusetzen.

In der grundlegenden Kastengliederung der nepalischen Gesellschaft stehen *Brahmanen*, *Thakuri* und *Chettri* als ›Zweimalgeborene‹ hoch über allen Gruppen. Die *Newarbauern des Kathmandu-Tales*, die *Magar*, *Gurung* und *Thamang* (unter vielen anderen) nehmen die mittleren Ränge der gesellschaftlichen Hierarchie ein. Sie alle stehen als Angehörige von ›reinen‹ Kasten diesseits der entscheidenden gesellschaftlichen Trennlinie, während am unteren Ende der gesellschaftlichen Stufenleiter und eben jenseits dieser Trennlinie die Angehörigen der ›unreinen‹ Kasten zu finden sind, aus deren Händen ein Reinkastiger keinen Trunk Wasser und schon gar keine gekochte Speise entgegennehmen darf. Es sind dies die *Unberührbaren* aus den *Handwerkerkasten* der Schneider, Schuster, Metzger und anderen. Sowohl die reinen als auch die unreinen Kasten kennen unter sich eine strenge hierarchische Abgrenzung, in die man hineingeboren wird und die man normalerweise nicht überschreiten kann.

Sichtbare und unsichtbare Grenzen

Anders als in Indien ist in Nepal die Zahl jener Brahmanen, die ihren Lebensunterhalt mit priesterlichen Dienstleistungen zu bestreiten vermögen, bescheiden. Viele von ihnen, wie auch zahlreiche Chettri, leben als Bauern in den Dörfern, bestellen ihr Land und unterscheiden sich in ihrem Äußeren kaum von Bauern und Taglöhnern aus niederen Kasten. Oftmals sind diese Brahmanenbauern nicht wohlhabender als etwa ihre Chettri- oder Newar-Nach-

Sichtbare und unsichtbare Grenzen: Für das als unrein geltende Pflügen stellt der reinkastige Bauer Feldarbeiter aus unreinen Kasten ein.

barn oder gar die im selben Dorf lebenden Magar- und Thamang-Bauern. Sie verrichten die üblichen Feldarbeiten und stellen lediglich für das als unrein geltende Pflügen Taglöhner aus niederen Kasten ein. Im verstädterten Kathmandu-Tal haben es zahlreiche Handwerker ungeachtet ihres tiefen gesellschaftlichen Standes zu ansehnlichem Wohlstand gebracht. *Der Status der Unberührbarkeit hat hier nie jene absolute Form gesellschaftlicher Diskriminierung angenommen wie in manchen Gegenden Indiens.*

Wenngleich nun aber in Nepal ein hoher Kastenstatus nicht unbedingt gleichzusetzen ist mit Reichtum und Macht, so stehen Reichtum, politische Macht und Kastenzugehörigkeit doch in enger Beziehung zueinander. Wohl ist erstmals im Jahre 1963 mit der Einführung des neuen Zivilgesetzbuches die früher selbstverständliche und auch gesetzlich festgehaltene Unterscheidung der Individuen nach Kastenzugehörigkeit beseitigt worden. Damit ist aber weder das Kastenwesen aufgehoben worden, noch hat dieser Gesetzeserlaß an der gesellschaftlichen Wirklichkeit bislang viel zu ändern vermocht. Noch heute betritt der Schuster aus einer unreinen Kaste niemals das Haus seines Kunden aus einer Chettri-Kaste. Er würde es dadurch beschmutzen, und sein Kunde müßte den brahmanischen Familienpriester kommen lassen, um es durch aufwendige und kostspielige Zeremonien wieder zu reinigen. *Wer Reisschüssel und Lagerstatt mit einem (oder einer) Unberührbaren teilt, verliert noch heute seinen Kastenstatus und schließt sich damit für immer aus dem Kreise seiner Familie, seiner Angehörigen und Freunde aus.* Noch immer stellen die Angehörigen der Brahmanen-, Chettri- und der oberen Newar-Kasten 90 von 100 hiesigen Hochschulabsolventen, und einen ebenso hohen Anteil dieser Kasten finden wir unter den höheren Beamten in Regierung und Verwaltung.

Familienwirtschaft im kleinen ...

Die nepalische Familie umfaßt nicht nur mehrere Generationen, sondern auch nähere Anverwandte wie Onkel, Tanten und deren Kinder. Mit ihrer Verheiratung übersiedelt eine Frau in die Familie ihres Ehemannes, wo auch die Kinder großgezogen werden. Wir sprechen von einer Großfamilie. Alle Einkünfte fließen in eine gemeinsame Kasse, die vom Familienoberhaupt – nicht notwendigerweise dem Familienältesten – verwaltet wird. Der Zusammenschluß mehrerer erwerbsfähiger Familienmitglieder bietet materielle Sicherheit im Krankheitsfalle und im Alter – eine Vorsorge, die der Staat nicht gewährleisten kann.

Die gemeinsame Küche ist das Herz der nepalischen Familie. Die Ehefrau des Familienältesten führt das Regiment über die Kochtöpfe und leitet auch den übrigen Haushalt. Die Fähigkeit zur Einordnung in eine größere Gemeinschaft ist in der Großfamilie besonders wichtig. Daraus ergibt sich für die Eltern die Notwendigkeit, bei der Verheiratung ihrer Kinder ein gewichtiges Wort mitzureden. Die Mutter eines Sohnes, die zur Wahl einer Schwiegertochter ihr Einverständnis gegeben hat, wird später dazu stehen müssen, und

Blick in das Klassenzimmer einer Unterschule im nordöstlichen Hügelland: Schulbildung und damit verbunden beruflich-gesellschaftlicher Aufstieg sind noch auf lange Sicht keine Selbstverständlichkeit in Nepal

sie wird dem künftigen Familienmitglied das Hineinwachsen in die neue Umgebung nach Möglichkeit erleichtern.

Da nun mehrere Ehepaare zusammen nur einen Haushalt zu führen haben, können mehr arbeitsfähige Familienmitglieder außerhalb des Hauses zum gemeinsamen Einkommen beitragen. Das ermöglicht zahlreichen Eltern, eines oder mehrere Kinder eine Zeitlang zur Schule zu schicken, wozu das durchschnittliche Erwerbseinkommen einer Kleinfamilie in den meisten Fällen nicht ausreichen würde. Die Schulbildung eines oder mehrerer Sprößlinge kommt letztlich wieder der Familiengemeinschaft zugute, erhöht sie doch die Aussichten auf eine berufliche Karriere außerhalb der (vorherrschenden) Landwirtschaft und damit auf zusätzlichen Verdienst und gesellschaftliches Ansehen.

... und Vetternwirtschaft im großen

Jene Familie, die einem Sohn eine (in Nepal noch lange nicht selbstverständliche) Schulbildung ermöglicht und ihm damit den Weg ebnet für eine (in Nepal als erstrebenswert erachtete) Laufbahn im Staatsdienst, erwartet von diesem Sohn mit größter Selbstverständlichkeit, daß er sich dafür erkenntlich zeige. Ein wohlgeratener Sohn läßt deshalb seine Familie nicht nur an seinem Einkommen, sondern auch an seinen persönlichen Beziehungen zu einflußreichen Leuten im öffentlichen Leben teilhaben. Wer sich dieser Loyalität, diesem Gemeinschaftsdenken entzieht, gilt als verantwortungslos und lädt Schimpf und Verachtung seiner Familie und Bekannten auf sich. So ist denn die in der nepalischen Gesellschaft, in Politik, Wirtschaft und Staatsverwaltung weitverbreitete ›Vetternwirtschaft‹, also die Begünstigung von Verwandten, letztlich nichts anderes als angepaßtes gesellschaftskonformes Verhalten des Einzelnen. Noch heute stammen mehr als 80 von 100 höheren Staatsbeamten aus den Reihen jener wenigen weitverzweigten Familien-Clans, deren Angehörige schon seit vielen Generationen auf diese Posten berufen worden sind.

Ein roter Farbtupf auf der Stirne

Alljährlich am Tika-Tag des herbstlichen Dasain-Festes empfangen die Angehörigen des Hofstaates und der Regierung vom König, die Untergebenen von ihren Vorgesetzten und die jüngeren Familienmitglieder von den älteren die *Tika*: ein rotes Farbmal wird auf die Stirne getupft – Zeichen des väterlichen Wohlwollens auf der einen und Ausdruck der Untergebenheit auf der anderen Seite (s. vordere Umschlaginnenklappe). Diese Geste ist sinnbildlicher Ausdruck einer traditionellen, aber immer noch stark fortwirkenden Art und Weise der zwischenmenschlichen Beziehungen im privaten und öffentlichen Leben in diesem Land.

Eine über Jahrhunderte gewachsene Gesellschaftsordnung wird nicht mit dem Federstrich eines Gesetzeserlasses geändert, denn eine solche Änderung des grundlegenden gesellschaftlichen Ordnungsprinzips hat weitreichende Auswirkungen im Bildungswesen, in der politischen und wirtschaftlichen Machtstruktur zur Folge – Veränderungen, die erst über Generationen hinweg in Gang kommen und Früchte tragen werden.

Der absolute, aber nicht allmächtige König

In Nepal herrscht ein König über ein Bauernvolk. Der König übt die höchste staatliche Gewalt aus: er erläßt die Verfassung, er kann sie ändern oder außer Kraft setzen. Aufgrund dieser Verfassung setzt der König das höchste Gericht des Landes ein und ist befugt, dessen Rechtssprüche aufzuheben. Er beruft das Parlament ein und kann dessen Sitzungen vertagen. Er verleiht den vom Parlament gefaßten Beschlüssen Gesetzeskraft durch seine Zustimmung; er unterzeichnet die Verträge mit fremden Staaten, er befindet über Kriegserklärungen und Friedensschlüsse. Er regiert das Land durch seinen Ministerrat, dem er persönlich vorsteht, oder den ein von ihm bestellter Premierminister leitet. Und schließlich ernennt er den Oberbefehlshaber der Armee. *Der nepalische König ist ein absoluter, also über der Verfassung stehender, aber kein unumschränkter Herrscher.* Die Staatslenkung in diesem Land hat stets der Unterstützung der brahmanischen Priesterschaft und der Loyalität der landbesitzenden Aristokratie bedurft. Eine solche von alters her gewichtige Einschränkung der königlichen Macht besteht auch heute noch, wenngleich seit dem Sturz der Rana-Maharadschas 1951 sich das innenpolitische Kräfteverhältnis gewandelt hat.

Wie weit der gemeine Mann – insbesondere aus jenen Volksgruppen, die bis heute nicht oder nur am Rande in die hinduistische Gesellschaftsordnung einbezogen worden sind – sich als Untertan jenes Königs im fernen Kathmandu-Tal weiß, ist eine auch heute noch weitgehend offene Frage. Noch heute begreift der einfache nepalische Bauer jene überschaubare Landschaft als seine Heimat, in der er seinen Boden bebaut und die abgeschlossen wird durch die umgebenden Hügel. Die während Jahrhunderten übliche Eingrenzung des geographischen Begriffes ›Nepal‹ auf das Kathmandu-Tal ist noch immer anzutreffen im Sprachgebrauch von Menschen aus entlegeneren Teilen des Landes. Für viele seiner Untertanen fernab der Hauptstadt ist König Birendra eine halbgöttliche Erscheinung, der Respekt und Unterwerfung gebührt; über seine und ihre eigene Stellung in der politischen Ordnung Nepals wissen sie wenig oder überhaupt nichts.

Die Pyramide der staatlichen Ordnung

In bewußter Anlehnung an das traditionelle indisch-hinduistische Vorbild der dörflichen Selbstverwaltung haben die Schöpfer der nepalischen Verfassung von 1962 die politische Gemeinde (›Panchayat‹) zur Grundeinheit der pyramidenartig aufgebauten Staatsordnung gemacht. Ein Panchayat umfaßt in der Regel einige tausend Einwohner aus mehreren Dörfern, zahlreichen Weilern und Einzelsiedlungen. Ein Exekutivrat von neun gewählten Mitgliedern nimmt die von der Gemeindeversammlung wie auch von übergeordneten Instanzen des Distriktes übertragenen Aufgaben der dörflichen Selbstverwaltung wahr. Dazu gehören unter anderem die Aufsicht über den Unterhalt des Wegnetzes und der Wasserversorgung, über Primarschulwesen und Erwachsenenbildungskurse, dann aber auch die Verwaltung lokaler Einkünfte, das Führen von Grundeigentums- und Pachtregistern, und schließlich das Einziehen von Staatssteuern überall dort, wo diese nicht mehr – wie früher allgemein üblich – von privaten Steueragenten eingetrieben werden.

Farbtafeln

1 Einflug ins Kathmandu-Tal, in eine Oase der Fruchtbarkeit inmitten eines kargen Berglandes. Man erkennt den heiligen Fluß Bagmati und seine berühmte Schlucht bei Chovar, die einst der Bodhisattwa Manjushri mit dem Schlag seines Schwertes geschaffen haben soll.

2 Harisidhi im Kathmandu-Tal zur Zeit der Reisernte. Um möglichst viel Land mit Reis bepflanzen zu können, ist das Dorf mit seinen 3500 Einwohnern eng zusammengedrängt

3 Junge Newar-Frau in Bungamati, die vor wenigen Stunden ein Kind geboren hat. Während vier bis sechs Tagen wird sie von Bekannten gepflegt, muß aber tagsüber vor dem Haus sitzen und nachts die rituell reinen Räume der Wohnung meiden, die sie erst nach komplizierter Reinigungszeremonie wieder betreten darf

4 Während die Frau die warme Sonne und die wenigen arbeitsfreien Tage genießt, liegt das Neugeborene eingemummt im Schutz eines Zeltes

5 Bauernjunge aus dem Kathmandu-Tal

6 Kleines Mädchen aus Kathmandu

7 Morgendliches Bad in Kirtipur

8 Drei Generationen in Nepal

9 Bauer aus der Umgebung von Kathmandu

10 Obstverkäufer und Kunden in Kathmandu

11 Kumari Devi, die lebende, jungfräuliche Göttin in Kathmandu, eine Re-Inkarnation der Göttin Taleju. Sie bleibt nur bis zur ersten Monatsblutung Kumari. Dann folgt in einem Furchtlosigkeitstest die Wahl ihrer Nachfolgerin aus ausgewählten Mädchen der Goldschmiedekaste

12 Im Anschluß an das heilige Bad in Balaju opfern Frauen dem schlafenden Vishnu von Balaju – einer zweiten Ausführung des Vishnu-Reliefs von Buddhanilkantha, das der König – selbst eine Inkarnation Vishnus – nicht sehen darf. Er würde sonst sterben. Den Vishnu von Balaju hingegen darf auch der König sehen

13 Ein Sadu, ein heiliger Mann

14 Am Vollmondtag des Monats Chaitra (bis Ende April) findet die ›Balaju Jatra‹ (Jatra = Pilgerreise, religiöser Umzug) statt. An diesem Tag kommen Tausende von Menschen – oft in tagelangen Fußmärschen aus den Bergen – nach Kathmandu und pilgern nach Balaju, um am frühen Morgen das heilige Bad im Teich ›Baisedhara‹ zu nehmen und damit religiöse Verdienste zu erwerben. An diesem Tag sollen die Wasser des Baisedhara mit jenen des heiligen Flusses Trisuli verbunden sein

15 Kal Bhairab, in dessen Angesicht »jeder der lügt Blut erbricht und stirbt«, zertritt einen Dämon. Hanuman Dhoka, Kathmandu

16 Bevor König Birendra am Abend des 3. Oktober 1976 im Angesicht des Gottes Ganesh einen rituellen Dolch austauschte, bereiteten Tänzer den Platz vor. Im Bild der Gott Bhairab. Diese Zeremonie findet nur alle zwölf Jahre statt.

17 Der Stupa von Swayambhunath mit den alles sehenden Augen Buddhas

18 Eine etwa fünfunddreißig Jahre alte Thangka aus Tibet. Die kreisförmige Mandala-Darstellung ist eine alte buddhistische Meditationshilfe.

1

2

3
4 5

6 9
7
8 10

12

13

◄11

14

15

16

17 ▶

Die verfassungsmäßig verankerte Eigenständigkeit der Gemeinde wird nun allerdings stark beschnitten durch weitgehende Vollmachten der zentralen Regierung und jener hohen königlichen Beamten, die direkt dem Palast unterstehen. Sie können auf die Amtsführung der verfassungsmäßig gewählten Gemeinde- und Distriktsräte direkten Einfluß nehmen und damit den Gang der lokalen Politik weitgehend bestimmen.

Von den ungekrönten Königen

Über Jahrhunderte hinweg wurden in Nepal Regierungs- und Verwaltungsfunktionen von den Angehörigen der landbesitzenden Adelsfamilien wahrgenommen. Diese Selbstverständlichkeit des feudalen Staatswesens vor 1951 ist durch die Einführung des Panchayat-Systems bisher kaum ins Wanken geraten. Der Grundbesitzer im Dorf, der aufgrund seines Einflusses in die Gemeinde-Exekutive und von dieser als Abgeordneter in die Distriktsversammlung gewählt wird, braucht sich nicht mit einem politischen Programm hervorzutun, noch wird er auf öffentlichen Wahlveranstaltungen Stellung zu aktuellen politischen Fragen nehmen müssen. Um in die Distrikts-Exekutive gewählt zu werden, und damit eine weitere Stufe in der verfassungsmäßigen politischen Hierarchie zu erklimmen, muß er sich vielmehr der Gunst einer Mehrheit seiner Kollegen in der Wahlversammlung versichern. Die dazu allenfalls erforderlichen Wahlversprechen sind jeder demokratischen Kontrolle durch die Öffentlichkeit entzogen und gründen auf einer personenbezogenen Loyalität – ein Grundzug nepalischer Politik über Jahrhunderte hinweg. Der Aufstieg vom Gemeinderat zum Mitglied des nationalen Parlamentes (Rashtriya Panchayat) ist seiner äußeren Form nach repräsentativ-demokratisch geworden – aber entgegen dem Geist der Verfassung sind die Kriterien für eine politische Laufbahn diejenigen des feudalen Staates geblieben. Dementsprechend sind auch die Möglichkeiten zur demokratischen Willensbildung, wie sie dem Panchayat-System innewohnen, bis heute fast ausschließlich nur von jener Gesellschaftsschicht wahrgenommen worden, die seit Jahrhunderten Träger des politischen Lebens ist, während die kleinbäuerlichen Massen noch immer abseits stehen.

Wohin man schaut: Landwirtschaft

Die überragende Bedeutung des Bauernstandes in der nepalischen Wirtschaft läßt von einem Bauernvolk sprechen. Mehr als zwei Drittel des nationalen Exporteinkommens stammen aus dem Erlös landwirtschaftlicher Erzeugnisse. Und über 90 Prozent der erwerbsfähigen Bevölkerung lebt aus dem Ertrag bäuerlicher Arbeit und wohnt inmitten ihrer Felder in kleinen Dörfern und Weilern.

Von den wenigen hunderttausend Beschäftigten, die im gewerblichen und industriellen Sektor ihr Auskommen finden, arbeiten die meisten in kleinen Betrieben mit weniger als dreißig Angestellten. Zahlreiche dieser kleinen Fabriken, Ölpressen und Getreidemühlen wiederum stellen Erzeugnisse aus landwirtschaftlichen Rohprodukten her: Jute, Textilien, Zucker, pflanzliche und tierische Fette und Öle, Schuhe und Zigaretten. Nur knapp 10 % der Gesamtheit aller im Lande hergestellten Erzeugnisse sind industrielle Güter, 70 % dagegen Produkte aus Land- und Forstwirtschaft.

Es war nicht immer so

Die einseitig agrarische Wirtschaftsstruktur des heutigen Nepal läßt sich aus den physischen Bedingungen des Landes und seiner inneren geschichtlichen Entwicklung zum Teil erklären. Ergänzend dazu muß aber diese Einseitigkeit auch als Folge jener tiefgreifenden Umwälzungen im politisch-ökonomischen Gefüge Südasiens verstanden werden, die mit der britischen Kolonialherrschaft in Indien einsetzten, und in deren Verlauf Nepal seine gewinnbringende Stellung als Durchgangsland im Güterverkehr zwischen Indien und Tibet allmählich verlor. Die Berichte ausländischer Reisender bis weit ins 19. Jahrhundert hinein zeugen von der Bedeutung dieses Handels, aber auch von einer Vielzahl kleiner Industrien, vom Gewerbefleiß und der hohen Geschicklichkeit der Handwerker in diesem Land.

Die ausgreifenden Wirtschaftsinteressen der britischen Ostindien-Kompanie im südasiatischen Raum rückten Nepal von der Mitte des 18. Jahrhunderts an ins Blickfeld der britischen Kolonialherren. In ihrem Bestreben, die über Kathmandu führende Himalaja-Handelsroute unter ihre Kontrolle zu bringen, um damit den tibetischen Markt für englisches Tuch zu erschließen und dafür jene damals in Europa so begehrten chinesischen Luxusgüter zu handeln, faßten die Engländer im Jahre 1816 nach mehreren erfolglosen Versuchen auf dem Verhandlungswege und einer militärischen Expedition schließlich diplomatischen Fuß am nepalischen Hof. Die Rana-Maharadschas, 1846 an die Macht gelangt, waren zur Stützung ihrer Familienherrschaft in wachsendem Maße auf das Wohlwollen der britischen Vizekönige in Indien angewiesen. Sie mußten sich dieses Wohlwollen unter anderem erkaufen durch die Öffnung des nepalischen Marktes für britische Textilien und förderten dadurch den Niedergang des einheimischen Gewerbes.

Wird es noch lange so bleiben?

Trotz der ehrgeizigen Ziele, die sich die nepalischen Regierungen nach 1951 steckten, trotz ihrer Bemühungen und beträchtlicher ausländischer Hilfe steckt Nepals industrielle Entwicklung noch immer in den Anfängen. Nepals Stellung im politischen Gefüge Südasiens – gekennzeichnet durch eine nahezu vollständige wirtschaftliche Abhängigkeit von Indien – legt einer modernen wirtschaftlichen Entwicklung große Hindernisse in den Weg. Die überlieferten inneren gesellschaftlich-politischen Strukturen, der Rückstand an technisch-industriellem Know-how, die weltweit sich ständig verteuernde Energie, wie auch die bedrohlich wachsende Bevölkerung binden die gesamtheitliche Wohlfahrt Nepals noch auf Jahrzehnte hinaus an seine landwirtschaftliche Entwicklung.

Bauerngehöft im nordöstlichen Hügelland: Extensive Bebauung und geringe Erträge kennzeichnen die landwirtschaftliche Nutzung im nepalischen Hügelland

Die meisten nepalischen Bauern erwirtschaften gerade soviel aus dem Boden, daß sie ihre Familien bis zur nächsten Ernte durchbringen können. Die Einführung verbesserter Anbaumethoden vermöchte wohl nur jene Bauern dazuzubringen, mehr zu produzieren, die einen Betrieb von existenzsichernder Ausdehnung bewirtschaften und diesen auch ihr eigen nennen. Die weit überwiegende Zahl der Pacht- und Kleinbauern aber ist weder willens noch in der Lage, das erhöhte Risiko einer marktorientierten Produktion zu tragen. Zumindest solange nicht, als diese abhängigen Bauern das dafür benötigte Investitionskapital nicht zu tragbaren Zinsen erhalten können und gleichzeitig der Ertrag ihrer vermehrten Anstrengung zum größeren Teil in die Taschen der Grundherren und Geldverleiher zurückfließt. Eine 1964 angelaufene Landreform hat zum Ziel, diese (und andere) Übel des ererbten feudalen Staates zu beseitigen. Die darin begriffene Änderung der traditionellen Besitzstruktur in der Landwirtschaft – Herzstück der nepalischen Landreform – rührt an die Grundlage wirtschaftlich-politischer Macht in diesem Land und setzt den Reformwillen jener Gesellschaftsschicht voraus, die seit Jahrhunderten diese Macht ausübt.

Die Söhne jener traditionell Mächtigen haben die Schwelle der jüngsten Zeitenwende in Nepal überschritten. Sie bilden vorläufig noch die tragende Schicht des Panchayat-Systems und sind sein stabilisierender Faktor. Die unaufhaltsame Ausbreitung des Bildungswesens wie auch die wachsenden Möglichkeiten des Broterwerbs in anderen Wirtschaftssektoren wird neue Kräfte im Gefüge Nepals freisetzen. Diese wiederum werden die Tragfähigkeit der staatlichen, gesellschaftlichen und wirtschaftlichen Ordnung und ihre Anpassungsfähigkeit an eine neue Zeit erst noch auf die Probe stellen. Solche für Nepal entscheidende Zukunftsperspektiven zu erhellen, bereitet nicht nur den Entwicklungsplanern in diesem Land Kopfzerbrechen. Sie dürften selbst von den Astrologen am Hofe des Königs gegenwärtig kaum zu deuten sein.

Entwicklungshilfe in Nepal

Von Hermann Warth

›Traumland Nepal‹, ›Märchenland am Himalaya‹, ›Eisgipfel und Goldpagoden‹, ›Spieldose des Himalaja‹, ›Mit Charme und Schirm durch das Götterland‹, ›Nepal, eines der letzten Paradiese der Erde‹ – so und ähnlich lauten die Titel der Bildbände, werben die Manager der Tourismusindustrie.

Die rosa gefärbte Brille erschwert dann dem Besucher den ungetrübten Blick auf die Wirklichkeit. Diese besteht sicher aus heiterer Lebensfreude, aus natürlicher Höflichkeit, aus kindlicher Offenheit und aus einer Kombination von Kultur und Natur, die auf der Welt ihresgleichen sucht.

Die Wirklichkeit Nepals

Aber Nepal – das ist mangels sanitärer Einrichtungen auch knöcheltiefer Dreck, in dem sich Kinder und Hunde tummeln und der ein erstklassiges Reservoir von Krankheitserregern darstellt;
Nepal – das ist auch Tbc-Husten bis zum Tode, eklige Ausschläge, apathisches Hinnehmen von Krankheiten und Verkrüppelungen mangels ärztlicher Hilfe, einseitige Ernährung, Unwissenheit hinsichtlich der Überwindung dieser Krankheiten und ihrer Ursachen, Angst vor dem Alter, weil es eine staatliche Altersversorgung für alle Bürger nicht gibt;
Nepal – das ist auch extrem harter Broterwerb in der arktischen Kälte des Himalaja, in den steilen Hügelzonen des Mittellandes und im Glutofen der Terai-Tiefebene;
Nepal – das ist auch Leben in ständiger Angst zwischen den großen Nachbarn Indien und China, Abgeschnittensein von alten menschlichen, kulturellen und wirtschaftlichen Verbindungen mit dem tibetischen Nachbarvolk;
Nepal – das ist auch drohender Identitätsverlust durch die einbrechenden negativen Erscheinungen der westlichen Zivilisation;
Nepal – das ist auch rapider Verfall seiner vielen kunstvollen Wohnhäuser und Königspaläste, Tempel und Kultstätten.

Diese Seite der Wirklichkeit stellt sich in nüchternen Zahlen so dar:
Das jährliche Bevölkerungswachstum beträgt etwa 2,4 %; in 30 Jahren führt es zur Verdoppelung der jetzt 12 Mill. Einwohner. Die durchschnittliche Lebenserwartung liegt bei 38 Jahren. Ein Arzt kommt auf 49 000 Einwohner. Für die 12 Millionen Einwohner stehen nur 2100 Krankenhausbetten zur

Leichenverbrennung am Shivaratritag in Pashupatinath

Verfügung. Ein hoher Prozentsatz der Bevölkerung ist lungenkrank. 85 % leiden an Wurmkrankheiten; Tuberkulose, Typhus, Cholera, Malaria sind weit verbreitet. Der größte Teil der Bevölkerung ist fehlernährt. Die Analphabetenrate bei der Bevölkerung über 14 Jahre liegt bei 86 %. Der Staatshaushalt beträgt DM 572 Mill.; über 20 % davon bestehen aus ausländischer Hilfe, was eine beachtliche Abhängigkeit darstellt. Das Pro-Kopf-Einkommen beläuft sich auf DM 200 pro Jahr. Weil die Durchführung der Landreform stockt, sind noch immer 4/5 der Bauern Pächter ohne besondere Motivation zu verbesserten Produktionsweisen. 97 % des Außenhandels müssen mit und über Indien getätigt werden, eine Abhängigkeit, die das Land auf Dauer wohl nicht verkraften kann. Nepal exportiert gegenwärtig jährlich etwa 3 Millionen Tonnen Nahrungsgetreide. Die wachsende Bevölkerung wird ab 1980 jedoch ständig steigende Nahrungsmittel-Importe notwendig machen. Woher die Devisen dafür kommen sollen, bleibt vorerst offen. Nur noch 25 % der Gesamtfläche Nepals sind bewaldet (ursprünglich 75 %). Die Bodenerosion nimmt katastrophale Ausmaße an.

Entwicklungshemmende Faktoren

Nach der Revolution von 1951, die der Herrschaft der Rana ein Ende setzte und die Öffnung Nepals nach außen einleitete, entschlossen sich die politisch Verantwortlichen zum Experiment ›Entwicklung‹. Es ist in der Tat ein Experiment, denn die Hemmnisse sind offenkundig und machen den Ausgang ungewiß:

1. 87 % des Landes haben Gebirgscharakter. Erdbeben und Erosion erschweren den Ausbau der Infrastruktur. Nepal hat extreme Transport- und Kommunikationsprobleme. Rohstoffe wurden in abbauwürdiger Menge bisher nicht gefunden. Der Bau von Staudämmen zur Gewinnung von Elektroenergie ist problematisch, weil die Staubecken immer wieder in relativ kurzer Zeit durch die Geröllmassen der Flüsse aufgefüllt werden. Das Land bleibt in großem Maße abhängig von Rohstoffimporten.
2. Nepal hat keinen Zugang zum Meer. Der außenpolitische und wirtschaftliche Spielraum ist gering. Das Land liegt zwischen China und Indien, den beiden volkreichsten Staaten der Erde, die zudem unterschiedliche politische und gesellschaftliche Strukturen haben. Die Straße zur chinesischen Grenze ist sehr oft verschüttet, der Handelspartner außerdem zu weit entfernt. Fast alle Importe und Exporte müssen über Indien getätigt werden. China und Indien, die offensichtlich am Status quo Nepals interessiert sind, zwingen das Land zu einer Politik des Wohlverhaltens. Außenpolitische und wirtschaftliche Initiativen der nepalischen Regierung stoßen sehr schnell an unüberwindbare Schranken.
3. Die jährliche Bevölkerungszunahme beträgt derzeit 2,4 %. Kinder bedeuten Altersversorgung im Großfamilienverband, und Kinderreichtum ist der Stolz der Armen. Das derzeitige noch 2–3%ige Wirtschaftswachstum wird in kurzer Zeit durch den Bevölkerungszuwachs aufgefressen. Abholzung der letzten Waldbestände zur Neulandgewinnung und weitere Abwanderung in den sowieso schon dichtbevölkerten Süden werden unter anderem die Folgen sein.
4. Die Bevölkerung setzt sich aus über zwanzig größeren und vielen kleineren Stämmen mit eigenen Sprachen zusammen, geeint lediglich durch den Hinduismus–Buddhismus und die zunehmende Ausbreitung der Natio-

Kanchha (›der Jüngste‹ auf nepalisch), der Holzschnitzer. Seine Füße dienen auch als Arbeitshilfe. Er ist dabei, individuelle Schlüsselhalter für das Hotel-Museum (außergewöhnliche Privatsammlung von alten Holzschnitzereien) zu schnitzen. Für die Gäste arbeiten dauernd einige Schnitzer auf dem Hotel-Areal

nalsprache ›Nepali‹. Ob dieser Konsens auch für ein gemeinsames entwicklungspolitisches Bewußtsein und Handeln ausreicht, mag dahingestellt sein.

5. Nepal ist laut Verfassung ein hinduistisches Königreich (87 % der Bevölkerung sind Hindus, 9 % Buddhisten). Der Dogmatisierung – dem wohl unentrinnbaren Schicksal aller schriftlich niedergelegten geistigen Erfahrungen – entgingen auch die Veden (hinduistische Grundtexte) nicht. Die Einsicht, daß die Menschen trotz ihrer Gleichheit verschieden sind, erstarrte im Hinduismus zur hierarchisch gestuften Kastenordnung. Die Kasten wurden zwar 1963 gesetzlich abgeschafft, bestehen aber in Wirklichkeit weiter und bestimmen das gesamte gesellschaftliche Leben. Die Kasten sind nahezu unüberwindbare gesellschaftliche Schranken. Entwicklungsfördernde Maßnahmen müssen die jeweiligen Kastennormen berücksichtigen und können deshalb im allgemeinen nicht mit dem notwendigen Elan gemeinschaftlich und kooperativ durchgeführt werden.

6. Die Administration ist den Problemen des Landes nicht gewachsen. Ihre Mitglieder fühlen sich im allgemeinen mehr Personen und Gruppen als der Sache verpflichtet – ein Erbe der 200jährigen feudalstaatlichen Ordnung. Die Verwaltung ist hierarchisch und zentralistisch organisiert, obwohl es dezen-

Bauer in Kirtipur, Kathmandu-Tal

tralisierte Verwaltungsinstitutionen auf Gemeinde-, Distrikt- und Regionalebene gibt; denn über die 14 direkt vom König ernannten Zonenkommissare kann sich das Palastsekretariat jederzeit über Entscheidungen und Maßnahmen der lokalen oder regionalen Behörden hinwegsetzen. Mangelnde Motivation und Initiativkraft hinsichtlich entwicklungspolitischer Maßnahmen sowie ein gewisser Kompetenzwirrwarr lähmen so manche guten Anläufe.

7. Nepal fehlt eine genügend große Intelligenzschicht, die angesichts der Apathie der Bevölkerung auf der einen und der unreflektierten Nachahmung westlicher Wege durch die modernistische Bildungselite auf der anderen Seite ein nepal-adäquates Konzept zu entwerfen und durchzusetzen verstünde.

8. Schulen mit ausgebildeten Lehrern gibt es nördlich des Mittellandes fast keine. Es besteht keine Schulpflicht. Für das 4.–7. und für das 8.–10. Schuljahr, den beiden Sekundarstufen, muß Schulgeld gezahlt werden. Ein Großteil der

Der Reis wird getrocknet

Kinder ist wegen Arbeit auf dem elterlichen Hof unabkömmlich. Nur 25 % der Kinder im Schultalter gehen zur Schule. Ein überall spürbarer Mangel an ausgebildetem Personal ist die Folge.

Entwicklungsplanung und -politik Nepals

Daß die Regierung vor diesen nahezu unüberwindlich erscheinenden Schwierigkeiten nicht kapituliert, verdient Respekt. Sie bedient sich der drei Instrumente: Planungsperioden, Panchayat-System, ausländische Hilfe. Die allgemeine Entwicklungsplanung liegt seit 1972 bei der außerhalb der Ministerialbürokratie direkt dem König unterstehenden Nationalen Planungskommission. Sie entwirft die Fünfjahrespläne und überwacht deren Durchführung. Aber die Schwierigkeiten beginnen schon bei der Planerstellung. Fehlende Infrastruktur, mangelndes Kommunikationssystem machen Planung auf gesichertem statistischen Zahlenmaterial sehr schwer. Bei der Umsetzung der Pläne ist dann nicht so sehr Geldmangel das Problem, sondern vielmehr der adäquate Einsatz des Geldes durch die noch zu wenig entwicklungsbewußte Administration. Und so wundert es nicht, daß im allgemeinen die Ziele der Fünfjahrespläne nicht wie vorgesehen erfüllt werden konnten.

Dennoch haben die bisherigen Erfahrungen zu einer Verbesserung des Datenmaterials, zu Evaluierungen einzelner größerer Projekte und ihrer administrativen Versorgung geführt. Vor allem, es werden aus der Analyse der entwicklungshemmenden Faktoren heraus die verbleibenden Möglichkeiten klar gesehen und danach Prioritäten gesetzt. So sieht der laufende fünfte Fünfjahresplan 30 % des Entwicklungshaushaltes für Land- und Forstwirtschaft, 25 % für soziale Dienstleistungen (Gesundheit, Schulen), 23 % für Transport und Kommunikation und 22 % für Industrie, Handel und Energie vor.

Mit Hilfe des Panchayat-Systems sollen die ›von oben‹ formulierten Ziele durch die Bevölkerung verwirklicht werden.

Doch Konzept und Wirklichkeit stimmen nicht überein. Die geistige und materielle Abhängigkeit der Bürger ist noch so groß, daß sie fast ausschließlich Großgrundbesitzer oder Großbauern in das Dorfpanchayat wählen. Von einer Kontrolle der Gewählten durch die Wähler kann da keine Rede sein. Erst recht erscheint die Kontrolle der Parlamentsabgeordneten durch die Wähler illusorisch, da die geographische Distanz zwischen beiden mangels Infrastruktur groß ist. Auch die Wahrnehmung der verfassungsmäßig garantierten Vollmachten durch die Gemeinden scheitert in mancherlei Hinsicht teils aus Mangel an finanziellen Ressourcen, teils an persönlichen Interessen und Inkompetenz der nächst höheren Verwaltungsebene; der häufige Amtswechsel auf dieser verhindert das Heranwachsen einer für einzelne Sachgebiete kompetenten Expertenschicht. Ferner führt die Tatsache, daß die Entscheidungsbefugnis von oben nach unten durch alle Ebenen hindurch gewahrt ist, zur Lähmung von Eigeninitiative und zu passiver Erwartungshaltung gegenüber Maßnahmen von oben. Andererseits scheinen Mitsprache und Gestaltungswilligkeit Forderungen einer kleinen städtischen Oberschicht, nicht Anliegen der breiten Landbevölkerung zu sein.

Unbestritten ist, daß das Panchayat-System als originelles nepalisches Ordnungsmodell zur Entwicklung von Zusammengehörigkeitsgefühl und Nationalbewußtsein beigetragen hat, das im Bestreben nach Unabhängigkeit von China und Indien von entscheidender Bedeutung sein kann.

Das Auseinanderklaffen von Theorie und Praxis des Panchayat-Systems, die Schwierigkeiten bei Planung und Plandurchführung und die dargelegten entwicklungshemmenden Faktoren führen dazu, daß Nepal sich noch auf unabsehbare Zeit auch des dritten Instruments, der ausländischen Hilfe, bedienen muß.

Die Geschichte der Entwicklungszusammenarbeit begann 1951 mit einem Vertrag zwischen Nepal und den USA und dem technischen Hilfsprogramm

Händler am Hanuman Dhoka in Kathmandu ▷

In der Altstadt von Kathmandu

Indiens. Als weitere Partner kamen die Schweiz, China, die Sowjetunion, Großbritannien, Australien, Neuseeland und schließlich Israel, Kanada, BRD, Frankreich, Japan und Pakistan hinzu. Zusätzlich sind die Dienste von über vierzehn UNO-Organisationen, des Colombo-Plans, der Ford Foundation, der Weltbank und der Asiatischen Entwicklungsbank zu nennen. Die Geldmittel werden hauptsächlich für Straßenbau, Elektrifizierung, kleine Fabriken und für den Bildungsbereich eingesetzt. Bei manchen Projekten kann man sich allerdings des Eindrucks nicht erwehren, daß Nepal als Schachfigur auf dem politischen Spielbrett der Großen fungiert. Und wo erfährt man schon, welche Großprojekte nun einem Wunsch Nepals entsprechen und zu welchen es ja sagen muß?

Zusätzlich zur ausländischen Finanzhilfe arbeitet in Nepal eine beachtliche Zahl von Experten (darunter ca. 25 deutsche) und insgesamt etwa 250 Freiwillige aus den USA (125), Japan (65), Großbritannien (25), der Bundesrepublik (25), der Schweiz (10), Österreich (2) und den Niederlanden (5). Sie sind hauptsächlich in den Bereichen Erziehung, Landwirtschaft, Straßenbau/Hängebrückenbau, dörfliche Trinkwasserversorgung und Gesundheitswesen tätig, für die es in Nepal eigene qualifizierte Fachkräfte in ausreichender Zahl noch nicht gibt.

Angesichts der Kapitalhilfe, der vielen Experten und Entwicklungshelfer in ihrem Land fragen sich mehr und mehr auch die Nepali, wie effektiv denn nun dieses Instrument ausländische Hilfe ist. Müßte dieser geballte Einsatz nicht schon sichtbare Erfolge aufweisen? Durchleuchtet man dann noch die Art und Weise der ›westlichen‹ Entwicklungshilfe, unser Selbstverständnis, mit dem wir dem Land begegnen, dann häufen sich die Fragen, denen wir uns zu stellen haben.

Das Experiment und die Zweifel

Über die Menschen dieses Landes, die in ihrer Mehrheit ihre eigene Identität zu wahren suchen, ist nicht nur der Tourismus, sondern inzwischen auch eine Flut von meist westlichen Vorstellungen und Errungenschaften hereingebrochen mit allen negativen Begleiterscheinungen, die fremde Einflüsse überall nach sich ziehen. Es stellt sich daher die Frage: Wohin wird die Übertragung dieses ›Importgutes‹ die Nepali führen? Von Bedürfnislosigkeit und armer Zufriedenheit zu unzufriedener Erwartungshaltung, zur Konsumideologie? Von asiatischer Ruhe zu westlicher Unrast? Von der gelassenen Lebenseinstellung zum Selbsterlösungsstreben eines säkularisierten Christentums? Vom Bewußtsein der menschlichen Grenzen zur Hybris der Macher? Vom homo ludens zum homo faber (vom Muße habenden Menschen zum Schaffer)? Von einer der Umwelt angepaßten Lebensweise zur Entfremdung von Natur und Kultur? Ist das Entwicklung? Können wir andererseits mit unserem technisch-naturwissenschaftlichen Weltverständnis überhaupt Nepal begreifen? Können wir unsere Vorstellungen, unser Selbstverständnis aufgeben? Bedeutet nicht allein schon unser Hiersein eine ›Konversion‹ der Nepali? Werden all diese Fragen bei den Entscheidungen über die Gewährung von Entwicklungshilfe, bei der Auswahl und Vorbereitung von Experten und Entwicklungshelfern gestellt, bedacht, und gemäß den Bedürfnissen und Gegebenheiten des Empfängerlandes zu beantworten versucht?

Versuchen wir einmal, uns in das Denken eines Nepali zu versetzen, mit seinen Augen die ›fortschrittlichen, entwickelten Westler‹ zu sehen. Was sehen sie? Frauen in Shorts, Touristen, behängt mit Kameras, kaputte Typen, die die Achtung vor sich selbst verloren haben, professionelle Diebe und Verschieber von Kultgegenständen; Hetze und Kurzatmigkeit; Ungeduld und Überheblichkeit; übersteigerte Konsumwünsche und Traditionslosigkeit.

Und was bleibt, wenn diese Repräsentanten der Zivilisation wieder das Land verlassen? Blech und Plastik, ein Berg von Abfall: Westler, die die Natur hassen müssen ...

Der Ausgang des Experiments Entwicklung in Nepal ist mit vielen Fragezeichen zu versehen. Die geologisch-geographischen entwicklungshemmenden Faktoren sind dabei nicht das eigentliche Problem. Westliches Know how, Kapital und Organisationstalent könnten sicher sogar die gewaltige Masse des Everest fortbewegen, würde irgend jemand auf die Idee kommen, daß gerade da eine vielspurige Autobahn nach Norden verlaufen müßte. Das Problem sind wir wohl selbst mit unserer Lebenseinstellung, die es uns so schwermacht, den Zugang zu dem zu finden, was wirklich Bedürfnis der Nepali ist, das Verständnis dafür aufzubringen, daß und warum sie sich angesichts ihrer täglichen und langfristigen Probleme so und nicht anders verhalten. Sicher, wir können auch nicht gänzlich aus unserer Haut schlüpfen, und die Nepali wollen unsere Hilfe, da die Gesellschaft – will sie angesichts des Bevölkerungsdrucks überleben – sich in das Experiment Entwicklung einlassen muß.

Was ist also zu tun? Ich glaube, es muß versucht werden, den Zusammenstoß von West und Ost so zu gestalten, daß Existenz und Identität der nepalischen Gesellschaft durch Hereinnahme unserer positiven zivilisatorischen Errungenschaften gewahrt und gestärkt und der Schaden durch die negativen Einflüsse in erträglichen Grenzen gehalten werden.

Es muß versucht werden, das Land nicht durch massive Entwicklungshilfe zu ›erschlagen‹, sondern unter Zuhilfenahme westlichen Wissens und Kapitals bei den Bewohnern die Motivation zu wecken, ihre Zukunft selbst zu bestimmen und zu gestalten.

Es muß versucht werden, durch geduldige Beratung und Überzeugung die Nepali zu Selbstbewußtsein und Gestaltungswillen zu führen. Mit pauschalen Sprüchen und Rezepten kann dem Land nicht geholfen werden.

Und es muß schließlich versucht werden, den noch kleinen Mittelstand zum größten Teil der Gesellschaft zu machen, denn die Geschichte zeigt, daß nur eine zwischen Arm und Reich ausbalancierte Gesellschaft auf Dauer lebensfähig ist.

Der Deutsche Entwicklungsdienst (DED, 5300 Bonn–Bad Godesberg, Friesdorfer Str. 151), der Österreichische Jugendrat für Entwicklungshilfe (ÖJREH, Tuchlauben 8/6, A-1010 Wien) und die Organisation of Netherland Volunteers (ONV, Den Haag, Muzenstraat 30) bekennen sich zu diesen Prinzipien der Zusammenarbeit. Der DED arbeitet in Nepal seit 1965 mit bisher insgesamt ca. 130, der ÖJREH seit 1976 mit 2 und die ONV seit 1976

◁ Handgeschöpftes Daphne-Papier trocknet an der Sonne

mit 5 Entwicklungshelfern. Derzeitige Bereiche der Zusammenarbeit sind Dörfliche Trinkwasserversorgung, Hängebrückenbau, Fernmeldewesen, Wildbachverbau, Landwirtschaft und Lehrerbildung. Alle drei Organisationen brauchen vor allem für den Bereich Dörfliche Trinkwasserversorgung Fachkräfte mit abgeschlossener Berufsausbildung und nach Möglichkeit mit Berufserfahrung (Maurer, Tiefbauingenieure). Die Kandidaten erhalten ein zweimonatiges Training in ihren Ländern (allgemeine Entwicklungspolitik, Soziales Verhalten, Englisch) und ein dreimonatiges Training in Nepal (Nepali, Landeskunde). Danach werden sie dem nepalischen Projektträger des jeweiligen Bereichs der Mitarbeit zugewiesen. Sie verpflichten sich zu zweijähriger Mitarbeit. Die Möglichkeit zur Vertragsverlängerung besteht. Zur Abdeckung der Lebenskosten werden monatlich ca. DM 430,– ausbezahlt – ein für Nepal gut ausreichendes Unterhaltsgeld. Die drei Organisationen übernehmen zusätzlich die Kosten für Miete, Wohnungsausstattung und gesundheitliche Versorgung. Pro abgeleisteten Monat im Projekt gelangen nach Rückkehr des Entwicklungshelfers ca. DM 350,– als Wiedereingliederungshilfe zur Auszahlung.

Doch fachliches Können und finanzielle Absicherung reichen nicht aus, um in Nepal zu bestehen. Es bedarf eines großen Maßes an Offenheit, Geduld, Gelassenheit, Einfühlungs- und analytischem Vermögen und schließlich an umsetzender Initiativkraft, um angesichts der vielfachen täglichen Hemmnisse einen sinnvollen Beitrag zur Unterstützung der nepalischen Gesellschaft zu leisten. Entwicklungshilfe ist ein Experiment für beide Partner; und sie gehört wegen der Ungewißheit über die Erreichbarkeit der Zielsetzung mit zum Aufregendsten unserer Zeit.

Eine fertige Wasserzapfstelle. ›UNICEF‹ und die Jahreszahl 1976 sind zu lesen (siehe nebenstehenden Beitrag)

Dörfliche Trinkwasserversorgung

Von Lutz Kleeberg

In der kommunalen Wasserversorgung arbeitet der Deutsche Entwicklungsdienst (DED) in Nepal seit 1970. Der Auftraggeber ist das Ministerium für Panchayat-Angelegenheiten (Ministry of Panchayat) mit Sitz in einem in Verfall befindlichen, trotzdem ehrwürdigen, alten Palast.

Idee und immer noch unveränderter Inhalt des Programms zur kommunalen Wasserversorgung ist die Planung und Erstellung dörflicher Wasserversorgungssysteme in den Hügeln und Bergen Nepals. Unterstützt wird das Programm materiell durch das Weltkinderhilfswerk der Vereinten Nationen (UNICEF) und personell mit zwei Beratern durch die Weltgesundheitsorganisation (WHO), das amerikanische Peace Corps und nicht zuletzt durch DED, ÖJREH und ONV.

Die oberhalb eines Dorfes gelegenen Quellen werden gefaßt und das Wasser durch Kunststoffrohre zu einer je nach Dorfgröße wechselnden Zahl von öffentlichen Zapfstellen geführt. Alle manuelle Arbeit wie sämtliches Material ›vor Ort‹ zu schaffen, Gräben zu graben und wieder zuzuschütten, nachdem das Rohr verlegt ist, etc., besorgen, wenn auch oft nur sehr unwillig, die ansässigen Dorfbewohner auf freiwilliger Basis, die als Entgelt ›nur‹ Wasser aus dem Zapfhahn bekommen.

Das Ziel dabei ist, die Bevölkerung mit mehr und sauberem Wasser zu versorgen sowie die Wasserbeschaffung zu erleichtern. Bedingt durch Nepals zwar reizvolle, aber dem Leben abträgliche Hügel- und Berglandschaft, die sich ohne Ende aneinanderzureihen scheint, sind Fußmärsche von einer halben bis einer Stunde erforderlich, um 15 Liter Wasser ins Haus zu schleppen. Die Entfernungen werden zunehmen, da durch Erosion, meist Resultat des Raubbaus am Forst, Quellen versiegen und die Trinkwasserversorgung immer schwieriger wird.

Dieses Programm soll helfen, die hygienischen Verhältnisse zu verbessern, um den hohen Krankheitsstand abzubauen. (»Ich kann heute nicht arbeiten, denn mein Magen tut wieder so fürchterlich weh«; wobei im gleichen Atemzug verständnislos geschaut wird, wenn ich erkläre, daß ich zum Waschen schon nicht mehr das trübe Wasser benutzen möchte, das seine Frau eben aus einem Wasserloch geholt hat und das er tagtäglich trinkt.)

Die Aufgaben der Entwicklungshelfer umfassen die Vermessung des Geländes, durch das die Leitungsrohre geführt werden sollen, die Planung, Materialbeschaffung, Bauanleitung und Überwachung des Baus der Wassersysteme, aber auch die Beratung der Dorfbewohner in Fragen der Hygiene,

Ein typisches Dorf in West-Nepal, das eine Wasserleitung erhält ▷

Entwicklungshelfer mit Einheimischen beim Bau eines Wassersystems

der Anlage eines Gemüsegärtchens oder eines Plumpsklos. Nicht befriedigend gelöst ist die Frage nach nepalischen Partnern. Zur Zeit sieht es so aus, daß in einigen Dörfern Entwicklungshelfer mit sogenannten Sub-Overseern zusammenarbeiten, jungen Nepali, die 1974 einen dreimonatigen Kurs auf dem Gebiet der kommunalen Trinkwasserversorgung im Institute of Engineering bekommen haben.

Quantitativ beschränkt sich die Hilfe des DED auf durchschnittlich vier bis fünf Entwicklungshelfer, obwohl von der nepalischen Seite ein Bedarf von achtzehn angemeldet ist. Wie die Praxis zeigt, konnte dieser Bedarf vom DED mangels Bewerber leider nicht gedeckt werden.

Erlaubt sei deshalb hiermit der Hilferuf an alle bundesrepublikmüden Maurer, Techniker und Ingenieure, die sich zwei Jahre Himalaja-Luft um die Nase wehen lassen möchten: Kommt ins letzte hinduistische Königreich, gleich zwischen China und Indien, und versucht auch ein bißchen Wasserbau. Gott vergelt's. In diesem Sinne ...

Was darf man - Was sollte man nicht?

Einige Bemerkungen zur nepalischen Lebensweise

Von Annemarie H. Spahr

Allgemeines über den Umgang mit Nepali

- Achten Sie darauf, daß Nepali sehr oft die Auskunft geben, von der sie denken, der ausländische Fragesteller möchte sie haben (nur die Nepali?). Sie werden kaum eine Antwort geben, von der sie genau wissen, daß sie dem Gast im Land mißfällt.
- Nepal besteht aus sehr vielen, sehr verschiedenen ethnischen Gruppen, die sehr wenig voneinander wissen. Eine Newar-Familie kann jahrelang mit einer Parvatia-Familie Wand an Wand leben, ohne daß die eine Familie etwas von den Gebräuchen und Festen der andern Familie weiß. Wollen Sie eine Frage ganz genau beantwortet haben, so ist es ratsam, verschiedene Mitglieder derselben Kaste über Dinge ihrer eigenen Kaste zu befragen.
- Viele genieren sich auch, gewisse Antworten zu geben, wenn sie glauben, damit sich selber, ihre Kaste, ihre Gebräuche in den Augen eines Ausländers lächerlich zu machen. Sie haben Angst davor, daß der Gast denken könnte: sind die noch so rückständig!
- Nepali haben sehr viel Humor und sind im Grunde sehr schadenfreudig. Auf der anderen Seite jedoch kennen sie keinen Zynismus. Bringt Ihre Angestellte sehr kleine Kartoffeln vom Markt und Sie fragen sie: »Kontest Du keine noch kleineren finden?«, wird sie dies mit großem Bedauern und ernstem Gesicht verneinen.

Wenn man bei Nepali eingeladen ist

Wenn der Gastgeber nichts anderes sagt, zieht man beim Eingang ins Haus die Schuhe aus.

Cocktails werden sehr selten serviert, am ehesten noch in einem einfachen Newar-Haus, wo die Hausfrau den Janr (Bier) oder Rakshi (gebrannt) selbst zubereitet.

Man plaudert *vor* dem Essen, oft 1–2 Stunden (bis die Mahlzeit fertig gekocht ist), ißt und schiebt dann den Teller unter den Stuhl oder unter den Tisch, bedankt sich und geht.

Nepali sind es nicht gewohnt, zum Essen rund um einen Tisch zu sitzen. Man sitzt entweder auf dem Boden und bekommt das Essen serviert – auf einem Teller oder auf einem Tablett – oder man bedient sich an einem sog. Büfett, auch wenn nur 2–3 Personen anwesend sind, und setzt sich dann mit dem Teller auf dem Schoß auf einen der Sessel.

Falls man zum Essen auf dem Boden sitzt, ist es unbedingt erforderlich, daß man die Schuhe auszieht und sie außerhalb des Eß-Kreises stellt.

Nepali essen mit der rechten Hand, die linke darf auf keinen Fall Speisen berühren. Oft erhält man auch einen Suppenlöffel und/oder eine Gabel als Besteck.

Falls mit der Hand gegessen wird, benutzt man das Glas Wasser, um sich damit über dem Eßteller die Hand abzuspülen. Trinken Sie das Wasser nicht, wenn Sie nicht absolut sicher sind, daß es gekocht ist.

In einfacheren Familien kann es sehr wohl vorkommen, daß Sie die einzige Person sind, die ißt. Gastgeber und vor allem Frau und Kinder schauen zu. Die Hausfrau wird kaum je mit dem Gast zusammen essen.

In solchen Kreisen ist es oft auch üblich, daß man Sie in ein Zimmer führt, das zugleich Schlaf- und Wohnzimmer ist. Setzen Sie sich auf keinen Fall auf das Bett.

Sie laden Nepali ein

Planen Sie Ihre Mahlzeit sorgfältig. Nepali sind es nicht gewohnt, mit Gabel und Messer umzugehen. Servieren Sie etwas, das mit Löffel und/oder Gabel gegessen werden kann. Seien Sie besonders vorsichtig mit dem Fleisch. Mit Wildschwein oder Schaf kann man kaum fehlgehen. Rechnen Sie auch immer mit Vegetariern.

Von Ausländern wird erwartet, daß sie Cocktails servieren, worunter auch Bier und alkoholfreie Getränke verstanden werden. Nepalesinnen trinken kaum Alkohol.

Auch hier gilt, was oben gesagt wurde: Nepali machen keine langen Konversationen nach dem Essen. Teller unter den Stuhl oder Tisch – Danke – auf Wiedersehn.

Man sollte nicht überrascht sein, wenn kaum Zu- oder Absagen für eine Party kommen, ca. 1/4 der eingeladenen Nepali ohne Benachrichtigung nicht kommt und der Rest nach ›Nepali-Zeit‹.

Kleidung

Eine Frau sollte nie ein *Topi* (typisch nepalische Männer-Kopfbedeckung) tragen, auch wenn sie ihr noch so gut gefällt.

Die Füße sollten – vor allem beim Essen auf dem Boden – bedeckt sein. Lange Hosen oder ein langer Jupe lösen das Problem.

Enge, kurze Shorts und Mini-Kleider werden als unanständig angesehen und sind unter allen Umständen zu vermeiden.

Allgemeines Benehmen

Man sollte auf der Straße nicht Arm in Arm gehen oder sich öffentlich küssen. Sie werden kaum nepalische Liebespaare in unserem Sinn antreffen, solches Benehmen gilt als höchst anstößig.

Auf der anderen Seite ist es kein Zeichen von Homosexualität, wenn sich Männer oder Frauen an den Händen halten oder die Arme um die Schultern legen.

Auch in der evoluierenden nepalischen Gesellschaft gelten noch sehr viele religiöse und soziale Tabus. Denken Sie daran, wenn nepalische Freunde ohne weitere Begründung etwas entschieden ablehnen.

Nepalische Frauen sind im allgemeinen sehr zurückhaltend und scheuen vor jeder körperlichen Berührung zurück.

Ein Mädchen aus guter Familie wird nicht mit einem Mann, außer dem Ehemann oder Bruder, ins Kino gehen oder ein öffentliches Restaurant betreten.

Hände-Schütteln ist bei der jüngeren Generation als Nachahmung unseres westlichen Benehmens etwas in Mode gekommen. Im allgemeinen sollte man den nepalischen Gruß anwenden: *Namaste* oder *Namaskar.* Dabei legt man Handfläche gegen Handfläche auf Gesichtshöhe.

Fragen Sie – auch wenn dies nur mit Zeichensprache möglich ist – ob Sie photographieren dürfen. Dies gilt besonders bei Frauen und religiösen Zeremonien.

Tika, der farbige Punkt auf der Stirn, wird nur von Hindus getragen, ist jedoch kein Kasten-Zeichen. Er kann bedeuten, daß man im Tempel war, daß ein Verwandter oder Freund eine spezielle religiöse Zeremonie hatte, daß Geburtstag gefeiert wurde etc. etc. Es ist ein allgemeines Zeichen von Segnung, guten Wünschen, Freundschaft. Demzufolge vergeben wir uns auch als Nicht-Hindu nichts, wenn wir Tika mit Dank annehmen. Es ist ein Beweis der Verbundenheit, ein äußeres Zeichen einer Zuneigung (s. vordere Umschlaginnenklappe).

Für die meisten dieser Regeln gibt es natürlich Ausnahmen – vor allem, wenn es sich um Nepali handelt, die längere Zeit im Ausland waren oder viel Umgang mit Ausländern pflegen.

Yak & Yeti

Gegen Ende unserer Khumbu-Fahrt begann Franz immer öfter von Kathmandus berühmtestem Restaurant zu erzählen – von Yak & Yeti – von der phantastischen Borschtsch-Suppe, dem herrlichen Filet Stroganoff ... nicht, daß unsere Sherpa-Kost nicht gut gewesen wäre, aber nach drei Wochen kann es einem niemand verübeln, wenn sich gelegentlich ›alternative‹ kulinarische Vorstellungen einstellen ...

Seele des berühmten Lokals ist der noch im zaristischen Rußland geborene Boris Lissanevitch, von aller Welt nur bei seinem Vornamen genannt. Heute würde man wohl kaum auf die Idee kommen, daß er einst Ballett-Tänzer war und bei keinem Geringeren als Diaghilev im ›Ballet Russe‹ tanzte. Das war zwischen 1924 und 1929; in dieser Zeit bereiste Boris von Monte Carlo aus ganz Europa und lernte zahlreiche Berühmtheiten der damaligen Zeit kennen. »Die vielen Komponisten, Maler, Dirigenten, Schriftsteller und Dichter, die täglich zu Diaghilevs Proben in Monte Carlo kamen ... ich hätte heute ein Vermögen, wenn ich bloß all die kleinen Skizzen aufgehoben hätte, die damals junge Maler wie Picasso, Dali, Duchamp, Chirico und viele andere während der Proben machten und die dann weggeworfen und achtlos weggefegt wurden ...«

Nach einem Aufenthalt in Südamerika verließ er 1932 Europa, lebte in Shanghai und Tientsin und ließ sich schließlich in Kalkutta nieder. Hier gründete er den legendären ›300 Club‹, den ersten Privatklub des kolonialen Indiens, der sowohl Inder als auch Engländer als Mitglieder aufnahm. Seinen

Namen erhielt der Klub, weil er in der zweitgrößten Stadt des British Empire lag und in London ein ›400 Club‹ existierte – womit jedoch gleichzeitig angedeutet war, daß der Klub in Kalkutta noch exklusiver war als sein Londoner Vorbild.

Tatsächlich verkehrte im ›300 Club‹ alles, was Rang und Namen hatte. Zahlreiche Maharadschas waren Klubmitglieder und Freunde von Boris. Zu

Boris vor einem Modell, das im Vordergrund den fast hundertjährigen Ranapalast Lal Durbar zeigt, in dem sich das Restaurant und die Yak & Yeti Bar befinden. Dahinter ist das neue Yak & Yeti Hotel sichtbar

seinen Freunden gehörte auch König Tribhuvan, der Boris kurz nach seiner Rückkehr nach Nepal 1951 nach Kathmandu einlud. Boris kam – eigentlich nur für einige Wochen – und blieb.

Er etablierte das berühmte Hotel Royal mit der Yak & Yeti-Bar in einem wunderbar gelegenen Rana-Palast. Das Royal wurde zum Treffpunkt der High Society-Nepalbesucher, von Königin Elisabeth II. und einer ganzen

Die Cheminée-Halle. Der kupferne Rauchabzug stammt noch aus der alten Yak & Yeti Bar.

Reihe weiterer gekrönter Häupter angefangen bis zu Prominenten wie Ingrid Bergmann. Aber auch zahlreiche Teilnehmer von Himalaja-Expeditionen waren bei Boris zu Gast und schlugen häufig ihre Zelte im Garten des alten Rana-Palastes auf.

Eine wichtige Rolle spielte Boris während der Krönungsfeierlichkeiten König Mahendras im Jahre 1955, als Kathmandu von Prominenz aus aller Welt überflutet wurde und wohl niemand außer Boris in der Lage war, die Fäden in der Hand zu behalten, alles zu organisieren und für einen würdigen Ablauf der Feierlichkeiten zu sorgen.

In einer Serie des Londoner Daily Telegraph über die interessantesten Hotels der Welt erhielt das Royal den zweiten Platz. Aber nichts währt ewig, schon gar nicht, wenn ein so unternehmungslustiger Charakter wie Boris dahintersteht, dessen Vitalität stets nach neuen Projekten verlangt. Zudem

Der ehemalige Bankett- und Ballsaal des Ranapalastes mit seinen von Boris ergänzten Kristall-Lüstern dient heute Banketten.

wollten die Ranas den Palast für andere Zwecke nutzen und so zog Boris in den Lal Durbar, den Roten Palast. Er wurde um 1885 ebenfalls von einem Rana erbaut, von Bir Shumshere Jung Bahadur Rana, einem der bekanntesten Rana-Maharadschas.

Zusätzlich baute Boris mit einem Kredit der Weltbank das neue Yak & Yeti-Hotel in unmittelbarer Nachbarschaft des Lal Durbar. Altes und Neues soll sich hier – hoffentlich – harmonisch verbinden, Symbol für die Anstrengungen Nepals, die Gegenwart in eine mittelalterliche Umgebung zu integrieren – aus der Sicht und mit den Ausdrucksmitteln eines großen Hoteliers.

Ich hatte Boris auf einem seiner Europabesuche in der Schweiz getroffen. Auch ohne Franz mußte ich während unserer Bergtour mehrmals an ihn und sein Spezialitäten-Restaurant Yak & Yeti denken. Gegen Ende Oktober 1976 kamen wir – an einem Freitag gegen Mittag – wieder in Kathmandu an. Für den nächsten Tag stand unser Abflug nach Europa auf dem Programm.

Kurz entschlossen besuchte ich Boris am Nachmittag und erzählte ihm von unserer Bergtour in das Everest-Gebiet. Ich wußte von seiner positiven Einstellung gegenüber Bergsteigern. Der augenfälligste Beweis seiner Verbundenheit mit dieser Spezies Mensch und seiner Freundschaft zu zahlreichen großen Expeditionsbergsteigern ist seine wohl einmalige Sammlung von Steinproben berühmter Gipfel. Da gibt es einen Stein vom Everestgipfel, ein Geschenk von Barry Bishop nach der erfolgreichen amerikanischen Expedition von 1962. Die Steinprobe vom Dhaulagiri-Gipfel kam von Boris' altem Freund Norman Dyhrenfurth von der siegreichen Schweizer Expedition. Jean Franco, der Leiter der erfolgreichen französischen Makalu-Erstbesteigungs-Expedition brachte Boris einen Brocken vom Gipfel dieses Achttausenders und der große Lionel Terray schenkte ihm einen Stein des Jannu-Gipfels. Die beiden Holländer De Booy und Ejler ergänzten die Sammlung durch ein Stück vom Mount Nilgiri und der ungewöhnliche Colonel Jim Roberts brachte Boris einen Stein vom Gipfel der Annapurna II.

Ohne zu zögern lud Boris die ganze Gruppe – immerhin zehn Leute – zum Abendessen in sein Restaurant ein. Und das, obwohl er oft genug Erfahrungen mit der unglaublichen ›Vertilgungs-Kapazität‹ von Bergsteigern nach ihrer

Die ›Fenster-Bar‹ mit alten, holzgeschnitzten Fenstern aus dem Kathmandu-Tal. Hier erhält man Drinks wie ›Yak's Tail‹, ›Yeti's Paw‹ oder einen ›Everest Icefall‹.

Rückkehr aus den Bergen gemacht hatte. Außerdem hatte er für diesen Abend eine Einladung zum Abendessen und anschließend zu zwei Parties, so daß er sich uns erst ab neun Uhr abends widmen konnte. Aber alles würde vorbereitet sein ...

Ich erzählte meinen Freunden nur, daß wir heute abend zur Feier unseres Abschieds von Nepal auswärts essen würden, aber nicht, wo.

Die Überraschung war ziemlich perfekt. Einer von Boris' Söhnen empfing uns und führte uns in den Bankett- und Ballsaal des ehemaligen Ranapalastes. Unter drei großen Kristall-Lüstern war hier eine blumengeschmückte Tafel vorbereitet ... den Freunden verschlug es ein wenig den Atem. Noch gestern abend hatten wir in unserem Messezelt in Lukla eine Art Hirsebrei mit Reis gegessen, heute gab es die berühmten Spezialitäten, von denen Franz immer wieder geschwärmt hatte – Borschtsch-Suppe und ... »the real proper Filet Stroganoff«. Der Kontrast war unüberbietbar.

Später kam dann Boris an unsere Tafel. Für die Fähigkeit, seine Gäste auf das Glänzendste zu unterhalten, ist er berühmt und wir erhielten eine unvergeßliche Kostprobe. Er erzählte, wie er in den zwanziger Jahren mit Diaghilev auch in verschiedenen deutschen Städten war (man konnte es fast nicht glauben, denn er sah aus, als wäre er etwa in dieser Zeit geboren worden); er erzählte davon, wie er den Rana-Palast, in dem wir uns befanden, einrichtete – mit alten, holzgeschnitzten Fenstern und mit den Kristall-Lüstern, deren Einzelteile er einst in fünf Körben billigst erworben hatte und dann nach eigenen Vorstellungen zusammensetzen ließ. Er erzählte und erzählte ...

Nach dem Essen, am Weg zur Cheminée-Halle, zeigte er uns ein Modell des neuen Yak & Yeti-Hotels. Auf die Frage, wann es bezugsfertig sein würde – wir hatten beim Herkommen bereits den weitgehend fertiggestellten Rohbau gesehen, an dem auch nachts gearbeitet wurde – antwortete er: »Sicher im Februar ... unklar ist nur das Jahr.«

Ausklang am offenen Feuer bei Boris. Kann man sich einen besseren Abschied von Kathmandu vorstellen?

Nepal-Trekking

Brücke über den Kali Gandaki

Wie? Wann? Wohin? Und worauf es sonst noch ankommt.

Der schönste Sport, den Nepal anzubieten hat und gleichzeitig die einzige Art, das Land und seine Bewohner kennenzulernen, ist das Trekking in all seinen Formen. Die wichtigste Voraussetzung, die man – außer einer grundsätzlich positiven Einstellung zum Wandern – mitbringen muß, ist Zeit, eine gute körperliche Verfassung und die Bereitschaft, sich mit Neuem auseinanderzusetzen. Der Einsatz, den man in dieser Hinsicht leistet, wird einem – wenn man es richtig anpackt und nichts schief geht – zweifellos reichlichst gelohnt. Man erlebt eine der eindrucksvollsten Landschaften der Erde und lernt ein heiteres, freundliches Volk kennen.

Wie?

Grundsätzlich bieten sich zwei Möglichkeiten. Man kann sich einer organisierten Tour anschließen oder auf eigene Faust losziehen. In jedem Fall benötigt man ein *Trekking Permit,* in das die Route eingetragen wird. Wenn man mit einer geführten Trekking-Tour geht, besorgt der Veranstalter das Permit, andernfalls erhält man es im Immigration Office am Ram Shah Path in Kathmandu.

Im deutschsprachigen Europa gibt es eine Reihe erfahrener Trekking-Veranstalter. In Deutschland gilt G. Hauser, Konsul des Königreichs Nepal und Leiter von Hauser-Exkursionen International, München, als erfahrenster Trekking-Organisator. Neben vollorganisierten Touren bietet Hauser-Exkursionen auch Sparprogramme, die nur einen verbilligten Flug und die Unterkunft in Kathmandu enthalten, im übrigen aber für Individualisten gedacht sind. Hauser veranstaltet außerdem – bisher wohl als einziges Unternehmen – Kajakfahrten auf nepalischen Flüssen, wobei auch Kombinationen mit ›gewöhnlichen‹ Trekkingtouren angeboten werden.

Weitere bekannte deutsche Trekking-Veranstalter sind die Berg- und Schi-Schule des Deutschen Alpenvereins unter G. Sturm und das Sporthaus Schuster, dessen Bergabteilung von H. Köllensberger geleitet wird. Beide befinden sich in München, beide bieten – wie Hauser – Wanderungen und Hochtouren in den bekanntesten Gebieten Nepals an.

In Österreich sind die Bergsteigerschule des Österreichischen Alpenvereins, Innsbruck, und ›Weltweit Bergsteigen‹, ebenfalls in Innsbruck, unter Leitung von W. Nairz und O. Wiedemann, zu nennen. ›Weltweit Bergsteigen‹ führt vor allem Bergfahrten im Expeditionsstil durch. Als Leiter anspruchsvoller Unternehmungen ist hier auch Reinhold Messner tätig.

Das älteste Schweizer Reiseunternehmen ist Eiselin-Sport, Luzern, unter Führung des bekannten Expeditions-Bergsteigers Max Eiselin. Geboten werden neben Wandertouren vor allem auch Bergtouren im Expeditionsstil. ›Swiss Treck‹ unter Martin Hug, Appenzell, hat sich vor allem für Trekking-Unternehmungen im Sinne von Wanderungen einen Namen gemacht.

Bei den Trekking-Touren des Schweizerischen Studentenreisedienstes (SSR), Zürich, wird das Hauptgewicht auf Begegnungen mit Nepalesen gelegt. Es wird daher in Häusern der einheimischen Bevölkerung übernachtet. Bewußt soll nicht westliches Konsumvorbild und Luxus-Trekking demonstriert werden. Jeder Teilnehmer trägt einen Teil seiner Ausrüstung selber, so daß man mit einem Träger pro Trekker auskommt. Die Teilnehmer sind üblicherweise nicht älter als 35, jedoch keineswegs nur Studenten.

Seit kurzem bietet auch ARCA TOUR, Zürich, Trekking-Touren in das Khumbu-Gebiet unter Führung von Dölf Reist an.

Die von europäischen Organisationen durchgeführten Fahrten sind üblicherweise mit einem Aufenthalt in Kathmandu, häufig auch mit einer kurzen Besichtigung in Indien kombiniert.

Für die Trekking-Tour werden Führer, Sherpa, Verpflegung und Gemeinschaftsausrüstung gestellt. Selbst hat man sich nur um die persönliche Bergausrüstung zu kümmern, über deren Zusammensetzung eine Check-Liste informiert.

Generell läßt sich feststellen, daß die Zahl der Trekking-Fahrten im Steigen begriffen ist, wobei auch das Angebot an Trekkingtouren im Expeditionsstil zunimmt. Standen früher nur Fünf- und gelegentlich ein Sechstausender auf den Programmen, so werden heute bereits Expeditionen zu Siebentausendern (Weltweit Bergsteigen, Hauser, Eiselin – zum Teil außerhalb Nepals) und, seit kurzem, sogar zu einem Achttausender angeboten (Eiselin, zum Gasherbrum II, also ebenfalls außerhalb Nepals).

Nepalische Trekking-Unternehmen und Reisebüros sind in den letzten Jahren wie Pilze aus dem Boden geschossen. Es gibt mittlerweile mehr als ein Dutzend. Zu den bekanntesten zählen Mountain Travel, Annapurna Mountain Trekking und Sherpa Trekking Service.

Europäische Veranstalter arbeiten üblicherweise mit diesen Unternehmen zusammen. Sie selbst bieten das ganze Spektrum an Trekkingtouren in den zugelassenen Gebieten Nepals an, vermitteln Sherpa-Mannschaften und vermieten praktisch alle erforderliche Ausrüstung.

Der Vorteil des Trekking-Arrangements liegt darin, daß man sich um nichts kümmern muß. Vielleicht will man das aber und vielleicht will man auch mit der einheimischen Bevölkerung in näheren Kontakt kommen, als das üblicherweise bei organisierten Trekking-Touren möglich ist. Dann empfiehlt sich ein selbst organisiertes Trekking. Wenn die Gruppe klein genug ist, kann man bei Einheimischen, in Klöstern oder in sogenannte Sherpahotels übernachten. Wenn man von den bekannten Routen abweicht und in höhere Regionen vorstoßen will, ist es empfehlenswert, Sherpa und Träger anzuheuern, beispielsweise über eine nepalischen Agentur. Wenn man einmal in größeren Höhen einen schweren Rucksack getragen hat, weiß man den Komfort zu schätzen, den der Träger bietet ...

Schließlich gibt es noch eine dritte Möglichkeit, die in gewisser Weise die Vorteile der beiden erstgenannten kombiniert. Sie besteht darin, daß man sich als Privatgruppe eine Trekking-Tour oder auch eine Expedition bis ins Detail von einem erfahrenen Reiseunternehmen organisatorisch vorbereiten läßt. Hauser-Exkursionen International und Eiselin Sport haben – neben anderen – solche Privatunternehmungen fachmännisch organisiert. Das Reiseunternehmen kümmert sich hierbei um alle Formalitäten (Visa, Flugtickets, Trekking Permit etc.), beschafft Sherpa und Träger, Ausrüstung usw. und steht auch sonst mit Rat und Tat zur Verfügung. Diese Variante hat ihre besonderen Vorteile: der Charakter des Privatunternehmens bleibt voll gewahrt, aber man muß sich nicht um zeitraubende organisatorische Probleme kümmern, die man kaum so schnell und gut erledigen kann wie ein wirklich erfahrenes Unternehmen mit all seinen lokalen Kontakten und Beziehungen.

Farbtafeln

19 Aufstieg zum Kala Pattar – vor der dunklen Gipfelpyramide des höchsten Berges der Erde

20 Dudh Kosi-Tal (Khumbu) und Dach der Welt: Pumo Ri, Tramserku, Kang Taiga, Nuptse, Everest, Lhotse (von links nach rechts). Ein Anblick, der jedem Everest-Flugpassagier unvergeßlich in Erinnerung bleiben wird

21 Bergland auf dem Flug von Kathmandu nach Shyangboche. Vorn im Talboden Jiri, dahinter der Rolwaling Himal mit Gauri Sankar

22 Sherpafrau im Kumjung

23 Sherpa-Dorf im Khumbu

24 Das Kloster Tengpoche vor dem Götterberg Amai Dablang im ersten Schnee eines Spätherbsttages

25 Tanzende Sherpa und Sherpani

26 Im Abstieg vom Island Peak. Jenseits des schuttbedeckten Imja-Gletschers die weißleuchtenden Amphu-Berge

27 Pumo Ri, der ›Tochter-Berg‹, 7145 m hoch, »wie ein Kristall auf grauer Erde«

28 Das Schloß von Gurkha mit der Annapurna-Gruppe

29 Zeltplatz im Hongu-Gebiet mit Blick zur Everest-Gruppe

30 Namenloser Sechstausender im Hongu-Gebiet

31 Der heilige Berg Machhapuchhare, das ›Matterhorn Nepals‹

32 Auf dem Weg zum vorgeschobenen Basislager, oberhalb des Annapurna Base Camp. Im Hintergrund der Hiunchuli

33 Vorgeschobenes Basislager im ›Annapurna-Heiligtum‹

34 Landschaft bei Muktinath. Der Ort liegt nördlich des Himalaja-Hauptkammes in wüstenähnlicher Umgebung

35 Frau mit ›Golddachl‹ aus Westnepal

36 Dorf in Westnepal

37 Am Ende einer Kajakfahrt auf den wilden Flüssen Nepals werden die Kajaks in den Urwäldern des Terai auf Elefanten verladen

20 | 22
21 | 23

◀ 19

24	
25	27
26	

28

29

30

31

32

33

35

36

37

Wann?

Die klimatischen Verhältnisse Nepals sind außerordentlich vielschichtig und wechselvoll. Das hat weniger mit der geographischen Breitenlage zu tun – Kathmandu liegt etwa auf der Breite Kairos – oder mit der Breitenausdehnung, die von 26°27′ N bis 30°27′ N reicht. Auf europäische Verhältnisse übertragen würde dies etwa einer Süd-Nord-Entfernung von Venedig bis Nürnberg entsprechen. Klimatisch viel wichtiger sind die extremen Höhenunterschiede, die hier in kürzester Entfernung von nur geringfügig über Meereshöhe – Biratnagar oder Sirha im Terai liegen nur 76 m hoch – bis zum höchsten Punkt der Erde, dem Mount Everest-Gipfel mit 8848 m reichen. In der Luftlinie liegt der Mount Everest nur ca. 170 km vom Terai entfernt! Noch markanter sind die Höhenunterschiede im Himalaja selbst. Sie betragen auf einer Horizontalentfernung von nur etwa 30 km über 6000 m!

Vom Standpunkt des Trekkings ergibt sich der weitaus wichtigste klimatische Einfluß aus der Lage des Landes zum Golf von Bengalen und damit zur Exposition gegenüber den Monsunwinden. Der Sommermonsun, der von Anfang Juni bis Ende September dauert, ist die eigentliche Zäsur im nepalischen Trekking-Betrieb. In diesem Zeitraum fallen 80–90 % der jährlichen Niederschläge, wobei die Niederschlagsmengen im allgemeinen mit steigender Höhe zunehmen, in extremen Höhen aber wieder an Stärke verlieren. Die absoluten Niederschlagsmengen sind sehr unterschiedlich. Sie reichen von weniger als 25 cm bis über 3 m pro Jahr.

Auf die feuchtheiße Regenzeit folgt im Herbst eine Trockenzeit mit klaren, warmen Tagen und kühlen Nächten. Diese Zeit – Oktober/November – ist eine für Trekkingtouren sehr beliebte Jahreszeit, die sich vor allem durch beständig schönes Wetter und klare Sicht auszeichnet.

Im Winter – zwischen Dezember und Februar – bricht gelegentlich der Siraito, ein sehr kalter Nordostwind aus Zentralasien über den Himalaja nach Nepal ein und führt zu plötzlichen Temperaturstürzen und Schneefällen in höheren Lagen. In dieser Jahreszeit weht regelmäßig der Wintermonsun aus Nordwesten – ein trockener, kalter Kontinentalwind mit geringen Niederschlägen. Die eigentlichen Winterniederschläge, die meist im Januar fallen, stammen von Zyklonen, die ihren Ursprung vermutlich im Mittelmeerraum haben. Die Intensität des Winterregens nimmt daher von Westen nach Osten ab. Das Wetter ist mit Ausnahme der erwähnten, kurzen Niederschläge sehr klar und stabil – ideal für Wanderungen im äußeren Himalaja.

Im Frühjahr, von März bis Mai, wird es schnell wärmer, bis die Hitze in den Tälern im Mai/Juni, vor Monsunbeginn, ihren Höhepunkt erreicht. Die Sicht ist lange nicht so gut wie im Herbst oder Winter, die Berge sind im späteren Frühjahr oft schon vormittags von Wolken verhüllt, die Gewitterneigung nimmt zu. Auch in großen Höhen ist es weniger kalt, weshalb die Vormonsunzeit fast immer für Expeditionen gewählt wird. Für Trekkingtouren ist das Frühjahr vor allem deshalb beliebt, weil dann alles blüht – beispielsweise die Rhododendren, die Nationalblume Nepals.

Unterer Drolambao-Gletscher mit Bigphera-Go Shar (Rolwaling)

Das Tal von Kathmandu hat ein sehr ausgeglichenes Klima. Die Temperatur sinkt im Winter nachts kaum je unter den Gefrierpunkt, während die Tage auch im Dezember und Januar frühlingshaft warm sind. Im Sommer ist es nie wärmer als 30° C.

So hat jede Jahreszeit ihre Vorzüge – je nach Gegend und Höhenlage. Für Hochtouren eignet sich vor allem das Frühjahr und die frühe Nachmonsunzeit.

Wohin?

Die Trekkingrouten in Nepal beschränken sich heute auf die mittleren und östlichen Landesteile, während der unbekannte und ursprünglichere Westen des Landes für Trekking-Touristen praktisch noch unerschlossen ist. Einzelheiten in den Bestimmungen der allgemein zugänglichen Routen ändern sich

◁ Sherpani mit Kind in Beding (Rolwaling)

Gang-Chenpo in Langtang

Kinder in der Ortschaft Langtang ▷

gelegentlich, wobei grundsätzlich ein Trend zur weiteren Öffnung des Landes zu erkennen ist. So war beispielsweise der Zugang zu dem nordöstlich von Jomosom gelegenen heiligen Ort Muktinath bis vor kurzem verboten. Zur Zeit ist er erlaubt. Ähnlich ist es mit dem Gebiet von Manang, nördlich des Annapurna Himal, das erst seit kurzem zugänglich ist. Damit läßt sich heute die Annapurna-Kette umwandern.

Es gibt drei Hauptgebiete für Trekking-Touren – das *Solu/Khumbu-Gebiet* nordöstlich von Kathmandu, *Langtang* und *Helambu* nördlich von Kathmandu und das Gebiet nordwestlich von *Pokhara*. Hinzu kommen die landschaftlich außerordentlich schöne Wanderung Kathmandu–Pokhara, die Trekking-Tour rund um den Manaslu (falls man ein Permit erhält) und der von Trekking-Touristen weniger begangene, von den Everest-Expeditionen her bekannte Zugang von Kathmandu in das Khumbu-Gebiet.

Die Touren im Solu- und Khumbu-Gebiet erschließen das Sherpa-Land. Hauptpunkte sind Namche Bazar, das großartig gelegene Kloster Tengpoche (Farbt. 24) und der Zugang zum Everest Base Camp. Üblicherweise fliegt man nach Jiri oder in das noch näher an Namche Bazar gelegene Dorf Lukla. Eine Vielzahl leichter Fünftausender und einige Sechstausender, wie beispielsweise der 6200 m hohe Island Peak, können im Rahmen geführter Trekking-Touren bestiegen werden. Das gewaltige Dreigestirn Everest, Lhotse, Nuptse und die stolze Amai Dablang seien beispielhaft für die grandiose Berglandschaft dieses Gebiets genannt, das auch kulturell von großem Interesse ist (Farbt. 20).

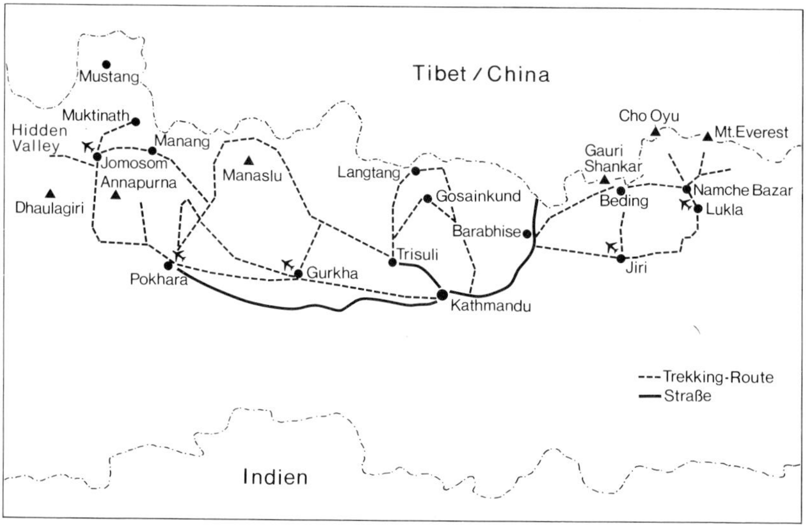

Die wichtigsten Trekkingrouten in Nepal

Das Khumbu-Gebiet läßt sich auch über die ›Chinesen-Straße‹ von Barabise oder Sunkosi Bazar aus erreichen. Diese Tour führt durch das Rolwaling-Gebiet, am Gauri Shankar vorbei und über den 5800 m hohen (!) Trashi-Labsta-Paß nach Thame und Namche Bazar. Besteigungen von Fünf- und Sechstausendern sind möglich. Während man bei den übrigen Routen im Khumbu stets die Wahl hat, ob man einen bestimmten Fünf- oder Sechstausender besteigen will oder nicht, läßt sich bei der Rolwaling-Tour der Trashi-Labsta-Paß nicht ›vermeiden‹.

Nördlich von Kathmandu befindet sich das Helambu-Gebiet mit den wunderbaren Gosainkund-Seen. Noch weiter nördlich liegt Langtang, ein Gebiet mit herrlichen Fünf-, Sechs- und Siebentausendern. Die Trekking-Routen in diesen Gebieten haben den Vorteil, daß kein Flug erforderlich ist und damit die sonst für Wartetage erforderliche Zeitreserve entfällt.

Das dritte Hauptgebiet läßt sich in sechs bis zehn Tagen auch zu Fuß erreichen – durch die schöne Wanderung Kathmandu–Pokhara. Hierbei wird die alte Königstadt Gurkha (Farbt. 28) berührt, aus der das heute in Kathmandu residierende Herrscherhaus stammt. Die Trekking-Route führt parallel zum Verlauf des Hohen Himalaja mit entsprechend großartiger Aussicht. Diese Tour ist die leichteste der hier angeführten und sollte vor allem in der Zeit zwischen Oktober und Februar gemacht werden. Im April/Mai ist es sehr heiß, das Land ist ausgetrocknet.

Für die Touren nördlich von Pokhara benutzt man üblicherweise das Flugzeug oder den Landrover zwischen Kathmandu und Pokhara. Eine Gruppe von Touren führt in das Annapurna-Gebiet. Häufig wird das Annapurna-

Base Camp auf 4000 m Höhe besucht. Hier besteht die Möglichkeit, den leichten Rocky Peak (5200 m) oder den anspruchsvolleren Tent Peak (5550 m) zu besteigen. Eine Alternative ist die Trekking-Tour zum Mardi Himal mit der Besteigung dieses 5400 m hohen Gipfels.

Eine weiter östlich gelegene Trekking-Route führt von Pokhara aus in das weniger begangene Gebiet von Madi Kola und Lamjung Himal.

Die zweite Gruppe von Touren führt zum oder durch das Kali Gandaki-Tal. Die Wanderung durch das tiefste Durchbruchstal der Erde zwischen den beiden Achttausendern Annapurna I im Osten und Dhaulagiri I im Westen, deren Gipfel nur 35 km voneinander entfernt liegen, ist eine der beliebtesten Trekking-Touren Nepals. In Jomosom, das schon nördlich des Himalaja-Hauptkammes liegt, gibt es einen Flugplatz. Von hier aus läßt sich der 4100 m hohe Taglung Peak besteigen, der eine prachtvolle Aussicht auf Dhaulagiri und Annapurna sowie auf das tibetische Hochplateau bietet. Von Marpha, das etwas talabwärts von Jomosom liegt, läßt sich über den 5180 m hohen

Lamjung Himal

Der 8156 m hohe Manaslu bei Samgaon. Der siebthöchste Berg unserer Erde wurde von einer japanischen Expedition am 9. Mai 1956 erstmals bestiegen. Achtzehn Jahre später, am 4. Mai 1974, gelang es erstmals drei Frauen einer japanischen Damenexpedition, einen Achttausender zu besteigen. Sie wählten dieselbe Route wie ihre Landsleute im Jahre 1956. Der Manaslu gilt als einer der leichtesten Achttausender.

Bewohner aus Mukut, West-Nepal ▷

Dhampus-Paß das ›Hidden Valley‹ erreichen. Es liegt nördlich des Dhaulagiri-Massivs und bietet die Möglichkeit zur Besteigung von Fünf- und Sechstausendern.

Seit kurzem kann man von Jomosom aus weiter bis nach Muktinath wandern – oder nach Osten, in das Gebiet von Manang. Hierdurch läßt sich nun auch die gesamte Kette von Annapurna und Lamjung Himal umwandern.

Schließlich lassen sich die beiden Ausgangspunkte von Trekking-Touren, Kathmandu und Pokhara, auch durch eine lange, anspruchsvolle Route verbinden, die nördlich des Achttausenders Manaslu bis nahe an die tibetische Grenze führt. Heikler Punkt dieser Tour, die auch als Rundtour von Gurkha aus (Flugplatz) durchgeführt werden kann, ist der Larkya La, ein 5200 m hoher Paß, dessen Überschreitung häufig nicht gewährt wurde.

Dies sind nur die wichtigsten Hauptrouten. Es gibt zahlreiche Varianten und Ergänzungen – angefangen von der einfachen Wanderung rund um das Kathmandu-Tal bis zu schwierigen Hochtouren, zu Trekking extrem. Für die

◁ Blick auf Annapurna IV (links und Annapurna II (rechts), Trekking Kathmandu-Pokhara

Erosionslandschaft bei Sangda, West-Nepal

eingehende Tourenplanung stehen heute bereits viele Karten und Tourenbeschreibungen zur Verfügung. Zu den besten Beschreibungen gehören immer noch die BV-Tourenblätter, Mappe 12, von Ch. Kleinert (Bergverlag Rudolf Rother, München).

Vor allem für das private Trekking gibt es noch zahlreiche Möglichkeiten in einsamen, großartigen Landschaften – sofern man ein Permit erhält!

Worauf es sonst noch ankommt

In fast allen Büchern und Broschüren über Nepal wird auf die *Bergkrankheit*, die AMS (Acute Mountain Sickness) hingewiesen und auf vielbegangenen Trekkingrouten wie jener zum Everest Base Camp stehen Tafeln, die eindrucksvoll vor dieser Krankheit warnen. Zweifellos zu Recht. Bereits oberhalb von 3000 m kann man von der Höhenkrankheit befallen werden, die auf mangelnde Anpassungsfähigkeit des Körpers an den niedrigen Sauerstoffgehalt und den geringen Luftdruck größerer Höhen zurückzuführen ist; erst recht gilt dies für Höhen oberhalb von 4000 m, die man in Nepal bald erreicht. Erste Anzeichen sind Kopfschmerzen, Schläfrigkeit oder auch Schlaflosigkeit, Kurzatmigkeit auch bei Ruhepausen, Appetitlosigkeit, Erbrechen. Die Krankheit kann tödlich enden und muß daher entsprechend ernst genommen werden. Als Therapie bietet sich nur Sauerstoffzufuhr und sofortiger Abstieg in tiefere Lagen. Aus diesem Grund wird häufig empfohlen, sich nur Trekking-Unternehmen anzuvertrauen, die Sauerstoff-Flaschen mitführen.

Die wichtigste vorbeugende Maßnahme besteht darin, nur allmählich in größere Höhen vorzustoßen, zwischendurch wieder in tiefere Lagen abzusteigen und so den Körper an die Höhe zu akklimatisieren.

In jedem Fall ist es sinnvoll, sich bereits zu Hause auf eine Trekking-Unternehmung in Nepal durch Konditionstraining vorzubereiten.

Impfungen gegen Pocken und Cholera sind obligatorisch, eine Schluckimpfung gegen Typhus ist empfehlenswert. Eine *persönliche Apotheke* gehört zweifellos zu den wichtigen Dingen, die man nicht vergessen darf. Sie soll neben der Normalausstattung und Mitteln gegen Höhenkrankheit auch Arzneien gegen die ›Rache Shivas‹, also gegen Durchfall, enthalten. Unabhängig davon soll man sich vor Wasser, ungewaschenem Obst und Gemüse etc. hüten – vor allem auch bei der Anreise über Indien!

Bezüglich der übrigen Ausrüstung geben Trekking-Unternehmen, wie erwähnt, *Check-Listen* heraus. Es gibt kaum Ausrüstungsgegenstände, die man nicht bei ähnlichen Unternehmungen in den Alpen auch mitführen würde – außer vielleicht den eigenen Schlafsack und – je nach Jahreszeit und Gegend, einen Regenschirm, den man übrigens sehr preiswert in Kathmandu kaufen kann. Ein weiterer wesentlicher Unterschied gegenüber Hochtouren in den Alpen besteht darin, daß man bis in vergleichsweise große Höhen Tennisschuhe oder ähnlich leichtes Schuhwerk benutzt. Es ›geht‹ sich so leichter in dünner Luft und man trägt üblicherweise ohnedies nicht mehr Gepäck als auf einem Spaziergang. Ich bestieg eine Reihe einfacher Fünftausender in Turnschuhen, die Bergschuhe kamen erst bei größeren Höhen zum Einsatz.

Filmmaterial bekommt man zwar in Kathmandu, aber es ist vergleichsweise teuer. *Keinesfalls sollte man Filme in Nepal entwickeln lassen.* Konzentrierte Bergsteigernahrung, Schokolade etc. wird man auch aus Europa mitnehmen. Nicht vergessen sollte man Bonbons und Zigaretten. Sie eignen sich vorzüglich als Geschenke, vor allem Zigaretten sind bei Trägern sehr beliebt.

Bevor man das Flugzeug in Europa besteigt, sollte man einen Abstecher ins Duty free Shop machen. Eine liquide Stärkung oder einen Schuß in den ›geräucherten‹ Tee wird man später schätzen!

Schließlich ist es bei Trekking-Touren üblich, daß man am Schluß Ausrüstungsgegenstände, die man nicht wieder heimnehmen will, den Trägern schenkt. Damit kann man sich nicht nur bei Trägern und Sherpa bedanken, man schafft auch Platz für Souvenirs – das Gewichtslimit für Fluggepäck ist ohnedies üblicherweise ein Problem.

Bezüglich Sprachen hilft – außer der Zeichensprache – vor allem englisch. Auf den Trekking-Karten, die man in den Buchhandlungen Kathmandus erhält, sind im allgemeinen einige der wichtigsten Redewendungen und Grundvokabeln der Nepalisprache neben der Legende angegeben.

Sollte man es also nicht einmal versuchen – Trekking in Nepal?

Tips zum Selbst-Organisieren von anspruchsvollen Trekking-Touren

Von Dietlinde Warth

Sherpa

Schwierigere Touren sind nicht ohne Hilfe guter, erfahrener Sherpa durchzuführen – schon gar nicht, wenn man kein Nepali spricht. Sherpa sind unentbehrlich bei der Anwerbung und Anleitung von Trägern – mit ihrem untrüglichen Orientierungssinn und dem sprichtwörtlichen Durchhaltevermögen bei schlechten Wetter- oder Wegverhältnissen, in allen Extremsituationen und Gefahren. Sie sind eine große Hilfe bei der Organisation und beim Einkaufen. Und auch Extrem-Trekker lassen sich unterwegs gern ein bißchen von ihnen verwöhnen.

Wenn man nicht aus eigener Erfahrung oder durch Vermittlung von Freunden persönlichen Kontakt zu Sherpa-Führern hat, wird man wohl oder übel den Dienst einer Trekking-Agentur in Anspruch nehmen müssen.

Löhne

Die Löhne richten sich nach den Vorschriften für Expeditionen. Die Sherpa erhalten volle Verpflegung, Unterkunft und eventuell Fahrtkosten. Nicht vorgeschrieben ist es, ihnen die gesamte Ausrüstung zu stellen oder eine Unfallversicherung abzuschließen. Allerdings muß vorher geklärt werden, ob Hochgebirgsausrüstung (Daunenjacke, Pickel, Steigeisen etc.) benötigt werden und wer diese Ausrüstung beibringt. Auch muß man damit rechnen, daß die Regierung auf Schadenersatz besteht, falls ein Sherpa durch einen Unfall verletzt oder getötet wird. Die Haftung der Teilnehmer für ›ihre‹ Sherpa sollte ohnedies selbstverständlich sein.

Die Träger erhalten kein Essen, aber – beim Tragen durch Schnee – Schuhe und Kleidungsstücke oder Decken (leihweise). Zusätzlich ist es – im eigenen Interesse – ratsam, Schneebrillen

Mann aus Jumla in West-Nepal

an sie zu verteilen. Gut wäre in diesem Fall auch ein Mannschaftszelt oder wenigstens eine Plane.

Außerdem hat es sich als Gewohnheitsrecht eingebürgert, daß Sherpa und Träger mit Zigaretten versorgt werden, 2 Zigaretten täglich für die Träger, für Sherpa etwas mehr – allerdings rauchen viele von ihnen nicht als konditionsbewußte Bergsteiger. Vorher fragen!

Karten

Trekking-Karten der öfters begangenen Routen sowie Beschreibungen dazu gibt es in den Buchläden oder Trekking-Geschäften in Kathmandu. Bereits zu Hause oder beim Nepal Research Centre (vormals Thyssenhaus, jetzt im Haus des Goethe-Instituts in Kathmandu) können die ausgezeichneten Karten von Erwin Schneider bezogen werden, erschienen bei Freytag & Berndt, Wien. Diese Karten zeigen das Everest-Gebiet und anschließende Gegenden in Ostnepal (siehe dazu auch ›Die Schneider-Karten‹, S. 159).

Kopien der einzelnen Blätter eines Surveys von 1962 werden bei Graphics Rachana (gegenüber Hotel Makalu/Nepal Bank Ltd. in einem Hinterhof, Schild an der Straße) hergestellt.

Bergausrüstung

Das meiste kann in Kathmandu aus ehemaligen Expeditionsbeständen in sogenannten Trekking-Läden oder von Sherpa gekauft bzw. geliehen werden. Das Angebot reicht von selbstgestrickten Socken und Handschuhen, von ausgetretenen Bergstiefeln über Spezialkleidung (Windjacke, -hose, Überhandschuhe, Gamaschen ...) und gute Daunenausrüstung (Jacke, Hose, Schuhe, Schlafsack) bis zur technischen Ausrüstung (Pickel, Steigeisen, Kletterhammer, Klettergürtel, Karabiner, Firnanker, Steigklemmen, Trittleitern, Rettungsdecken, Rucksäcke etc.) und Zeltausrüstung (Zelte, Schlafmatten, Kocher und Kartuschen).

Vorsichtshalber selbst mitbringen: Biwaksack, Felshaken, Eisschrauben, evtl. Schraubkarabiner sowie Seile, Seilschlingen und Reepschnur. Zelte sind sehr unterschiedlich in der Qualität, eigenes Leichtbergzelt empfehlenswert, ebenso wie der eigene Schlafsack.

Die Sachen sind natürlich gebraucht und nicht immer schön; aber wer extrem trekken will und keinen Wert auf europäischen Bergsteigerchic legt, wird damit zufrieden sein.

Verpflegung

Grundnahrungsmittel – Reis, Mais, Mehl, Nudeln, Zucker, Salz, evtl. Tsampa (grobes, geröstetes Mehl) und Tshura (Reisflocken) kann man in Kathmandu günstig kaufen. Das ist auch – außer Nudeln – auf dem Land erhältlich; dort müssen allerdings Marktorte (Bazars) und Markttage (meist einmal pro Woche) beachtet werden.

Das Barbung Khola-Tal mit Dhaulagiri-Gruppe

Fleisch- und Fischkonserven – gibt es in vielen Läden, auf jeden Fall in den sogenannten Fresh-Häusern (Konzentration um den Asan Tole, New Road und Seitenstraßen, am Lajimpat). Die indischen Konserven sind besser als die erhältlichen europäischen! Es gibt auch getrocknetes Fleisch und Dry-Salami, deren Haltbarkeit natürlich mit zunehmender Hitze abnimmt.
Gemüse – in Kathmandu gibt es immer reichlich Frischgemüse, auf dem Land ist je nach Jahreszeit die Versorgung schwierig, selbst mit Kartoffeln und Zwiebeln (Frühjahr!). Gemüsekonserven sind in den oben genannten Läden erhältlich, ebenso Erbsen, Karotten, Zwiebeln als Trockenprodukte. Überall im Bazar sind dicke Bohnen und stets alle Sorten von Dal (Linsen) erhältlich.

Suppen – Brühwürfel von zu Hause mitbringen, hier sind sie teuer und rar. Als Ergänzung kann man hier indische Fertigsuppen kaufen, die einige Kochzeit erfordern.

Brotaufstrich – Butter und Käse werden in guter Qualität in den Filialen der Molkerei angeboten. Margarine gibt es nicht, dafür Butterschmalz (ghee). Honig und Marmelade sind überall in Kathmandu, letztere sogar auf dem Lande erhältlich.

Süßigkeiten / Nachtisch – Obstkonserven siehe Fleischkonserven. Puddingpulver oder Gelees sind ebenfalls in Kathmandu erhältlich. Bonbons und Kekse (in Nepal produziert) sind gut und preiswert, Schokolade hingegen wird aus Europa importiert und ist sehr teuer. Traubenzucker ist in Pulverform erhältlich.

Getränke – Tee, Nescafé, verschiedene Kakaosorten und Krafttränklein, Milchpulver, konzentrierte Fruchtsäfte (squash) oder reine Säfte in Dosen und für den Notfall der ausgezeichnete Kukhri-Rum sind in Kathmandu erhältlich.

Sonstiges – alle Gewürze, Essig, Öl, Ketchup, Hefe frisch und trocken, Backpulver . . . der Bazar in Kathmandu ist schier unerschöpflich. Allerdings gibt es kein Pulver für Knödel oder Kartoffelbrei. Wer darauf nicht verzichten kann, muß es selbst importieren.

Zubereitung – Gaskocher mit Kartuschen, klein und groß, gibt es zu kaufen bzw. zu leihen. Ebenso kann man Kerosin-Druckkocher und das dazugehörige Kerosin kaufen. Kerosin darf nicht im Flugzeug transportiert werden. Auf ländlichen Bazars ist Kerosin in 18-l-Dosen erhältlich. Holz gibt es nicht überall, an manchen Orten ist es sehr teuer. Die Waldbestände Nepals sind sehr gefährdet, und die Trekker sollten in waldarmen Gebieten ihren Beitrag zum Umweltschutz durch Mitführen eigenen Brennmaterials leisten!

Namenloser Gipfel im Churen Himal

Töpfe, Teekessel, Pfannen, Teller, Tassen usw. aus Aluminium bzw. emailliert sind günstig zu kaufen, ebenso wie alle übrigen Küchenutensilien (Besteck chinesischer Herkunft empfehlenswert).

Am besten lassen Sie sich zu diesem Punkt von einem Sherpa beraten – auch was Zeitpunkt und Inhalt der Mahlzeiten betrifft. Die einheimische Ernährungsweise ist den Anforderungen des Klimas und der Höhe besser angepaßt als die unsere. Wie sagte unser Freund Norbu, als er zusah, wie scharenweise höhenkranke Touristen aus dem Khumbu abtransportiert werden mußten? »Wenn die so ordentlich essen würden wie wir, wären sie nicht krank!« Das bedeutete zum Beispiel: drei Teller Nudeln mit scharf gewürzter Tomatensauce zur Vormittagsmahlzeit, statt eine Scheibe Toast mit Ei.

Unterwegs – in besiedelten Gebieten kann die Kost meist durch Eier, Hähnchen und bei genügender Gefräßigkeit auch durch ein Ziegenböcklein bereichert werden. Sollten allerdings ›starke Eieresser‹ unterwegs sein, empfiehlt es sich, einen Vorrat aus Kathmandu mitzunehmen.

Eine Handvoll Nüsse im Hosensack gibt Kraft bei langen Tagesmärschen.

Verschiedenes

- Nepal bietet alles, was Sie für Ihre persönliche Toilette brauchen (Seife, Zahnpasta, Shampoo, Cremes, Klopapier etc.) ebenso wie für die allgemeine Reinlichkeit (Vim, Waschpulver oder – praktischer – Waschseife).
- Medikamente sind erhältlich, allerdings wird sich der Laie in den englischen Fachbezeichnungen kaum zurechtfinden, also die Reiseapotheke lieber von zu Hause mitbringen.
- Wollen Sie hoch hinaus? Dann genieren Sie sich nicht, eine Wärmflasche mitzubringen.
- Vorsicht Sonne! Bringen Sie gute Schutzmittel mit, vor allem für die Lippen. Kaufen Sie sich einen Sonnenhut im Bazar oder noch besser einen der riesigen schwarzen Großvater-Schirme, der hilft auch gleich gegen Regen.
- Bringen Sie reichlich Foto- und Filmmaterial mit, dies ist hier nur sehr teuer und meist nicht taufrisch zu haben.
- Wenn Sie eine Dame sind, tragen Sie weder Mini-Röcke noch Shorts! Die Bevölkerung wird es Ihnen mit Achtung danken.
- Legen Sie sich keine Sahib-Allüren zu, sondern behandeln Sie die Einheimischen als Partner. Dann werden Sie normalerweise in ihnen die fröhlichsten und besten Bergkameraden der Welt finden.

Begegnung mit dem nepalischen Träger

Von Robert Schmid

Nepals Verkehrs- und Transportsystem weist einige Eigenarten auf, die der im Jet für wenige Tage anreisende Besucher heute allzugern übersieht. Bis 1956 gab es einzig im Terai einige wenige Straßen, vorab Wege für Ochsenkarren. Die Automobile, mit denen die damaligen Herrscher im Kathmandu-Tal spazieren fuhren, waren von Trägern über die Mahabharat-Ketten geschleppt worden – ganz oder in wenige Stücke zerlegt. Pokhara erlebte die Landung eines Flugzeuges, lange bevor es einen Straßenanschluß erhielt. Yak-Karawanen überqueren noch heute unwirtliche Pässe im Himalaya und doch sind es die Tausende von lastentragenden Frauen und Männer und nicht, wie man vermuten könnte Lasttiere, die im wahrsten Sinne des Wortes den landesweiten Güteraustausch *tragen*. Die Verkehrsstockungen in Kathmandu, aber auch eine Fahrt nach Kodari oder Pokhara können keineswegs Einblick in die Beschwerlichkeit des Gütertransports in den abseits der Straße liegenden Tälern geben, und die Pässe, die die Träger schweißtriefend erklimmen, sehen aus dem Flugzeug direkt niedlich aus. Nur der Trekker, der Stadt, Straße und Flugplatz hinter sich läßt, wird einmal bei seinen angeheuerten Trägern die große Ausdauer und Anspruchslosigkeit erleben, und er wird auch auf seinen Routen viele schwerbepackte Kulis antreffen, die ihn neugierig und doch unaufdringlich und freundlich mustern.

Die *Trek-Träger* arbeiten für eine Organisation und zu festen Tarifen. Sie gehorchen den Anweisungen von Sirdar, Koch oder Guide und geben schon mal zu verstehen, daß sie am Ende des Trecks gerne ein Paar europäische Bergschuhe oder einen Daunenschlafsack als ›Bakschisch‹ erwarten. Ich möchte hier die andern Träger darstellen, jene Träger, mit denen wir Ausländer kaum sprechen können, da sie kein Wort Englisch verstehen – diejenigen, mit denen sich unsere Trek-Träger bei der Begegnung schnell über Löhne, Preise und andere heiße Tips im nächsten Dorf unterhalten.

Bauern auf der jährlichen Einkaufstour und professionelle Träger

Während Trek-Träger schon ganz oder halbprofessionell arbeiten und ihr kärgliches Bauerneinkommen in der für Bergwanderungen günstigen Trockenzeit entscheidend aufbessern können, sind die andern Träger in den allermeisten Fällen *Bauern* oder *Landarbeiter*, die in der arbeitsschwachen Winterzeit eine *Mehrzweck-Tour* unternehmen. Oft kombinieren sie religiöse Wallfahrten, zum Beispiel nach Bodnath, Swayambhunath, Dakshinkali und

Keiner zu klein, Träger zu sein: Mädchen holen Futter

Pashupatinath, mit Verwandtenbesuchen, Verkaufs- und Einkaufsreisen. Dann ist meist die ganze Familie dabei, und man ›reist‹ mit Vorliebe zusammen mit Bekannten aus dem gleichen Dorf. Obwohl Lasten zu tragen sind, kleidet man sich gut, denn diese Reise stellt einen Höhepunkt im sonst schweren Bauernleben dar, und es herrscht oft ausgelassene Fröhlichkeit unterwegs. Man hat Zeit, in den Dörfern zu verhandeln und zu schäkern, Tschang (ein Reis-, Mais oder Hirsebier) oder Rakschi (Branntwein) zu trinken, zu tauschen und andere Geschäfte zu machen, denn zu Hause würde man kaum alternative Beschäftigungen finden. Übernachtet wird bei Bekannten, Angehörigen der gleichen Volksgruppe oder Kaste und in den *Patis*. Das sind kleine Rasthäuser, die vermögende Leute als Zeichen guten Willens den wichtigen Pfaden entlang haben bauen lassen. Diese Häuser sind rauchgeschwärzt und leider oft in schlechtem Zustand, ähnlich wie die viel zahlreicheren und auch schlecht unterhaltenen *Chautaras,* jene Mauern, versehen mit einer Stufe zum Abstellen der Tragkörbe. Chautaras und Patis liegen häufig bei religiösen Gedenkstätten oder tragen eingemauerte Mane-Tafeln, auf denen der lamaistische Segensspruch ›O mani padme hum‹ eingemeißelt ist. Chautaras werden in den tieferen Lagen von zwei Feigenbäumen, die je das männliche und das weibliche Prinzip verkörpern, überschattet. Blumengirlanden verbinden diese Bäume, in deren Nähe meist eine Quelle sprudelt, so daß man hier rasten und kochen kann. Auf Paßübergängen verhindern lange Mane-Mauern und mit Gebetsfahnen bekränzte Steinhaufen und Stupas, daß böse Geister den Weg ins nächste Tal finden.

An den Rastplätzen treffen sich zuweilen die Jahresausflügler mit jenen *Trägern,* welche *im Auftrage von Händlern* Waren nach Kathmandu bringen oder von der Hauptstadt in einen entfernten Bazarort tragen. Viele leisten diese beschwerliche Arbeit, bei der sie nach Gewicht und Distanz und meist unterdurchschnittlich entlohnt werden, um aufgelaufene Schulden abzutragen, die sie mangels Bargeld nicht bezahlen können. Diese Träger laden sich sehr viel auf und verlieren unterwegs keine Zeit mit Plaudern. Umfragen und Nachwägungen ergaben, daß diese beauftragten Kulis über 40 Kilogramm durchschnittlich schleppten, während jeder Trek-Träger, dem man mehr als 25 Kilogramm aufladen will, rebelliert. Da die Verschuldung der Bergbevölkerung sehr hoch ist, lassen auch große Grundbesitzer und Geldverleiher ihre Waren durch Schuldner billig transportieren. Wenn man jeweils die genauen Umstände erfährt, unter denen Träger dieser Art arbeiten müssen, ist man versucht, von Ausbeutung zu sprechen. Während Expeditionen und Trek-Agenturen im Verhältnis zur nepalischen Kaufkraft angemessene bis hohe Löhne zahlen müssen und diese unabhängig von der täglichen Marschleistung nach der Anzahl Tage bemessen werden, drücken Einheimische die Trägerlöhne oft schamlos, je nach Notlage der Träger. Da die Bergregionen in der landwirtschaftlich toten Zeit kaum Verdienstmöglichkeiten anbieten, bemüht sich manch junger, kräftiger Bursche, der noch keine Anstellung bei Expeditionen oder Touristen gefunden hat, darum, für ein Trinkgeld Lasten zu transportieren. Mädchen und junge Frauen stehen ihnen darin keineswegs nach, ja hie und da ›krönt‹ ein Körbchen mit dem letztgeborenen Kind die schwere Last. So ist es kaum jemals ein Problem, während der Winterzeit in einem Dorf einen zusätzlichen Träger zu finden.

In Kathmandu, Patan und Baktapur trifft man arbeitssuchende Träger auf bestimmten Plätzen, wo sie mit Tragkorb und *Nanlo* – dem geflochtenen oder ledernen Stirntragband – sitzen, plaudern und rauchen. Überhaupt rauchen viele Porter, während sie auf steilen, staubigen oder aber während der Monsunzeit glitschigen und von Blutegeln verseuchten Wegen aufsteigen. Oft wandert eine aus Blättern selbstgedrehte Zigarette von Hand zu Hand, wobei jeder gierig den Rauch einsaugt, ohne sie mit den Lippen zu berühren. Die beauftragten Träger brauchen fast alle einen T-förmigen Stock, um ihre

Verschnaufpause heißt oft Rauchpause

schwere Last – ihr *bari* – auch zwischen den Chautaras für eine kurze Verschnaufpause darauf abzustellen und den Schädel, auf dessen Stirn das ganze Gewicht drückt, etwas zu entlasten. Obwohl oft aus den verschiedensten Dörfern zusammengewürfelt, gehen auch beauftragte Träger meist in *Gruppen.*

Ausrüstung und Ernährung

Den bescheidenen Lebensstil schränken sie unterwegs nochmals ein. Um möglichst viel ›zahlende‹ Ware transportieren zu können, wird an Kleidern, Nahrungsmitteln und Kochgeschirr gespart. Ein Baumwolltuch, tagsüber um die Hüften geschlungen, dient auch in kalten Gegenden als einziger Schutz vor der Kälte – abgesehen von den kunstvoll geflickten Kleidern, deren man sich nie entledigt. Dafür schlafen die Träger eng zusammengedrängt, wenn nötig sogar in Höhlen am Wege.

Die meisten Porter gehen auch heute noch *barfuß,* sogar durch Schnee, und sie behaupten, besseren Halt zu haben als in Schuhen. Da die Hornhaut an den Fersen gerne reißt, sind sie unangenehmen Infektionen ausgesetzt. Mitunter findet man ein Paar Schuhe auf dem Tragkorb festgebunden, die aber

Träger kocht aus Hirsemehl seine Tsampa

nur in der Stadt getragen werden. Die Größe spielt dabei keine Rolle, doch will man nicht von vornherein als Bergbauer angesehen werden!

Unterwegs ernähren sich die Träger von *Hirsebrei* (Tsampa) und, so erschwinglich, von Reis. Zu den Gerichten gehört eine scharfe Sauce aus Gemüse und Gewürzen, mit Vorliebe Chili. Das Tsampamehl tragen sie in einem kleinen Stoffsack mit, dazu eine eiserne Pfanne, in der man den Brei aufkochen kann. Das im Gürtel eingesteckte *Khukri* – das berüchtigte Gurkhamesser – leistet gute Dienste beim Holzschlagen für das Feuer. Allerdings sind Träger dabei nicht sehr wählerisch, und in der Umgebung der beliebten Rastplätze ist der noch verbliebene Wald in einem beklagenswerten Zustand. Auch der Trekking-Tourismus trägt diesbezüglich seinen Teil bei, und Erosion ist entlang dieser Wege zu einem ernstzunehmenden Problem geworden.

Tagesablauf

Normalerweise beginnt der *Trägertag* um 5 Uhr 30, wenn der Morgen graut. Dann verlassen die Porter ohne Frühstück den Schlafplatz, um noch vor der großen Hitze ein gutes Stück zurückzulegen. Gegen 10 Uhr 30 wird an einem

Zweite Mahlzeit des Tages vor dem kalten Nachtlager in einer Höhle unterwegs

Platz mit gutem Wasser und Holz gekocht und eine für unsere Verhältnisse sehr große Menge gegessen. Nachmittags geht die Reise weiter bis gegen 18 Uhr, doch sucht man schon vorher nach einer Rast- und Schlafmöglichkeit. An diesem Platz wird die zweite Mahlzeit gekocht und gegessen, etwas Karten gespielt und bald legen sich alle schlafen. Nicht selten weckt sie die Kälte schon lange vor Tagesanbruch wieder auf.

Träger meiden nach Möglichkeit unbewohnte Gebiete für ein Nachtlager, denn sie fürchten sich vor Bären und Leoparden, auch wenn es nur noch wenige davon in Nepal gibt. Müssen sie ausnahmsweise weit von Häusern entfernt übernachten, unterhalten sie während der ganzen Nacht ein großes Feuer, um das sie auch der Kälte wegen sitzen und bis zum Morgen plaudern, singen oder um Geld spielen.

Wege und Brücken

Stellen die steilen Wege schon enorme Anforderungen an Muskeln und Gelenke, so empfinden Träger die *Brücken* als die kritischsten Punkte. Hier bewährt sich die Tragtechnik, die beide Arme und Hände zum Festhalten an Ketten und Geländern freiläßt, bestens. Die traditionell aus lokalem Eisen hergestellten Kettenbrücken, an denen ein schmaler Brettersteg baumelt, werden heute langsam im Rahmen eines nationalen Hängebrückenprogramms durch bessere, breitere und tragfähigere Stahlseilbrücken ersetzt. Die Ketten-

und Holz-Auslegerbrücken zeugen von einer erstaunlichen Brückenbautechnik, doch liegen die Schwächen der Brücken in mangelhaftem Unterhalt oder schlecht geschützten Brückenköpfen, die von den reißenden Monsunfluten weggespült werden. Alte Kettenbrücken schwanken beängstigend. Desungeachtet haben Träger die Gewohnheit, möglichst gleichzeitig hinüberzugehen. Die Nähe der Kollegen wird höher eingeschätzt als die Tragfähigkeit der Konstruktion. Diesen Hängebrücken, die für Tiere unpassierbar waren, ist es vermutlich neben der schmalen Futterbasis auch zuzuschreiben, daß Tragtiere im mittleren und östlichen Bergland Nepals nie große Verbreitung fanden.

Die Hauptrouten des Landes laufen heute in west-östlicher Richtung, und es gilt eine große Zahl meridional fließender Gewässer zu queren. Einbäume und Fähren, ja kleine Seilbahnen, in denen sich der Passagier selber ans andere Ufer ziehen muß, werden neben Brücken dazu verwendet. Von den oft unter 1000 Metern gelegenen Flußübergängen gilt es wieder zu den 3000–

Frohmut trotz schwerer Last – eine nepalische Tugend

4000 Meter hohen Wasserscheiden aufzusteigen, und es ist eine Seltenheit, wenn ein Pfad für zehn Minuten ohne Steigung oder Gefälle verläuft. Große, vielbenützte Wege weisen an steilen Partien hie und da Treppenstufen auf, die aber auch Unterhalt erfordern würden. Die klassischen Nord-Süd-Routen, die Nepals mittelalterlichen Reichtum begründet haben, verloren einen Teil ihrer Bedeutung. Auch diese Pfade, die den Durchbruchsschluchten der Flüsse folgten, aber oft zu großen Umgehungen kritischer Stellen zwangen, waren äußerst beschwerlich und führten über Holzgalerien und auf Felsbändern den Steilwänden entlang.

Wandel der Transportgewohnheiten

Selbstverständlich hat der seit 1956 erfolgte *Straßenbau* eine Veränderung im Verkehrsnetz der Träger verursacht. So wurden die beiden Hauptübergänge Birganj – Kathmandu und Butwal – Pokhara an vielbegangenen Trägerrouten gebaut, die heute von Trägern nur noch wenig benutzt werden. Die alten blühenden Bazare sind teilweise verlassen, und arbeitssuchende Träger mußten auf andere Routen ausweichen. Während der Straßenbau die Bevölkerungsmobilität erhöht, Marktanschluß gewährleistet und eine minimale Versorgung der Bevölkerung mit staatlichen Dienstleistungen erlaubt, verlieren Träger erst einmal Arbeit und Verdienst. Da aber der Träger pro Tonnenkilometer sehr hohe Transportkosten verrechnen muß (trotz niedriger Löhne, aber wegen seiner beschränkten Transportmenge) im Vergleich zu einem Lastwagen, werden durch den motorisierten Transport verschiedene Waren billiger und die Nachfrage breiter, so daß ein beträchtlicher Teil der Porter in der Feinverteilung dieser größeren Gütermengen wieder Beschäftigung finden kann. Der Bau der Straßen selbst hat kurzzeitig viele Träger als Erdarbeiter absorbiert, doch beschäftigt leider der Straßenunterhalt (trotz vieler Erdrutsche) nur wenige Personen vollumfänglich.

Wie hat der Träger auf die Möglichkeit reagiert, Teile seines Weges mit dem Bus oder Lastwagen zurückzulegen? Die Reaktionen waren sehr unterschiedlich. Während die nicht im Taglohn bezahlten Träger sofort kalkulierten, wie viele Tage sie sparen könnten und wieviel sie für den Bus bezahlen müssen, wenn sie von der neuen Möglichkeit Gebrauch machen, ist dem Bauern auf Einkaufs- und Pilgerfahrt der *Zeitfaktor* völlig egal, solange er zu Hause nichts zu tun hat. Er geht also mit seiner Last ohne weiteres tagelang der asphaltierten Straße nach und spart die wenigen Rupien des Bustickets. Nimmt er ausnahmsweise trotzdem den Bus, so nur der Attraktion oder des Prestiges willen und um seinen Angehörigen ein besonderes Erlebnis zu gönnen. Hie und da erfeilscht er Mengenrabatt für die ganze Familie. Lastwagenfahrer offerieren zudem oft billigere Mitfahrgelegenheit, da sie kaum einen Zuschlag für die Trägerlast verlangen, während im Bus Passagier und Ware verrechnet werden. Trotzdem: die Zahl der Reisen nach Kathmandu, Pokhara oder ins Terai ist in den letzten Jahren eindeutig größer geworden, da man notfalls auch schnell mal in die Stadt fahren kann.

Rast vor einem Tea-shop

Solange auch Händler fernab der Straßen die Preise hochhalten können, beginnt der Bauer zu überlegen, ob nicht ein größerer Einkauf in der Stadt, verbunden mit allen Attraktionen eines solchen Aufenthaltes und einer solchen Fahrt, sich nicht auch finanziell lohnen würde. Besonders Baumwollstoffe, Kerosin, Zigaretten, Tabakblätter, Salz und Zucker kauft man vermehrt am großen Markt, wo Preisvergleich möglich und eine stark wuchernde Stufe des Zwischenhandels – der monopolistische Dorfhändler – ausgeschaltet ist. Ebenso transportiert der Bauer seine Produkte wie Ghee (eingesottene Butter), Papier, Hühner, Eier, Äpfel, Zitrusfrüchte und Gemüse mehr und mehr selber auf den besser zahlenden städtischen Markt, um den gesamten Verkaufspreis für sich behalten zu können.

Natürlich bringt der vermehrte Kontakt zu Städten auch die Gefahr der *Landflucht* mit sich, da der Vergleich der Verdienstmöglichkeiten, der Lichterglanz und die Annehmlichkeiten des Stadtlebens wie ein Magnet wirken. Nur gezielte *Verbesserungen der Lebensbedingungen in den Berggebieten* können diesem fatalen Trend entgegenwirken, und die Regierung Nepals hat ihre diesbezüglichen Verantwortlichkeiten klar erkannt. Es wird eine schwierige Aufgabe sein, und der Träger, der einen Teil der Verbindung zwischen Zentrum und Peripherie bewältigt, wird noch lange hin- und hergerissen werden, ähnlich wie der Trek-Träger, der sich am westlichen Konsumverhalten zu orientieren beginnt und dieses doch nie erreichen kann. Der Lernprozeß hat aber noch eine Seite: Der Ausländer erkennt bewundernd an, mit welchem Frohsinn und welcher Zähigkeit die nepalischen Träger ihre schwere Bürde tragen.

Flug nach Shyangboche

Von Emil Wick

Aufmerksam höre ich der gerade per Funk übermittelten Wettervorhersage aus dem Everest-Gebiet zu. Sie verspricht für die nächsten Stunden noch gute Verhältnisse, doch müsse mit einer Störung gerechnet werden. Höhenwinde auf Everesthöhe betragen bereits über hundert Stundenkilometer. Mit sechs Touristen und zusätzlichem Kraftstoff rollen wir bei strahlend blauem Himmel zum Start auf dem Tribhuvan Airport in Kathmandu. Sieben Minuten später erreichen wir die vorerst vorgeschriebene Flughöhe von 11 500 Fuß (3500 m). Es ist absolut ruhig, dazu eine grandiose Sicht. Stolz ragen die Weltriesen in den klaren Dezemberhimmel. Die Hügel des Mittellandes verlieren sich in leichtem Dunst. Schon verschwindet der Gauri Shankar unter der linken Tragfläche und wir steigen nun auf 4100 m, um den Lamjura-Paß, der ins Khumbu führt, mit guter Sicherheitshöhe zu überfliegen (Farbt. 21). Leichte Böigkeit macht sich bemerkbar, verstärkt sich, je näher wir uns den schroffen, steilen und von der Zeit durchfurchten Fünftausendern nähern. Die Außentemperatur beträgt nur −5° C, relativ warm. Da kommt schon der Makalu in Sicht. Wir biegen in das Dudh Kosi-Tal ein. Nun geht es nach Norden.

Der Anblick ist aufregend und einmalig. Lothse, Everest und Nuptse stellen ihre Mächtigkeit aus nur 35 Kilometer Entfernung dar. Die Kameras klicken unaufhörlich. Die Amai Dablang rückt nun auch noch ins Blickfeld. Meine Passagiere sind überwältigt. Auch für mich ist jeder meiner fast täglichen Flüge in diese gewaltige Bergwelt ein neues Erlebnis.

Während der kurzen Zeit seit unserem Abflug in Kathmandu hat sich unter uns das Wetter leicht verändert. Einzelne Stratokumuluswolken bedecken gewisse Partien von tiefer gelegenen Hügeln. Unsere Landepiste in Shyangboche, die auf 3750 m Höhe liegt, ist nur noch zur Hälfte sichtbar. Die Anflugseite ist schon ganz in den Wolken. Laune und Gesichtsausdruck meiner Passagiere ändern sich schnell wie die vorbeiflitzenden Wolkenbilder. Sie haben weder Zeit noch Geld gespart, um hierher zu kommen, und nun könnte ihre Hoffnung, Weihnachten im Himalaja zu verbringen, zunichte werden. Ich versuche, sie zu trösten: Ich wäre schon über 700 mal hier gelandet, hätte einige tausend Everestflüge ausgeführt ... Dann verteile ich Sauerstoffmasken. Die Anlage arbeitet gut. Wir steigen auf 5500 m, damit ich mir ein Bild von der Wetterentwicklung machen kann. Die Pratt-Turbine (700 PS) gibt ihren gleichmäßigen, beruhigenden Ton von sich. Wir sind wie Freunde, beide sind wir sehr voneinander abhängig.

Der Schweizer Flugkapitän Emil Wick vor seiner einmotorigen Pilatus Porter auf der Flugpiste von Lukla

Ein Druck auf die Stoppuhr: 45 Minuten haben wir Zeit, hier auf eine Landemöglichkeit zu warten. Also runter, unter der Wolkendecke gibt es sicher eine Chance. Zwischen Wolkenrändern und abrupt abfallenden Felswänden geht es in einer Steilspirale in die gähnende Tiefe. Weit unten ist wie ein Silberstreifen der reißende Dudh Kosi zu sehen. Ich lese meine Checkliste und schnüffle Sauerstoff, um ja auch das auszuführen, was auf der betreffenden Liste steht.

Namche Bazar, das große und wichtige Sherpadorf liegt frei von Wolken. 300 m fehlen uns noch an Höhe. In großen Achterkurven geht es aufwärts, immer wieder geraten wir an den Rand der Wolken. Auf gleicher Höhe, aber auch ober- und unterhalb sind steile Felswände, tief unten fließt der weißschäumende Himalaja-Fluß. Ich weiß aus langer Erfahrung: es geht um Minuten.

Der Mann auf dem Co-Pilotensitz fragt mich, woran ich überhaupt glaube. An gar nichts, nur daß wir es vielleicht schaffen. Da – ein Loch, ich kann die 400 m lange Landebahn sehen. Vorbei. Wieder im Nebel!

Himalaja-Flug mit Emil Wick. Der heilige Berg Gauri Sankar mit seinen gewaltigen Abstürzen von Westen. Mit 7415 m galt er einige Zeit als höchster Berg der Erde, nachdem diese Ehre zuvor dem 6310 m hohen Chimborazo in der Westkordillere von Ekuador zuteil geworden war.

28 Minuten sind vorbei. Nur nicht aufgeben. Jetzt wird es interessant. Etwas engere Kurven, zum Leid der Passagiere, doch sie halten sich gut und vertrauen offenbar meiner etwas ›komischen‹ Fliegerei. Geschwindigkeit und Höhe müssen genau stimmen. Durchstarten ist unmöglich. Wie unglaublich schnell sich hier das Wetter ändert, kann man nur beurteilen, wenn man es selbst erlebt hat. Ich kenne meine Maschine und auch die Gegend aus meiner langen Erfahrung in der Himalaja-Fliegerei.

Noch sind wir nicht gelandet, 36 Minuten sind vorbei. Habe ich zuviel versprochen? Zwischenhinein können wir wieder einmal durch ein Wolkenloch Everest oder Lothse sehen, dann nur grau über uns. Ich habe eine Tugend – wahrscheinlich die einzige – daß ich in solchen Situationen nie nervös werde. Achtung – der Windsack am Ende der Piste wird sichtbar. Ein kleiner Druck auf den Landeklappen-Schalter. Es geht um nicht mehr als eine Minute. Der Stolstrip taucht auf, klar sichtbar. Weich setzen wir auf. Hinter uns hat der Nebel die Sicht schon wieder verhüllt.

Die Schneider-Karten

Als ich mich auf meine Bergtouren im Khumbu-Gebiet vorbereitete, sah ich mich auch nach Kartenmaterial um. Ich weiß noch genau, wie überrascht ich war, als ich die 1:25 000 Karte ›Chomolongma‹ entfaltete. Ich glaubte, ein Kartenblatt aus den Alpen vor mir zu haben – nur mit dem Unterschied, daß diese Karte einige der höchsten Berge der Erde zeigte. Der erste Kontakt mit der berühmtesten der Schneider-Karten war ein großes Erlebnis! Wie plastisch war hier alles zu erkennen, worüber ich bisher nur gelesen hatte – Everestgipfel und Südsattel, Genfer Sporn, der steile Abfall hinunter ins Tal des Schweigens, der mächtige Khumbu-Eisfall und anschließend der in einer scharfen Linkskurve abbiegende Khumbu-Gletscher! Lhotse, Nuptse, Pumo Ri, der Götterberg Amai Dablang – ich sah sie alle vor mir, ohne sie je noch wirklich gesehen zu haben! Am meisten aber überraschten mich die Orte. Hier war jedes Haus, jedes steinmauerumgrenzte Feld abgebildet! Welch ein Genuß, auf so einer Karte die geplanten Touren schon zu Hause studieren zu können! Und auch nachher, als ich längst wieder zu Hause war, habe ich sie noch oft angesehen. Ein wahrer Fels im Meer der Erinnerungen, fester Grund, von dem aus die Bilder, die sich eingeprägt haben, geordnet und vor dem Absinken ins Unterbewußte bewahrt werden können. In Summe also eine Vervielfältigung des Erlebnisses und damit des Glücks!

Schöpfer dieser Karte ist der Österreicher *Erwin Schneider,* der heute in Lech am Arlberg wohnt. Sein Haus über dem Dorf ist leicht an der großen Gebetsfahne zu erkennen, die davor im Wind flattert. 1906 in Hall/Tirol geboren, studierte Schneider in Berlin, spezialisierte sich auf terrestrische Photogrammetrie und wurde Kartograph des Österreichischen Alpenvereins. Er ist ein bekannter Expeditionsbergsteiger und betrat bereits 1930 erstmals nepalischen Boden im Zuge einer von G. O. Dyhrenfurth geleiteten Expedition zur Kangchendzönga. 1955 kam er wieder nach Nepal, diesmal als Teilnehmer der von G. O. Dyhrenfurths Sohn, N. Dyhrenfurth, geleiteten Internationalen Himalaja-Expedition zum Mt. Everest. Die Expedition erreichte zwar ihr bergsteigerisches Ziel nicht, bot aber Erwin Schneider die Möglichkeit zu den für die Chomolongma-Karte erforderlichen Feldarbeiten.* Der bekannte Schweizer Alpinist und Kartograph Marcel Kurz schreibt hierüber im Quartalsheft 1 der Zeitschrift ›Die Alpen‹, 1958:

»Im Verlaufe von zwei Schönwettermonaten (Mai und Oktober 1955) hat *ein* Mann allein die nepalische Seite des Chomolungmamassivs photogrammetrisch aufgenommen und breitet nun vor unseren staunenden Augen ein Kartenbild von erschütternder Plastik aus. Erwin Schneider heißt dieser

* Sämtliche Arbeiten im Zusammenhang mit den ›Schneider-Karten‹ wurden von der Thyssenstiftung, Köln, finanziert.

Hochalpe (4517 m) oberhalb von Pangpoche mit Grenzkamm gegen das Inkhu-Tal. Rechts außen Tramserku, anschließend Kang Taiga

Die Hochalpe Machhermo, dahinter (links der Bildmitte) der heilige Berg Khumbu-Yul-Lha (5671 m) ▷

Mann, und der Everest hat auf ihn gewartet. Nur er konnte den hinreißenden Elan aufbringen, um dieses begeisternde Problem in einem Anlauf zu lösen. Dank seiner ununterbrochenen Feldzüge als offizieller Photogrammeter des DAV/ÖAV war er für diese Aufgabe prädestiniert. Er hat den Ruf des Berges vernommen, und ihm verdanken wir nun die schönste Karte des höchsten Himalayamassivs.«

Wie sehr der kritische Marcel Kurz das Werk Schneiders schätzte, erkennt man schon aus dem Titel des erwähnten Aufsatzes. Er lautet: »Ein kartographisches Ereignis: die Everestkarte 1:25 000« und beginnt mit den Worten: »Auf Weihnachten 1957 hat uns *Erwin Schneider* seine *Reliefkarte vom Everest* beschert, 1:25 000, in Vierfarbendruck ... Trotz der vielen und prächtigen Boden- und Luftphotographien, die in den letzten Jahren in der Everestbibliographie veröffentlicht worden sind, bedeutet diese topographische Aufnahme eine Offenbarung: endlich stehen wir vor der Wirklichkeit.«

Dies ist sicherlich nicht übertrieben, wenn man bedenkt, wie wenig vor Schneiders Arbeiten über das Gebiet der Karte bekannt war. Die erste Karte ist die 1/4 inch-Karte des Survey of India (Blatt 72 I, Mount-Everest, Provisional issue) und stammt aus dem Jahr 1857. Auf 200 km² Schnee und Eis sind nur vier Namen verzeichnet.

Entsprechend der Besteigungsgeschichte des Everest wurden auch die ersten kartographischen Aufnahmen von Tibet her gemacht, und zwar im Zuge der englischen Expeditionen 1921–1924 (Mount Everest Reconnaissant Map, 1928). Das nepalische Gebiet blieb verschlossen, ein weißer Fleck, auf dem auch auf der 1930 von der Royal Geographical Society publizierten kleinen Karte ›Mount Everest and Environs‹ nur notdürftige Skizzen eingetragen wurden.

1933 wurde der Everest erstmals überflogen. Die hierbei – allerdings nicht mit einer Meßkamera – aufgenommenen Luftbilder wurden ebenfalls von der Royal Geographic Society in einer Kartenskizze im Maßstab 1:50 000 verwendet.

1935 arbeitete Michael Spender auf der Everest-Nordseite. Das Ergebnis war eine wieder von der Royal Geographic Society und vom Himalayan Club herausgegebene Karte 1:20 000, die die Nordflanke in allen Einzelheiten zeigt.

Während also die heute unzulängliche, tibetische Nordseite des Everestmassivs schon Ende der dreißiger Jahre mit großer Genauigkeit vermessen und kartographiert war, ließ das entsprechende Gegenstück auf der Südseite noch rund zwanzig Jahre auf sich warten.

Erwin Schneider benutzte für seine Arbeit die Methode der terrestrischen Photogrammetrie. Diese Methode beruht auf dem gleichen Prinzip, dem der Mensch seine Fähigkeit verdankt, räumlich sehen zu können – nämlich der gleichzeitigen Betrachtung des gleichen Objektes von zwei verschiedenen Positionen aus. Anstelle der Augen werden bei der terrestrischen Photogrammetrie zwei beispielsweise 100 m voneinander entfernt liegende Vermessungspunkte verwendet. Das Gebiet, das kartographiert werden soll, wird auf diese Art mit einem Netz von Photographien überzogen, die an bestimmten Triangulierungspunkten orientiert sind. Der maßgebende Punkt war für Erwin Schneider der Everestgipfel mit einer Höhe von 8848 m. An diesem Punkt hing er gewissermaßen sein Netz auf.

Für die Namensgebung wurden fast nur einheimische Bezeichnungen – und praktisch keine Kunstnamen – verwendet, wobei der lange in Nepal lebende Österreicher Peter Aufschnaiter (gest. 1973) – bekannt auch aus den gemeinsamen sieben Jahren mit Heinrich Harrer in Tibet und bester Kenner der Materie – bei der Schreibweise der Namen wertvolle Dienste leistete.

Wesentlichen Anteil am Erscheinungsbild der Karte, die 1957 herausgegeben wurde, hatte der Innsbrucker Fritz Ebster, der die Karte zeichnete und mit seinen Schattierungen und Farbgebungen für ihre großartige Plastizität sorgte.

Wesentlich für die weitere kartographische Erfassung von Teilgebieten des nepalischen Himalayas wurde das von Prof. Hellmich geleitete deutsche ›Forschungsunternehmen Nepal Himalaya‹, das sich vor allem auf die umfassende Forschung des Khumbu Himal konzentrierte. Von 1960 bis 1966

Der Gletschersee Ngozumpa Tsho am Abfall des Gokyo Kang mit Blick gegen Jobo Lhaptshan (6440 m), links, und Taboche (6367 m), rechts

wurden im Rahmen dieses großangelegten Forschungsunternehmens, das wesentlich durch die Thyssen-Stiftung und später durch das deutsche Bundesministerium für Wissenschaft und Forschung gefördert wurde, neun Expeditionsgruppen zu Feldarbeiten in dieses Gebiet entsandt. Diese Gruppen setzten sich aus vier Kartographen und Geodäten, zwei Meteorologen, einem Geologen, einem Botaniker, neun Zoologen, drei Geographen, fünf Medizinern, vier Ethnologen, einem Kameramann sowie acht technischen und organisatorischen Helfern zusammen. Das Ergebnis ist die von Prof. Hellmich herausgegebene Reihe ›Khumbu Himal‹.

1965 wandelte Prof. Hellmich das ›Forschungsunternehmen Nepal Himalaya‹ in die ›Arbeitsgemeinschaft für vergleichende Hochgebirgsforschung‹ um, deren Leitung seit dem Tod Prof. Hellmichs bei Prof. Heuberger liegt.

Gauri Sankar (7145 m), links, und Jobo Garu (7180 m) oder Tseringma (Sherpaname einer weiblichen Gottheit), vom Rolwaling-Grenzkamm

Der maßgebende Kartograph des ›Forschungsunternehmens‹ war Erwin Schneider. Unter seiner Leitung wurden in den sechziger Jahren insgesamt sechs Winterexpeditionen durchgeführt, denen die Grundlagen für ein Kartenwerk zu danken sind, das die folgenden sechs Blätter umfaßt:

Khumbu Himal

Sorong / Hinku

Dudh Kosi

Tamba Kosi – Likhu Khola

Rolwaling Himal

Lapchi Kang

Mit diesem Kartenwerk wurde ein zusammenhängendes, etwa 9000 km² umfassendes Hochgebirgsgebiet im Maßstab 1:50 000 erfaßt. Die Karten wurden in den Jahren 1967 bis 1974 veröffentlicht.

Dank der Umsicht Erwin Schneiders wurde die geodätische Grundlagenarbeit über das beschriebene Gebiet hinaus erweitert, so daß zur Zeit drei weitere Kartenblätter in Arbeit sind: *Khumbakarnal Himal* im Osten sowie *Langtang* und *Jugal Himal* im Westen. Ein weiteres wichtiges Vorhaben, das bereits vollständig unter der Ägide der ›Arbeitsgemeinschaft‹ stand, betraf die Vermessung des *Kathmandu-Tales*, wieder unter der bewährten Leitung von Erwin Schneider. Das Ergebnis ist eine Karte ›Kathmandu Valley 1:10 000‹ in 16 Blättern, die bei Freytag & Berndt, Wien, gedruckt wurde und im Herbst 1977 in einer Kassette mit Aufsätzen von Finsterwalder, Heuberger, Höfer und Schneider erscheinen wird.

Aus dieser eher wissenschaftlichen Zwecken dienenden und nur mit Höhenlinien ohne Schraffur und Schatten versehenen Karten wurde eine Karte ›Kathmandu Valley 1:50 000‹ (als Nr. 1 der ›Arbeitsgemeinschaft‹) in der bewährten Technik aller übrigen Schneiderkarten erstellt, die ebenfalls im Herbst 1977 erhältlich sein wird.

Mit diesen Karten des heute einundsiebzigjährigen Erwin Schneider wird jedoch hoffentlich das Lebenswerk dieses bedeutenden Kartographen noch nicht abgeschlossen sein. Es bestehen Pläne, auch die übrigen Hochgebirgsgebiete Nepals vom Dhaulagiri im Westen bis zum Kangchendzönga im Osten geschlossen unter seiner Leitung aufzunehmen. Für die Vermessung dieser Gebiete sollen allerdings Luftaufnahmen dienen, so daß hierzu ein einziger Herbst ausreichen würde.

Welchen Wert diese Arbeit hätte – allein aus der Sicht des Trekkings, ganz zu schweigen von ihrer wissenschaftlichen Bedeutung –, kann nur der wirklich erfassen, der sich einmal irgendwo im Khumbu mit der Schneider-Karte in der Hand orientiert hat!

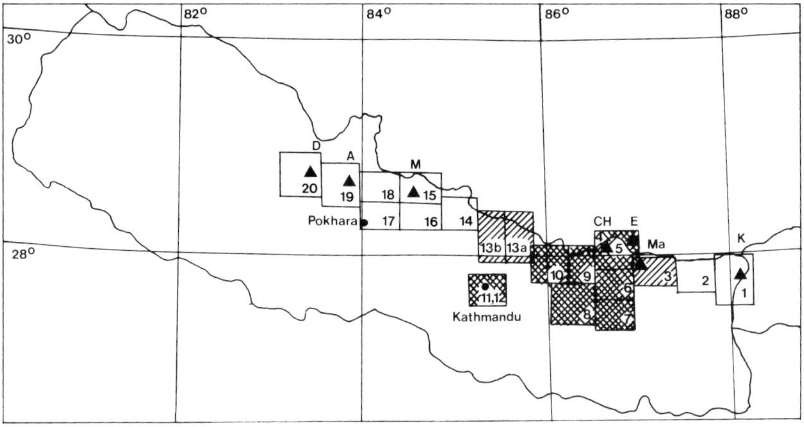

Kartographische Arbeiten in Nepal

1 Kangchendzönga
2 Lumbasumba Himal
3 Khumbakarna Himal
4 Khumbu Himal
5 Chomolongma
6 Shorong/Hinku
7 Dudh Kosi
8 Tamba Kosi Likhu Khola
9 Rolwaling Himal
10 Lapchi Kang
11, 12 Kathmandu Valley
13A Jugal Himal
13B Langtang Himal
14 Ganesh Himal
15 Manaslu
16 Himalchuli
17 Lamjung Himal
18 Annapurna Himal
19 Kali (Krishna) Gandaki
20 Dhaulagiri Himal

(Nr. 4–12: fertiggestellt; 3, 13A, 13B: in Arbeit)

D Dhaulagiri
A Annapurna
M Manaslu
CH Cho Oyu
E Mt. Everest
Ma Makalu
K Kangchendzönga

▩ fertiggestellt
▨ in Arbeit
□ geplant

Das Khumbu-Gebiet ▷
Hauptkämme • Lager ▲ Bestiegene Gipfel

Bergsteigen im Khumbu-Gebiet

Khumbu – magisches Wort für Bergsteiger und Trekker. Chiffre für jenen abgelegenen Flecken im nordöstlichen Nepal, der, selbst schon hoch im Himalaja gelegen, an den Fuß des höchsten Berges der Welt reicht. Hier ist das Herzland der Sherpa. Seit der Annektion Tibets 1950/51 durch China sind die Klöster des Khumbu *die* Zentren des Buddhismus lamaistischer Prägung. Hier liegt – neben dem höchsten, dem Mount Everest – noch eine ganze Reihe weiterer, berühmter Himalajagipfel. Lhotse, Nuptse, Cho Oyu sowie Gyachung Kang, Jobo Lhaptsan, Taboche, Kang Taiga, Tramserku. Der gewaltige Makalu, fünfthöchster Berg der Erde, ist ganz nahe im nordöstlich

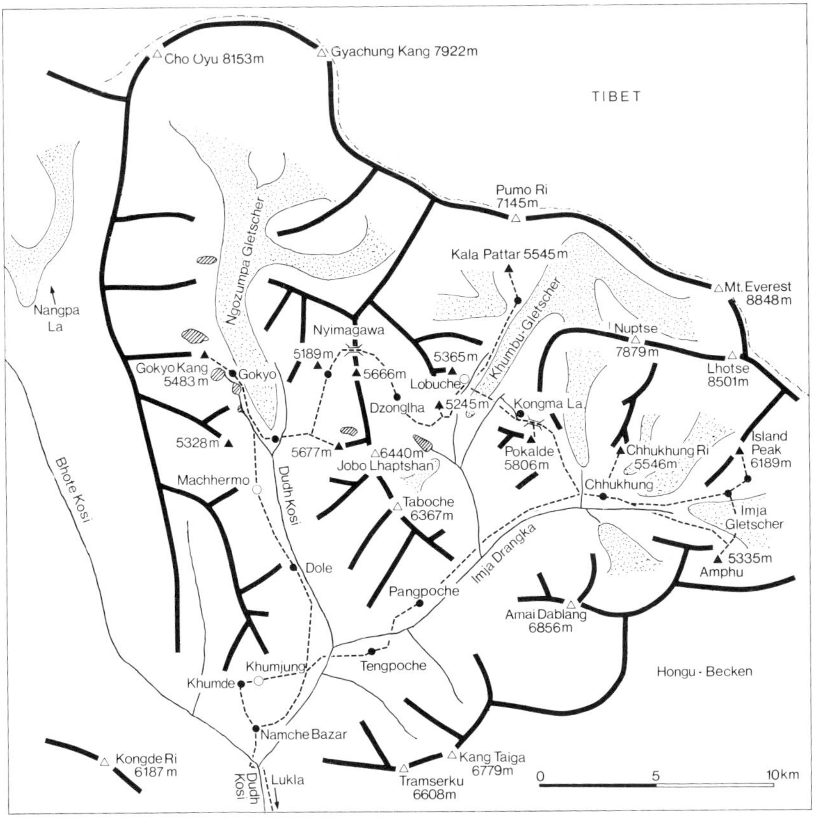

Panorama des Khumbu-Gebietes von Erwin Schneider, aufgenommen vom Tramserku-Westkamm. Es zeigt von links nach rechts: die Talfurche des Dudh Kosi, die Berge Kariolung, Shorong-Yul-Lha (Numbur), Kongde und Teng Kang Poche. Anschließend zwischen Parchamo und Dongiragutan den Trashi Labtsa-Paß ins Rolwaling. Darunter liegt Namche Bazar. Rechts oberhalb liegen die beiden Orte Kunde (mit dem Hillary Hospital) und Khumjung. Links davon befindet sich (nicht sichtbar) die Landepiste Shyangboche und das Everest View-Hotel. Von Namche Bazar führt – etwa auf gleicher Höhe – der wunderbare Weg talaufwärts, von dem aus man erstmals den Everest sieht. In dem Tal, das vom Trashi Labtsa-Paß herabzieht liegt – rechts unterhalb des Dongiragutan – das Kloster Thami. Rechts oberhalb ist der Eisgipfel des Jobo Garu zu sehen und rechts davon der Felsstock des Kapsale. Es folgen der heilige Berg Khumbu-Yul-Lha, der weiße Gipfel des Cho Oyu, Gyachung Kang und Taboche. Darunter ist der Weg zu erkennen, der nach rechts hinauf zum Kloster Tengpoche führt. Die gewaltige Nuptse-Lhotse-Wand und der Mt. Everest beschließen das Panorama.

angrenzenden Khumbakarnal Himal. Vor allem aber türmen sich hier zwei der schönsten Berge der Welt himmelwärts, der Pumo Ri (Farbt. 27) am Nordrand des Khumbu, westlich des Mount Everest – »wie ein Kristall auf der grauen Erde« (Gerhard Lenser, Erstbesteiger des Pumo Ri) –, und die edelgeformte, von überall her gut sichtbare, weißleuchtende Pyramide der Amai Dablang, Wahrzeichen des ganzen Khumbu-Gebietes und eisgepanzerter Wächter des bedeutendsten Heiligtums des Landes, des Klosters Tengpoche (Farbt. 24).

Daß wir – eine zehnköpfige Gruppe des Deutschen Alpenvereins (DAV) unter Führung des Kufsteiner Bergführers Franz Kröll – an jenem Samstag, dem 9. Oktober 1976, tatsächlich dieses Traumland erreichen würden, glaubten wir erst, nachdem unsere Twin Otter auf dem verwegen angelegten Rollfeld von Lukla gelandet war. Nach Programm hätten wir schon vier Tage eher hier sein sollen, aber Lukla kann, wie alle STOL-Pisten des Landes, nur bei Sicht angeflogen werden (STOL = Short take off and landing). Das Wetter war zunächst noch nicht für den Flug geeignet, und wir wurden einige Tage in Kathmandu aufgehalten. Das wäre an sich nicht schlimm gewesen,

denn das prachtvolle Kathmandu-Tal mit seinen mittelalterlichen Königsstätten bietet Sehenswertes im Überfluß. Aber wir wußten nie, wann wir nun wirklich fliegen könnten und fuhren daher mehrmals frühmorgens hinaus nach Gaucher, dem Flugplatz von Kathmandu, um nach stundenlangem Warten wieder ins Hotel zurückzukehren, womit der Vormittag vorbei war. Außerdem hatte sich Franz in Indien einen fürchterlichen Brechdurchfall geholt, der in Kathmandu ausbrach und der diese Flughafenfahrereien für ihn zur Qual werden ließ. Aber erstens ist ein Tiroler nicht so schnell kleinzukriegen – schon gar nicht, wenn er vom Format ›Eiger-Nordwand‹ ist – und zweitens hatten wir glücklicherweise in Thomas Hewel einen Arzt mit, der nicht nur sein Handwerk ausgezeichnet verstand, sondern zudem noch bestens ausgerüstet war. Nach einer Dreiliter-Infusion im Hotelzimmer und zahlreichen Medikamenten (Franz scheint seither auf Kohle allergisch zu sein!) kam unser Bergführer unglaublich schnell wieder auf die Beine.

So stand der Beginn unserer Fahrt ins Khumbu-Gebiet unter keinem sehr günstigen Stern. Aber jetzt waren wir ja doch glücklich angelangt und von nun an klappte alles ausgezeichnet.

Den Dudh Kosi aufwärts

Unser zweimotoriges Flugzeug war nach der Landung gleich von zahlreichen Sherpa, Männern, Frauen und Kindern, umringt, und Franz begrüßte unseren Sirdar, Pasang Rinzi, den er schon von früheren gemeinsamen Touren in Nepal kannte. Der 24jährige Sirdar, von schlanker, fast zierlicher Statur, war unseren übrigen Sherpa an Intelligenz deutlich überlegen und hatte seine Truppe stets fest in der Hand.

Der erste Name eines Sherpa ist der Wochentag, an dem er geboren ist. In unserer Sherpagruppe war offenbar der Freitag ein besonders beliebter Geburts-Tag. Vier der fünf Sherpa reagierten auf den Namen Pasang. Einer davon war unser Koch, dem ein dreiköpfiges Küchenteam zur Verfügung stand. Hinzu kam eine teilweise wechselnde, manchmal durch Yaks verstärkte Trägergruppe von durchschnittlich dreizehn Sherpa. Gut die Hälfte davon waren junge Mädchen, Sherpani, die ebenso wie ihre männlichen Kollegen riesenhafte Lasten von 30 kg und mehr schleppten.

Lukla liegt auf 2800 m, auf einer Terrasse hoch über dem hier schluchtartigen Talgrund des Dudh Kosi, des ›Milchflusses‹. Der erste Tag führt uns in

Sherpakinder vor einer Manimauer und buddhistischen Gebetsfahnen

zweistündiger Wanderung leicht abwärts in das Dudh Kosi-Tal, das wir unmittelbar nach dem Dorf Chaunrikharka erreichen. Hier liegt unser erster Zeltplatz.

Am andern Morgen werden wir erstmals dadurch geweckt, daß ein Sherpa seinen Kopf zum Zelt hereinstreckt und uns mit den Worten ›Early Morning Tea‹ eine Tasse Tee reicht. Danach kann man sich noch ein Viertelstündchen im Schlafsack rekeln, bevor der Ernst des Lebens mit einem ausgiebigen Frühstück in der warmen Morgensonne – an einem Klapptisch mit Hockern, vor dem Messezelt, alles auf Trägerrücken mitgeschleppt – beginnt. Das Frühstück bildete mit unterschiedlichen Eiergerichten, Porridge, Toast, Butter, Marmelade, Kaffee oder Tee die richtige Basis für den anschließenden Tag. Überhaupt war die gesamte Verpflegung reichhaltig und gut. Wir waren immer wieder erstaunt, was unser Koch auf dem offenen Feuer zuwege brachte.

Dann geht es den Dudh Kosi aufwärts. Nach etwa einer Stunde wird der erste mächtige Sechstausender, der Tramserku (6608 m) mit seinen eindrucksvoll steilen Eis- und Firnhängen talbegrenzend sichtbar. Vorbei an vielen Manimauern und Manisteinen mit ihren kunstvollen ›Om mani padme hum‹-Inschriften, Zeugen der Frömmigkeit des Sherpa-Volkes, bis zur Hillarybrücke. Sie liegt an der Mündung des Bhote Kosi, der zum 5500 m hohen Nangpa La führt (La = Paß). Über diesen Paß führte bis zur Schließung der Grenze eine der wichtigsten Handelsrouten zwischen Nepal und Tibet, und über ihn wanderten einst die Sherpa, das ›Volk aus dem Osten‹, in ihre heutige Heimat ein.

Wir wandern steil hinauf nach *Namche Basar*, den Hauptort des Khumbu-Gebietes. Das Dorf liegt hufeisenförmig an den Hängen einer nach Südwesten offenen Mulde. Hier müssen wir am Polizeiposten unsere Trekking Permits kontrollieren und abstempeln lassen.

Abstecher zum Hillary-Hospital

Unser Zeltplatz liegt auf einem Feld oberhalb des Ortes. In der zweiten Nachmittagshälfte wird es neblig-trüb. Alles strömt zu Bier und Tschang –

Das berühmte Mantra Om Mani Padme Hum

einem milchig-trüben Reis-, Weizen- oder Gerstenbier – nach Namche. Nur unsere Essener Krankenschwester Irmgard und ich besuchen das 350 m höher in Khumde (oder Kunde) gelegene Hillary-Hospital. Auf dem Weg dahin kommen wir an der 3750 m hoch gelegenen Flugpiste *Shyangboche* vorbei, über die das von Japanern erbaute Everest View Hotel mit Höhenkrankheit-gefährdeten Gästen durch Pilatus Porter-Maschinen versorgt wird.

In der Nähe der Hillary-Schule von *Khumjung*, über deren Errichtung im Jahre 1961 Hillary anschaulich in seinem Buch ›Schneemenschen und Gipfelstürmer‹ berichtet, treffen wir auf eine Gruppe Sechs- bis Achtjähriger. Wir sind sofort umringt und alle begutachten fachmännisch meine Digitaluhr. Ein Größerer demonstriert ohne jede Scheu, daß durch Knopfdruck verschiedene Anzeigen sichtbar werden und einer der Knirpse fordert mich in gutem Englisch auf, ihm die Uhr zu schenken. Als ich mich daraufhin mit »Bye bye« verabschieden will, lacht der Kleine und sagt, indem er nochmals auf die Uhr deutet: »Nix bye, bye . . . thank you«.

Das Hillary-Hospital überrascht mich durch die im Garten liegenden Sonnenkollektoren, die ein australischer Ingenieur zur Warmwasserversorgung von Spital und angrenzender Arztwohnung installiert hat. Irmgard ist mehr von der für europäische Begriffe sehr einfachen technischen Ausstattung des

Khumjung ist die größte Sherpasiedlung im Khumbu, 3800 m hoch gelegen

Operationsraumes beeindruckt. Nichtsdestoweniger ist klar, daß dieses Spital, das einzige seiner Art im Khumbu, eine überragende Bedeutung für Sherpa und Touristen hat. Der zur Zeit hier stationierte australische Arzt Dr. Riley ist gerade auf Visite, seine freundliche, junge Frau zeigt uns das Spital und lädt uns zu einem Besuch auf dem Rückweg ein.

Edmund Hillary ist wohl der einzige unter den großen Bergsteiger-Pionieren im Himalaja, der nach seiner spektakulären Erstbesteigung des Mount Everest gemeinsam mit Sherpa Tensing Norkay am 29. Mai 1953 immer wieder ins Khumbu-Gebiet zurückkehrte – nicht nur, um weitere Expeditionen durchzuführen, sondern vor allem, um dem Volk, dem er sich so sehr verbunden fühlte, zu helfen. Durch sein Ansehen gelang es ihm, die für den Bau von Brücken, Schulen und Spitälern sowie zu deren Unterhalt erforderlichen Mittel zu beschaffen. Damit hat er sich zu Lebzeiten ein außergewöhnliches Denkmal gesetzt – nicht nur, wie seine Erstersteiger-Kollegen, in zahlreichen Büchern der Himalaja-Literatur, sondern vor allem in den Herzen der Sherpa.

Traumweg

Anderntags begrüßt uns ein prachtvoller Morgen. Unsere roten Zelte bieten vor der Kulisse der weißleuchtenden Kongde-Berge von jenseits des Bhote Kosi ein eindrucksvolles Bild.

Und nun beginnt ein Abschnitt unserer Fahrt, dem man wirklich nur mit der Bezeichnung ›Traumweg‹ gerecht wird. Kaum ansteigend, an Berghängen entlang, die in satten Herbstfarben prangen. Zahllos sind Edelweiß, Weihnachtsstern, Enzian. Tief unten rauscht der Imja Drangka.

Und dann, hinter einer Wegbiegung, eine ganze Reihe weißleuchtender Berge vor einem strahlend blauen Himmel. Die wunderbar geformte Amai Dablang (6856 m) haben wir schon früher gesehen. Aber es dauert eine Weile, ehe wir wirklich erfassen, daß der Berg dort drüben mit der mächtigen Gipfelschneefahne tatsächlich und wahrhaftig der höchste Berg der Erde ist. Wir stehen dem Mt. Everest gegenüber.

Einige Stunden später. Unvergeßliche Mittagsrast hoch über dem Fluß an einem Tschorten auf 3973 m, einem buddhistischen, mit Manisteinen geschmückten Heiligtum. Jenseits des Imja Drangka sehen wir auf einem Bergrücken das Kloster Tengpoche vor dem wunderbaren Hintergrund der Amai Dablang liegen (Farbt. 24), an die sich südlich die gewaltigen Gipfel des Kang Taiga (›Eissattel‹ oder ›Yak Sattel‹, 6779 m) und des schon erwähnten Tramserku anschließen. Nördlich von uns erhebt sich der 1973 von Franzosen erstmals erstiegene, wilde Taboche (6367 m), zu dessen Füßen das Dorf Phortse liegt. Es ist eine für das Sherpaland charakteristische Streusiedlung mit steinmauernumschlossenen, aneinandergrenzenden Feldern und einzelnen Steinhäusern, die in diese Mauern miteinbezogen sind. Von hier oben ergibt sich ein ornamentartiges Bild – ähnlich einem Luftbild von Georg Gerster.

Götterberg Amai Dablang

Die Amai Dablang oder Ama Dablam gilt als heiliger Berg und fehlt daher auf der Liste der für Bergsteiger ›erlaubten‹ Berge. ›Ama‹ heißt in der Sherpasprache Mutter, ›Dablang‹ bedeutet ein um den Hals getragenes Medaillon. 1959 kamen zwei der damals besten britischen Bergsteiger, Harris und Fraser, bei einem Besteigungsversuch ums Leben. Sie wurden zuletzt in einer Höhe von ca. 6400 m am Nordgrat gesehen, ehe sie für immer in den Wolken verschwanden.

Vom Herbst 1960 bis zum Frühsommer 1961 leitete Hillary eine Expedition, die unter anderem die Aufgabe hatte, physiologische Untersuchungen

Das Cho Oyu-Tal mit dem schuttbedeckten Ngozumpa-Gletscher links. Im Hintergrund Kang Taiga und Tramserku – fast 7000 m hohe Gipfel

◁ Der Götterberg Amai Dablang (6856 m) über dem Imja Khola-Tal mit der Holzbrücke zwischen Pangpoche und Tengpoche. Er ist einer der schönsten Berge der Erde und gilt als heilig, wurde aber trotzdem bestiegen.

über die Akklimatisierung in großen Höhen durchzuführen. Zu diesem Zweck überwinterte ein Teil seiner Mannschaft in der hierzu errichteten ›Silberhütte‹ am 5817 m hohen Mingbo La, einem südöstlich der Amai Dablang gelegenen Paß. In seiner Abwesenheit – Hillary war gerade gemeinsam mit dem Sprachexperten Desmond Doig, dem Dorfältesten von Khumjung, Khunjo Chumbi, und ... mit einem ›Yeti-Skalp‹ auf einer Weltreise in die USA, nach England und Frankreich, um den Skalp wissenschaftlich untersuchen zu lassen – bestieg am 13. März 1961 eine Gruppe aus der Silberhütte ohne Wissen Hillarys die Amai Dablang, die ja ständig verlockend ›vor der Nase‹ lag. Möglicherweise wohnen tatsächlich – wie die Sherpa glauben – Götter auf dem heiligen Berg, die über das Betreten des spaltendurchsetzten Gipfelplateaus (kein scharfer Grat, wie auch die Erstbesteiger erwartet hatten!) zürnten. Denn gegen Ende des Abstiegs stürzte ein Sherpa und brach sich ein Bein. Schlechtes Wetter kam hinzu, so daß die Männer zweimal biwakieren mußten, ehe sie endlich unter großen Mühen das Mingbo-Lager erreichten – auf einer Strecke, für die sie normalerweise eine Stunde benötigt hätten!

Hillary wurde nach Kathmandu beordert und man verbot ihm zunächst die Fortsetzung seiner Expedition, die geplante zweite Besteigung des Makalu. Nur dank seiner Beziehungen konnte er dieses Verbot in eine Geldstrafe umwandeln und konnte – wenn auch mit einer gewissen Verspätung – die Expedition fortsetzen, der übrigens kein Erfolg beschieden war.

Gokyo Kang

Wir verlassen das Imja Drangka-Tal und wandern nach Norden, das *Ngo-Zumpa-Tal* aufwärts. Dieses einsame Himalaja-Tal wird durch die Eisriesen Cho Oyu (8153 m) und Gyachung Kang (7922 m), über die auch die Grenze zu Tibet verläuft, in besonders eindrucksvoller Weise abgeschlossen.

Wir übernachten auf der wunderschön gelegenen *Alm Dole* (4340 m). Den ursprünglich vorgesehenen Luza Peak (5593 m), für den wir zwei Tage gebraucht hätten, lassen wir aus Zeitgründen aus. Dafür mache ich am Weg nach Gokyo, oberhalb der Hochalm Machhermo (4410 m) einen Abstecher auf meinen ersten Fünftausender. Es ist ein namenloser, felsiger Gipfel, dem auf der berühmten Schneiderkarte gerade noch die Ehre einer Höhenkote zuteil wurde (5328 m). Ich bin neugierig, wie ich die Höhe vertragen werde. Erfreulicherweise stelle ich fest, daß sie mir überhaupt nichts ausmacht. Selbstverständlich ›rennt‹ man in 5000 m Höhe nicht mehr so wie in 2000 m, aber es gab keinerlei Beschwerden. Das galt für die gesamte Tour, auch auf Höhen über 6000 m. Ich hatte nie Kopfschmerzen. Das systematisch durchgeführte Höhen- und Konditionstraining in den Alpen einschließlich dreier Montblanc-Besteigungen hatte sich offenbar gelohnt.

Oben fand ich schon Thomas vor, der ebenfalls eine Reihe von ›Abstechern‹ unternahm. In dieser Möglichkeit lag übrigens ein wesentlicher Reiz unserer DAV-Tour für mich. Sie führte in drei der vier Haupttäler des Khumbu-Gebietes sowie in zwei Seitentäler. Die Besteigung einiger Fünftausender und – als krönender Abschluß – eines Sechstausenders waren als ›Rahmenprogramm‹ vorgesehen. Wer nicht wollte, konnte sich auf das Wandern durch die erwähnten Täler beschränken – bereits ein außerordentlich lohnendes Unterfangen! Sogar der 5420 m hohe Nyimagawa-Paß zwischen den beiden Seitentälern hätte umgangen werden können.

Andererseits war man zwischen den ›Fixpunkten‹ Frühstück – Mittagessen – Lagerplatz für die erwähnten ›Abstecher‹ völlig frei, ja selbst größere Einzelunternehmungen waren möglich. Davon später.

Die Hochalmen des Ngozumpa-Tales waren nicht mehr bewirtschaftet. Wir begegneten so gut wie niemandem.

Die *Alm Gokyo*, wunderschön auf 4750 m Höhe am Ufer eines Sees gelegen – mit dem ›Rücken‹ zur westlichen Seitenmoräne des größten Gletschers Nepals, des Ngozumpa-Gletschers –, ist der Ausgangspunkt für unseren ersten gemeinsamen Fünftausender, den *Gokyo Kang* (5483 m). Trotz dieser Höhe ist er ein reiner Felsberg, es gibt praktisch keinen Schnee. Zwischen Vor- und Hauptgipfel liegt eine Scharte und danach geht es in leichter Kletterei zum eigentlichen Gipfel. Fast alle sind heraufgekommen und genießen die traumhafte Aussicht. Vier Achttausender beherrschen die Szene: Cho Oyu, Everest, Lhotse und Makalu. Hinzu kommen Siebentausender wie Nangpai Gosum, Gyachung Kang, Pumo Ri, Nuptse, Chomo Lönzo und Baruntse, sowie eine ganze Reihe von Sechstausendern, der berühmte Nangpa La und – nicht zuletzt – der Tiefblick auf die Alm und die Seen von Gokyo sowie auf den langgezogenen Ngozumpa-Gletscher.

Der österreichische Kartograph Erwin Schneider hat dieses Panorama aus einer Höhe von 5600 m, ca. 100 m über dem Gipfel des Gokyo Kang vor rund zwanzig Jahren über einen Winkel von 240° aufgenommen. Es findet sich in W. Hellmichs Buch ›Khumbu Himal‹ als Faltblatt von über 1,3 m Länge.

Mich faszinierte immer wieder der Cho Oyu, nicht so sehr als Berg – die Amai Dablang und viele andere sind ›schönere‹ Berge –, sondern wegen des Wissens um seine Erstbesteigung. Nachdem der Cho Oyu im Frühjahr 1952 an seiner Eisbarriere in 6800 m Höhe eine britische Expedition unter Eric Shipton abgeschlagen hatte, der immerhin Edmund Hillary im Spitzentrupp angehört hatte, demonstrierte Herbert Tichy zwei Jahre später, daß Achttausender auch von einer Kleinexpedition und außerdem noch im Herbst bezwungen werden können. Als Sahibs waren nur noch die beiden Tiroler Sepp Jöchler und Helmut Heuberger mit von der Partie, an deren erfolgreichem Abschluß – zuletzt unter Zeitdruck wegen der unerwarteten Konkurrenz einer französisch-schweizerischen Expedition, die zuvor am Gauri Sankar aufgegeben hatte – der Sirdar Pasa Dawa Lama erheblichen Anteil hatte. Er stand übrigens 1958 mit der indischen Cho Oyu-Expedition ein

Kartoffelernte im 4400 m hochgelegenen Tsöshung

Lagerplatz auf der Alm Dzonglha (4843 m) vor der Nordwand des Jobo Lhaptshan (6440 m)

zweites Mal auf dem Gipfel dieses Achttausenders. Diesmal war es Mai, also die übliche Jahreszeit für Unternehmungen dieser Art. Ungewöhnlich allerdings war, daß mit ihm nur noch ein zweiter Sherpa, Sonam Gyaltsen, den Gipfel erreichte, womit zum ersten Male ein Berg dieser Höhe ohne Sahib erstiegen worden war!

Seit Herbert Tichys erfolgreicher Kleinexpedition am Cho Oyu gibt es nur eine kleine Zahl ähnlicher Unternehmen, die – über Hermann Buhl und Kurt Diemberger – ihre bisherige Kulmination im August 1975 in der Durchsteigung der Hidden-Peak-Nordwestwand (8068 m) durch Reinhold Messner und Peter Habeler, ohne Sauerstoff und im Westalpenstil, erfuhren.

Über den Nyimagawa-Paß

In *Tsöshung*, an der Zunge des Ngozumpa-Gletschers, übernachten wir und sehen am anderen Morgen einer Kartoffelernte zu. Höhe: 4400 m. Von hier das Seitental zum *Nyimagawa-Paß* aufwärts. Thomas und ich machen wieder einen Abstecher – auf den nördlichen der beiden Gratkämme, die in Ost-West-Richtung vom eisbewehrten Jobo Lhaptsan herabziehen. Zum Schluß wurde es eine nette, kleine Kletterei (P. 5677 auf der Schneiderkarte). Leider war heute das Wetter schlechter als sonst, es war schon vormittags bewölkt. Üblicherweise waren die Vormittage wunderschön, nachmittags zogen meistens Wolken von Süden her auf. Aber es regnete kein einziges Mal.

Bevor wir unser Lager am Fuß des Passes beziehen, wandere ich noch auf einen zweiten, kleinen Fünftausender (P. 5189). Am nächsten Morgen steigen wir zum Nyimagawa-Sattel hinauf. Hier gehen wir erstmals im Schnee, die Paßhöhe ist vergletschert und der letzte Aufschwung ist steil, so daß für die Träger fixe Seile angebracht werden müssen. Wir hatten etwas Sorge, da zwei von uns an Höhenkrankheit litten, einer davon ziemlich stark – und er kam nur dank zähem ›Zähne-Zusammenbeißen‹ und dank Thomas' Hilfe über den 5420 m hohen Paß. Auf der Paßhöhe lockt mich wieder einmal ein Gipfel, der südlich des Passes gelegene P. 5666 – ich nenne ihn (ganz inoffiziell) Nyimagawa Peak. Zuerst geht es über eine Firnflanke, später über einen scharfen Firngrat, zuletzt über verschneites, felsiges, exponiertes Gelände. Das Spuren ist mühsam, aber es lohnt sich. Für das letzte, schwierigste Stück seilen wir uns an, die erste ›hochalpine‹ Tour. Prachtvolles Wetter, wunderbare Aussicht. Jetzt sind wir dem Everest schon deutlich näher. Tief unter uns liegt unser heutiges Tagesziel, die Hochalm Dzonglha und weiter talauswärts der große, blaugrüne See Tshola Tsho. Dieser wird durch den Tshola-Gletscher, der vom Jobo Lhaptsan quer zur Talrichtung herabzieht, aufgestaut.

Langer, etwas mühsamer Abstieg über Gletscher, Felsen, Moränen und Gras, zuletzt im feuchtkalten Nebel. Aber am nächsten Morgen ist es wieder sonnig, und hinter unseren Zelten türmt sich steil und abweisend die großartige Nordwand des Jobo Lhaptsan auf.

Zum Everest Base Camp

Weiter geht es das Tshola-Tal auswärts, auf der orographisch linken Seite, oben auf den Hängen querend, bis oberhalb von Duglha das *Khumbu-Tal* erreicht ist. Nördlich des Zusammentreffens dieser beiden Täler steht – frei, und eine wunderbare Aussicht versprechend – ein 5245 m hoher Felsgipfel. Allein steige ich hinauf und liege bei Windstille eine Stunde lang am Gipfel in der Sonne, nachdem ich die tatsächlich wieder einmal großartige Aussicht ausgiebig genossen habe.

Mittag in *Lobuche*, der auf 4930 m gelegenen, höchsten bewirtschafteten Alm, bekannt auch für Tschang und Rakshi, einen Kartoffelschnaps, die hier, auf immerhin fast fünftausend Metern Seehöhe, ausgeschenkt werden.

Der Mount Everest mit gewaltiger Schneefahne. Rechts die ca. 2400 m hohe Westwand des Nuptse. Der 7879 m hohe Gipfel ist im Bild nicht zu sehen. Der Berg wurde zum ersten Mal 1961 von einer englischen Expedition (Chris Bonington) bestiegen

Bis zu unserem Lager in *Gorak Shep*, am Fuß des Kala Pattar, sind es noch zwei Stunden, heißt es. Das reicht noch für eine Besteigung des oberhalb von Lobuche gelegenen P. 5365. Ich gehe wieder allein. Der felsige Gipfel erfordert zuletzt Klettern und einige Vorsicht. Mich interessiert vor allem der Blick hinüber über den Khumbu-Gletscher zum steilen Paß Kongma La und zum Pokalde, denn ich habe vor, statt ›untenherum‹, wie die Gruppe, über diesen Paß – wenn möglich verbunden mit einer Besteigung des Pokalde – nach Chhukhung zu gehen. Dies erfordert allerdings eine Übernachtung irgendwo am Aufstieg zum Kongma La.

Sehr gut sieht man von hier oben auch den Rückgang des Khumbu-Gletschers. Die letzten beiden Rückzugsstadien lassen sich mit denjenigen von 1850 und 1910 in den Alpen vergleichen. Auch heute sind die Gletscher im Himalaja, wie in den Alpen, fast überall (mit Ausnahmen) im starken Rückgang begriffen.

Der 8511 m hohe Lhotse ist der vierthöchste Berg der Erde. Er wurde erstmals 1956 von einer Schweizer Expedition bestiegen. Das Bild zeigt die noch undurchstiegene, über 3000 m hohe Südwand

Ich lasse mir Zeit, denn nun bietet sich ein prachtvolles Schauspiel. Von Süden her zieht ein gewaltiges Wolkenmeer das Khumbu-Tal aufwärts und bald brodelt es weiß unter mir. Majestätisch ragen jedoch nach wie vor die großen Gipfel – Pokalde, Amai Dablang, Taboche, Jobo Lhaptshan – gegen den Himmel. Am Pumo Ri und an der stolzen Everest-Gruppe verebben die Wellen des Wolkenmeeres.

Dann heißt es, wieder ab- und ins Lager aufzusteigen. Der Weg entlang eines Baches westlich der Seitenmoräne des Khumbu-Gletschers ist zunächst wunderschön. Pumo Ri und Nuptse, der von hier aus grandios aussieht, beginnen sich in der Abendsonne phantastisch zu verfärben.

Pumo Ri heißt Tochter-Berg (Pumo = Tochter, Ri = Berg, Farbt. 27) und er erhielt diesen Namen von dem bekannten britischen Bergsteiger Mallory, der dabei wohl an seine kleine Tochter gedacht hat, vielleicht aber auch an den tibetischen Namen des Mount Everest, Chomolongma, ›Göttin – Mutter des Landes‹, denn der Pumo Ri steht tatsächlich wie eine wunderschöne Tochter neben dieser erhabenen ›Mutter‹. Mallorys Name ist eng mit den beachtlichen Leistungen der ersten Everest-Expeditionen in den frühen zwanziger Jahren verbunden, die damals noch von Tibet ausgingen, da Nepal verbotenes Land war. Sein Schicksal ist bekannt. Nachdem Norton einige Tage zuvor ohne Sauerstoff die unglaubliche Höhe von 8572 m über den Nordgrat erreicht hatte, brach er zusammen mit dem jungen, bergsteigerisch unerfahrenen Irvine, mit Sauerstoffgeräten ausgerüstet, zum Gipfelsturm auf. Am 8. Juni 1924 wurden sie von dem Geologen Odell zum letzten Mal gesehen. Neun Jahre später fand man in einer Höhe von 8450 m einen Walliser Eispickel. Hätte sich Mallory den bergsteigerisch erstklassigen und in allerbester Form befindlichen Odell statt Irvine zum Gefährten ausgesucht ... vielleicht wäre es gut ausgegangen.

Die Moränen der von links in den Khumbu-Gletscher mündenden beiden Changri-Gletscher erschweren den weiteren Weg; mittlerweile ist es auch dunkel geworden. Franz und einer unserer Pasangs kommen mir entgegen – es waren doch fast drei statt zwei Stunden gewesen!

Alle, mit Ausnahme des höhenkranken Adi, ersteigen am nächsten Tag den 5545 m hohen Grasberg *Kala Pattar* (Farbt. 19), und einige gehen noch weiter, auf einen etwa 5600 m hohen, weiter nördlich gelegenen Gipfel. Die Aussicht auf das Everest-Dreigestirn und auf den Pumo Ri ist überwältigend. Beim Anblick des gefürchteten Khumbu-Eisfalls muß ich an den Österreicher Schneider (den ›Karten-Schneider‹) und den Schweizer Spirig denken, die 1955 über diesen Eisbruch ... mit Kurzschi abfuhren, wenige Jahre nachdem dieser Eisfall unter großen Mühen erstmals bezwungen worden war (es gab bei Hillarys ersten Erkundungstouren beinahe ein Lawinenunglück!)

Das Tal des Schweigens, erstmals von zwei Schweizer Expeditionen im Frühjahr und Herbst 1952 erkundet, wird durch den Nuptse verdeckt. Gewaltig türmt sich die Südwestwand des höchsten Berges der Erde himmelwärts. Sie wurde 1975, nach fünf vergeblichen Versuchen, von einer britischen Expedition unter Chris Bonington erstmals bezwungen – und zwar im Herbst. Bonington, einer der erfolgreichsten Bergsteiger unserer Zeit, hatte 1961 auch den Nuptse erstbestiegen.

Das Everest Base Camp ist für viele Ziel einer Wallfahrt – kein schlechtes Ziel, wir aber wollen noch weiter.

Pokalde

In Lobuche trennen sich Karl und ich für eineinhalb Tage von der Gruppe. Franz und der Sirdar geben uns den Sherpa Pasang Futar und einen Träger mit. Das ist erfreulich, denn abgesehen davon, daß wir nun eine richtige

Kleinexpedition bilden, werden wir heute abend und morgen früh etwas Warmes zu essen haben und in einem Zelt schlafen. Nichtsdestoweniger sind unsere Rucksäcke – im Gegensatz zu bisher – nun auch recht schwer. Der Unterschied macht sich deutlich bemerkbar.

Bevor wir aufbrechen, gehe ich noch schnell in eines der beiden Sherpahäuser Lobuches. Ich reiche dem Alten Pasangs 5-Liter-Kunststoffkanister und mache ihm verständlich, daß er ihn mit Tschang füllen soll. Die folgende Tschang-Zubereitung ist fast eine Zeremonie. Die weiße Maische wird durch ein Sieb gepreßt, Wasser zugegeben, gekostet ... schließlich reicht mir der Alte ein Glas zum Kosten. Mir schmeckt das Ergebnis, aber Pasang, der Experte, der gerade zur Tür hereinkommt und auch sofort kostet, stellt fest, daß dieser Tschang noch zu dünn ist. Also wird weitere Maische hinzugefügt. Schließlich ist auch Pasang zufrieden und dann wird das Gebräu umständlich becherweise abgefüllt – das ist andererseits das hier übliche Maß, denn ein Becher kostet 1 Rupie. Mit dem letzten Tropfen des eben zubereiteten Tschang ist der Kanister voll und wir machen uns endlich auf den Weg.

Zunächst wird der *Khumbu-Gletscher* überquert – ein äußerst mühsames Unterfangen, denn die Gletscher sind hier in ihren flachen, unteren Abschnitten mit Geröll bedeckt und bieten den Anblick einer schwer begehbaren Mondlandschaft. *Ein* steiler Schutthügel reiht sich an den anderen, zwischendurch tieferliegende Seen mit senkrechten Eiswänden. Das alles mit unseren schweren Rucksäcken und in der Wärme eines sonnigen Frühnachmittags. Auf der anderen Seite haben wir die erste Tschang-Pause redlich verdient. Jetzt haben wir zwar die Moränenberge hinter uns, aber der Aufstieg Richtung Kongma La ist auch nicht ohne, steil und meist weglos geht es empor – weshalb nach einer Stunde die zweite Tschang-Pause fällig ist. Das Wort ›Sahib‹ fällt zwar nie auf unserer ganzen Tour, aber wir werden so behandelt – wie zu den Zeiten der großen Expeditionen (die übrigens auch im Khumbu noch lange nicht vorbei sind). Zuerst trinken Karl und ich, dann Pasang, der den Kanister – gerne – trägt, und schließlich bekommt auch der Träger etwas. Und auch das vielleicht nur, weil ich ihm den Tschang-Kanister persönlich überreiche.

Auf ca. 5300 m Höhe finden wir eine Mulde und Wasser – und damit einen schönen Platz für unser Zelt. Wie auf einer Empore steht es hoch über dem Khumbu-Gletscher, drüben sieht man Lobuche und den Felsgipfel, auf dem ich gestern stand. Weiter hinten ragt die mächtige Fels- und Eispyramide des Pumo Ri auf. Die Sherpa bereiten ein Abendessen, bald wird es dunkel.

Ein sternklarer Himmel wölbt sich über einer einsamen, grandiosen Bergwelt, und die Verbundenheit zwischen uns wird fühlbar. Heißer Tschang als nepalischer Glühwein, bevor wir in unsere Schlafsäcke kriechen.

Selbst hier beginnt der Tag mit dem Early Morning Tea. Nach dem Frühstück geht es über steile, verschneite Geröllhalden auf die Paßhöhe. Nach einer Rast in der warmen Sonne steigt der Träger auf der anderen Seite des Passes steil ab, wir drei steigen mit Steigeisen und angeseilt zum *Pokalde* auf.

Zunächst über Firngrate, dann über verschneite, brüchige Felsen. Hier ist es unserem Sherpa offenbar nicht mehr ganz geheuer, und er bleibt vor dem letzten Aufschwung zurück. Karl und ich gehen weiter, zuletzt über eine etwas heikle, lawinengefährdete Schneeflanke und dann in leichter Felskletterei zum Gipfel. Was für eine Aussicht! Der Pokalde steht ganz frei im Herzen des Khumbu und nähert sich mit seinen 5806 m schon deutlich der Sechstausender-Grenze. Dazu ein wolkenloser, herbstlich klarer Prachttag – ein Höhepunkt unserer Khumbu-Fahrt! Der schönste Ausblick, den wir hier je hatten! Außer den schon mehrfach erwähnten Gipfeln des Khumbu-Gebietes tauchen im Westen neue Gruppen, wie der mächtige Gauri Sankar, die Berge des Langtang und des Ganesh Himal, auf, während östlich von uns erstmals unser Hauptziel, der Island Peak sowie die Amphu-Berge und die Gipfel der

Links im Bild der doppelgipflige 6189 m hohe Island Park. Hinter dem Grat des Cho Polu der 8475 m hohe Makulu. Der Island Peak dürfte der meistbestiegene Sechstausender im Himalaja sein

Makalu-Gruppe sichtbar werden. Wir bleiben lange, fotografieren und können uns nur schwer losreißen.

Abstieg nach *Chhukhung*. Zuletzt, wie so oft, im feuchtkalten Nebel. Ein wenig müde, aber sehr glücklich kriechen wir abends ins Zelt.

Island Peak

Anderntags gibt es schon um 1/2 5 Uhr früh einen ›extremely early Morning Tea‹ und dann veranstaltet Franz einen ›Test-run‹ auf den 5546 m hohen Chhukhung Ri – als Konditionsprobe für den Island Peak. Die ersten sind in 1 1/4 Stunden über die 800 Höhenmeter auf dem Gipfel, und hier bietet sich uns wieder einmal eine großartige Aussicht – zu Kongma La und Pokalde, die von hier aus ziemlich weit weg zu sein scheinen, vor allem aber zur wilden Nuptse-Lhotse Wand, zum Island Peak und zu den schönen, weißleuchtenden Amphu-Bergen.

Weiter zu einer zweiten Erhebung Richtung Lhotse. Plötzlich donnert es und eine gewaltige Lawine stürzt durch die Nuptse-Lhotse-Wand, die an dieser Stelle 2400 m hoch ist.

Ausgiebige Rast auf der Wiese in der warmen Mittagssonne ›unten‹ (auf 4730 m!) in Chhukhung mit Blick auf den gewaltigen Chhukhung-Gletscher. Dann in 3 Stunden gemütlich nach *Pareshaya Gyab* (5100 m) am Fuße des *Island Peaks,* nahe der mächtigen Seitenmoräne des Imja-Gletschers (Farbt. 26). Hier wird unser Basislager für die Besteigung des Island Peaks errichtet.

Der Abend des nächsten Tages sieht uns im Hochlager auf ca. 5650 m.

Am 21. Oktober ist es dann soweit. Durch eine steile Felsschlucht, über Blockgelände, weiter über eine exponierte Rippe gelangen wir in ein Gletscherbecken, an dessen Ende sich ein steiler Firnhang von etwa hundert Höhenmetern zum Gipfelgrat hinaufzieht. Nach seiner Überwindung geht es weiter über einen teilweise scharfen Firngrat, auf einem Weg, so richtig zwischen Himmel und Erde. Wir sind gut akklimatisiert und alle sieben, die im Hochlager übernachtet haben, erreichen gegen Mittag ohne Schwierigkeiten den 6189 m hohen Hauptgipfel. Wir sind am bergsteigerischen Hauptziel unserer Fahrt angelangt.

Typische Himalaja-Situation: jetzt sind wir auf über 6000 Meter, und doch muß man immer noch den Kopf in den Nacken legen, wenn man die wirklich Großen sehen will! Das liegt im Fall des Island Peak daran, daß er zu nahe an der gewaltigen Lhotse-Südwand liegt. Aber auch der etwas weiter entfernte, mächtige Makalu fordert einen deutlichen ›Augenaufschlag‹.

Zurück über den Grat und weiter zum Südwest-Gipfel auf 6100 m. Wunderbarer Blick in das Imja Drangka-Tal auswärts mit Amai Dablang und Taboche.

Abstieg über ein steiles Firnfeld und schließlich über Felsen und Geröll zurück ins Basislager. Wieder einmal hatten wir auch vom Wetter her einen Prachttag erwischt und so blieb es heute auch am Nachmittag. Abends spüren wir, daß wir heute etwas getan haben!

Noch wenige Schritte bis zum Gipfel des 6189 m hohen Island Peak. Im Hintergrund der Makalu.

Yeti-Skalp

Nach einem Ausflug einiger von uns in den wunderschönen Amphu-Kessel bleibt uns nur mehr, geruhsam und mit den Augen genießend, talauswärts zu wandern. Im Kloster *Pangpoche* besichtigen wir einen der Yeti-Skalpe des Khumbu-Gebietes und die Knochen einer angeblichen Yeti-Hand. (Die Alte, die uns aufsperrte, steckte sämtliche für das Kloster geforderten Spenden selbst ein, wenn man sie nicht direkt in den Schlitz des Spendenkästchens beförderte!)

Seit Colonel Howard, der Leiter der ersten Everest-Expedition, 1921 am Lakhpa La geheimnisvolle Fußspuren im Schnee fand, versiegten die Geschichten vom sagenhaften Schneemenschen nicht mehr. Durch die Aufnahmen ›frischer Yetispuren‹ im Herbst 1951 durch Eric Shipton westlich des Menlung La, erhielten sie weitere Nahrung. Mehrere Expeditionen wurden mit aller nur erdenklichen Ausrüstung auf Yeti-Suche ausgeschickt, darunter eine von Hillary geleitete. Seit damals weiß man, daß die Skalpe zwar recht alt sind – 200 bis 300 Jahre etwa –, aber vermutlich aus dem Fell des Goral, eines gemsenähnlichen Tieres, hergestellt wurden. ›Yeti-Felle‹ erwiesen sich als solche des seltenen Tibetbären und hinsichtlich der Spuren wurde nachgewiesen, daß auch kleine Fußabdrücke in der intensiven Strahlung des Himalaja durch Ausschmelzen zu großen ›Yeti-Spuren‹ werden können.

Wichtiger als all diese Einzelheiten ist wohl die religiöse Haltung des Sherpa-Volkes, die im Grunde hinter den Geschichten vom Yeti steht. Der Glaube der Sherpa wurzelt in der uralten Bon-Religion, einer Form des Animismus, zu dessen Ritual Magie, Hexenkunst und ursprünglich wohl sogar Menschenopfer gehörten. Vor allem aber bevölkert der Bon-Glaube – wie jede Naturreligion – die Berggipfel, jeden Baum, jede Höhle, Flüsse und Täler mit einer Unzahl von Dämonen und Göttern. Als der Buddhismus hier Einzug hielt, verschwand die alte Naturreligion nicht, sondern verschmolz mit dem neuen Glauben. Die aus dem Bon-Kult stammende Geisterwelt blieb nach wie vor erhalten. In diesem Licht besehen ist die Yeti-Legende gar nichts Besonderes – sie wurde hierzu erst durch westliche Sensationshascherei.

Nichtsdestoweniger ist das Kloster Pangpoche eng mit dieser Legende verknüpft, denn Lama Sawa Dorji, der das Kloster vor 14 Generationen gründete, verschaffte ihm eigenhändig den Yeti-Skalp.

Tengpoche

Viel jünger, aber unvergleichlich schöner gelegen, ist das Kloster *Tengpoche* (Farbt. 24), das wir am nächsten Tag erreichen. Es wurde erst 1923 von dem alten Lama-Einsiedler Gulu aus Khumjung gegründet, zehn Jahre später durch ein Erdbeben zerstört und sofort anschließend in Gemeinschaftsarbeit in seiner heutigen Form wieder aufgebaut. Seit der Schließung der Grenze zu Tibet hat Tengpoche die frühere Funktion des Klosters Rongphu übernommen und wurde damit zum geistigen Mittelpunkt des Sherpa-Landes.

Der Ort, an dem das Kloster steht, gilt als einer der schönsten der Welt. Wir erreichen ihn – im Gegensatz wohl zu den meisten anderen Besuchern – ›von oben‹. Noch bevor wir das Kloster aus der Nähe sehen, spüren wir, daß etwas Besonderes bevorsteht. Es ist die Rückkehr aus menschenfeindlichen Fels- und Eisregionen in menschliche Gefilde, die uns berührt. Sichtbarer Ausdruck dafür ist der Wald, in den wir kurz vor Erreichen des Klosters eintauchen. Zahllose Rhododendren – im Frühjahr muß es hier traumhaft sein ... Aber auch von dieser Seite muß man zuletzt aufsteigen.

Der tiefere Grund für die Ergriffenheit, die in Tengpoche fühlbar wird, liegt wohl in der geistigen und landschaftlichen Harmonie des Ortes. Diese ergibt sich aus der geistigen Haltung, die das Kloster in seiner schlichten Form selbst verkörpert und aus seiner Lage auf einem Höhenrücken zwischen tiefen Schluchten und himmelhoch aufragenden Fels- und Eiswänden. Zwischen diesen beiden Extremen scheint sich das Kloster gleichsam im Gleichgewicht zu befinden, an der obersten Grenze des dem Menschen dauerhaft zugänglichen Raumes.

Wir sitzen nach der Klosterbesichtigung lange in der Sonne, auf der Wiese vor dem Kloster, und schauen zurück zur Nuptse-Lhotse-Mauer, die nun wieder von der noch deutlich höheren Felspyramide des Everest – oder ›Sagarmatha‹, wie seine dritte, die nepalische Bezeichnung, lautet – überragt wird. Und natürlich immer wieder zur Amai Dablang, die aus dieser Blickrichtung besonders eindrucksvoll wirkt.

Ausklang

Abstieg zum Phunki Drangka, einem vom Kang Taiga herabstürzenden Wildbach, den wir unmittelbar vor seiner Mündung in den Imja Drangka erreichen. Hier nehme ich ein seit längerem fälliges Vollbad. Schließlich sind wir schon 3300 m ›tief‹ und das Wasser hat folglich vergleichsweise warm zu sein.

Auf der gegenüberliegenden Talseite geht es wieder 500 m hinauf. Kurz bevor wir Khumjung erreichen, queren wir jenen Weg, den wir einst am Beginn unserer Tour – oberhalb von Namche Basar – genommen haben. Der Kreis schließt sich.

Besuch des Everest View Hotels im Nebel, aber wir können uns die Aussicht ohne sonderliche Mühe vorstellen. Lager in Khumde. Am nächsten Morgen besuchen einige von uns den australischen Arzt, und Thomas überläßt ihm den Großteil seines immer noch reichhaltigen Medizinkisten-Inhalts. Nicht nur Dr. Riley, der sich wie an einem unverhofft hereingebrochenen Weihnachtsfest vorkommt, freut sich, auch der Träger der besagten Kiste!

Wunderbarer Abstieg nach Namche, stets Kang Taiga, Tramserku und die Kongde-Berge vor Augen.

Hier hat sich mittlerweile einiges verändert. Für die gleiche Ansichtskarte, die vor weniger als drei Wochen noch 1 Rupie kostete, verlangte der gleiche Händler nun 3 Rupien – deutlicher Hinweis auf das, was uns am Nachmittag, beim Abstieg zum Dudh Kosi, erwartet. Als wir damals heraufkamen, begegneten wir kaum jemandem. Nun aber treffen wir eine Gruppe nach der anderen und jetzt sind wir mehr als froh, daß unsere Tour zeitlich so früh lag. Das brachte uns zwar das höhere Flugrisiko nach Lukla ein, aber dafür waren wir noch fast allein.

In Lukla gab es das traditionelle Abschiedsfest mit Lagerfeuer, Strömen von Tschang, Singen und Tanzen (Farbt. 25). Vorausgegangen war dem abendlichen Fest die ebenso traditionelle Sammlung von Ausrüstungsgegenständen, die wir unseren treuen Sherpa schenkten. In mehreren großen Körben wurden Hosen, Hemden, Schuhe, Reepschnüre, Anoraks etc. gesammelt und unter der strengen und gerechten Aufsicht des Sirdars verteilt. Zur Feier des Tages gab es Ziegenfleisch. Den Sherpa ist es aus religiösen Gründen verwehrt, ein Tier zu töten. Das Schlachten der Ziege übernahm daher ein Träger, der einer niedrigeren Kaste angehörte, ein Unreiner.

Bleibt nur noch zu erwähnen, daß der Flug nach Kathmandu und damit die Rückkehr in die Zivilisation termingerecht vonstatten ging. Ein unvergeßliches Erlebnis lag hinter uns.

Durch das tiefste Tal der Erde

Von Jürgen Winkler

Das höchste Gebirge der Erde, der Himalaja, weist Eigenarten und Superlative auf, wie sie kein anderes Gebirge kennt. Ein besonderes Phänomen ist, daß der Himalaja keine ›echte‹ Wasserscheide wie andere Gebirge bildet, sondern daß verschiedene große Flüsse im Norden der Hauptkette entspringen und diese nach Süden hin durchbrechen. Schon lange bevor es diese Bergketten mit Höhen von sieben- und achttausend Metern gab, verliefen Flußsysteme vom tibetischen Gebirge zum Ganges-Tiefland. Das starke Gefälle und ergiebige Niederschläge auf der Südseite waren die Hauptursachen für ein schnelles und tiefes Einschneiden der Flüsse. Erst später kam es dann zur eigentlichen Bildung des hohen Himalaja, so wie wir ihn heute kennen. Es bildeten sich Schluchten von gewaltigen Ausmaßen. Die tiefste ist das Tal der *Kali Gandaki.* Zwischen den beiden nur fünfunddreißig Kilometer voneinander entfernten Gipfeln des *Dhaulagiri* und der *Annapurna,* beide über achttausend Meter hoch, hat sich der Fluß an der engsten Stelle, unterhalb der Ortschaft Ghasa, mehr als sechstausend Meter tief eingegraben. Bei Tatopani, wenige Stunden talauswärts (zu Fuß), fließt die Kali Gandaki auf nur 1100 m Meereshöhe (s. Skizze S. 274).

Diese Durchbruchstäler bilden neben einigen hohen Pässen die wichtigsten Verkehrsverbindungen zwischen den Völkern im Norden und im Süden der Himalaja-Hauptkette. Durch das Kali Gandaki-Tal führt ein alter und wichtiger Handelsweg zwischen Tibet und Indien, über den auch heute noch Waren, wenn auch in beschränktem Umfang, transportiert werden. Am Oberlauf des Flusses entstanden bedeutende Umschlag- und Handelsplätze wie die Ortschaften *Tukche* und *Marpha,* die aber durch die Besetzung Tibets durch China und die billigeren Salzimporte aus Indien stark an Bedeutung verloren haben.

Eine der beliebtesten, bekanntesten und leichtesten Trekkingrouten in Nepal führt von Pokhara aus über diesen Handelsweg quer durch den Himalaja hinauf nach *Jomosom.* Auf diesem Weg lernt der Wanderer nicht nur die unterschiedlichen Landschaften, Menschen und Siedlungen Nepals kennen, er wandert auch durch die grundverschiedenen Klimazonen südlich und nördlich der höchsten Himalaja-Berge. Die Wanderung beginnt in *Pokhara,* nach Kathmandu die bedeutendste Stadt im nepalischen Mittelland. Der Weg führt vor der eindrucksvollen Kulisse der schnee- und eisgepanzerten Annapurna-Gruppe durch kleine Siedlungen, Terrassenlandschaften und Bergurwälder hinunter ins Tal der Kali Gandaki. Hier erlebt er innerhalb eines Tagesmarsches, zwischen Ghasa und Tukche, den Wechsel vom subtropischen Mittelland zur trockenen und wüstenhaften Landschaft im Norden des Himalaja.

Trekking von Pokhara nach Jomosom

1. Tag Ausgangspunkt für unsere Wanderung durch das Kali Gandaki-Tal ist *Pokhara.* Die sehr weitläufige Ortschaft liegt nur achthundert Meter hoch in einer immergrünen Landschaft vor der gewaltigen Kulisse der Annapurna-Berge, deren hohe Gipfel sich in den Fluten des Phewa-Sees spiegeln.

Vier Stunden sind wir von Kathmandu auf der neuen von Chinesen gebauten Straße gefahren. Noch vor drei Jahren konnte man Pokhara von der Landeshauptstadt aus nur mit dem Flugzeug oder zu Fuß erreichen. Bei den letzten Häusern im Norden der Stadt verlassen wir am späten Nachmittag die Straße – sie endet hier – und folgen dem ausgetretenen Weg, der sich durch Gärten, Felder und an kleinen Siedlungen vorbeischlängelt, bis in die Nähe des Tibeter Lagers. Auf einer großen, ca. dreißig Meter über dem Talgrund liegenden Terrasse erkennen wir schon von weitem unsere kleine, orangefarbene Zeltstadt zwischen den dichtbelaubten Bäumen. Die tüchtigen Sherpa sind bereits eifrig mit der Küche beschäftigt. Sie reichen uns den Tee, den wir in den kommenden Wochen fünfmal täglich serviert bekommen.

2. Tag Der klare Morgen zeigt einen blankgefegten Himmel, die einzigartige Pyramide des fast siebentausend Meter hohen *Machhapuchare* und die noch höheren *Annapurna-Berge.* Welche Kontraste: hier üppige Gärten mit Palmen und Bananenstauden, dort eis- und schneegepanzerte Berggipfel. Nach dem Frühstück setzt sich die große Kolonne aus Sherpa, Trägern und Touristen in Bewegung. Anfangs zieht der breite Weg vorbei an einfachen, aber schönen Bauernhäusern, dann verengt er sich zum Pfad, der sich durch die Reisfelder windet. Bei Suikhet, es sind nur einige Häuser, verlassen wir den Hauptweg und den ebenen Talboden des Yangdi Khola, um über steile und bewaldete Bergflanken und später durch eine zauberhafte Terrassenlandschaft nach *Dhampus* aufzusteigen. Oberhalb der kleinen Siedlung, dicht unter einem bewaldeten Bergrücken an einem Weiher, stellen wir das Lager auf. Viele hat die Lage dieses ›schönsten Zeltplatzes der Welt‹ schon begeistert. In fast unwirklicher Pracht erheben sich über dem grünen Mittelland *Machhapuchare, Annapurna IV* und *II* und der langgezogene, vergletscherte Rücken des *Lamjung Himal.*

3. Tag Nach einer verregneten Nacht wandern wir heute durch lichten Urwald hinauf zu einem Sattel, der hinüberleitet ins Modi Khola-Tal. Nach wenigen Metern abwärts gibt eine kleine Waldlichtung den Blick frei auf die mit Hängegletschern und scharfen Eisgraten bewehrten Südabstürze des Modi Peak (7219 m) und den niedrigeren Patal Hiunchuli. Am frühen Nachmittag kommen wir zu einer Urwaldlichtung unweit der Ortschaft Landrung.

Terrassenlandschaft unterhalb Dhampus
Wenn man von Pokhara kommend bei Suikhet das Yangdi Khola-Tal verläßt und in Richtung Dhampus ansteigt, wandert man mitten durch diese großartige Terrassenlandschaft hindurch. In ganz Nepal, beinahe überall dort, wo sich Menschen angesiedelt haben, findet man unzählige Terrassen – manche so klein wie eine Tischplatte, andere größer als Fußballplätze; manche nur in dreihundert Meter Meereshöhe andere in viereinhalbtausend Meter Höhe gelegen. Angebaut werden, je nach Höhenlage, Reis, Mais, verschiedene Getreidesorten und Kartoffeln. Die Terrassen zeugen von großem Fleiß und harter Arbeit der nepalischen Bauern.

4. Tag Wir passieren die von vielen Terrassen umgebene Ortschaft *Landrung* und erreichen steil bergab, über viele Steinstufen, den tiefeingeschnittenen *Modi Khola.* Gute dreißig Meter über dem gurgelnd dahinschießenden Wasser spannt sich eine Brücke aus drei massiven Bohlen über den Fluß. Ein Geländer gibt es nicht. Wenn man die Brücke geschafft hat, sollte man erst einmal Brotzeit machen, denn nach Ghandrung hinauf sind beinahe achthundert Höhenmeter zu überwinden; der Weg ist steil und sonnig. Wer auch das geschafft hat, wird wieder mit einem aussichtsreichen Lagerplatz direkt neben der Schule von *Ghandrung* belohnt.

5. Tag Am folgenden, dem fünften Tag unserer Wanderung, steigen wir hinauf in die Bergurwälder unter dem *Deorali-* und *Ghorepani-Paß.* Der Weg ist anstrengend, besonders für die Träger mit ihren schweren Lasten.

Ghandrung
Fast achthundert Meter über dem tiefeingeschnittenen Modi Khola-Tal liegt die Ortschaft Ghandrung vor einer faszinierenden Bergkulisse. Nur wenige Kilometer entfernt erhebt sich über dichten Bergurwäldern der Modi Peak und der berühmte Machapuchare (Fischschwanz). Der erste Gipfel erhebt sich über siebentausend Meter Höhe, der andere liegt knapp darunter. Die Ortschaft macht einen sauberen und geschlossenen Eindruck. Die großen Wohnhäuser sind zweigeschossig und haben einen Vorplatz, der mit Steinplatten ausgelegt ist. Das meist nur aus einem oder zwei Räumen bestehende Erdgeschoß ist auf drei Seiten von einer überdachten Veranda umgeben. Im unteren Teil des Hauses befinden sich die Feuerstelle und der allgemeine Wohnraum, im oberen Teil Vorrats- und Schlafräume. Die Fenster sind geschnitzt und mit einfachen Ornamenten versehen. Weißgetünchte Bruchsteinmauern tragen ein weitausladendes Schieferdach. Die Gegend ist sehr niederschlagsreich.

Deshalb sollte man nicht unbedingt versuchen, den Paß zu erreichen, sondern zwei Stunden unterhalb bei einer Unterstandshütte campieren. Der Platz erlaubt allerdings keinen weiteren Ausblick.

6. Tag Am heutigen Tag werden wir aber schon wieder voll entschädigt durch eine imposante Aussicht. Vom ca. dreitausend Meter hohen Paß führt ein ›Schleichweg‹ hinüber zum etwa gleichhohen *Ghorepani.* Diese relativ kurze Höhenwanderung bringt phantastische Ausblicke auf die *Annapurna-*

Gruppe und erstmals auf die tiefe Talfurche der *Kali Gandaki* mit dem 8167 m hohen *Dhaulagiri* darüber. Schon zur Mittagszeit erreichen wir heute unseren Rastplatz, der dicht unterhalb der Paßhöhe des Ghorepani gelegen ist. Einige Häuser stehen hier, deren Bewohner kleine Gemüsegärten, Hühner und Borstenvieh besitzen. Eine tibetische Familie bietet dem müden Wanderer Herberge und einfache Mahlzeiten. In einem großen Raum mit offenem Kamin stehen acht ordentliche Schlafstellen. Das knisternde Feuer verbreitet Wärme und Gemütlichkeit in der bescheidenen Hütte. Übrigens befinden wir uns jetzt wieder auf dem alten Karawanenweg, den wir am zweiten Tag bei Suikhet verlassen haben. Von vergangenen Touren her erinnere ich mich, welch grandiose Aussicht der nahegelegene *Poonhill* bietet. So machen wir, nur mit Kameras ausgerüstet, am späten Nachmittag noch einen Ausflug zu diesem grasbewachsenen Aussichtsberg. Von hier oben hat man einen umfassenden Ausblick auf das hügelige Mittelland im Süden und Westen, auf den Dhaulagiri mit seinem Trabanten Tukche Peak im Nordwesten, das tiefeingeschnittene Kali Gandaki-Tal, das nach Norden zieht, die Annapurna I mit dem Modi Peak und dem Machapuchare im Nordosten. Bei Einbruch der Dunkelheit geht es über den schmalen Steig hinunter zu unseren Zelten.

7. Tag Am frühen Morgen ziehen wir los – der Weg ist weit, und zweitausend Höhenmeter geht es abwärts nach *Tatopani*. Nach der Paßhöhe durchschreitet man noch für kurze Zeit den Urwald, der immer lichter wird, bis er von einer ausgedehnten Terrassenlandschaft abgelöst wird.

In einem geräumigen Haus an der langen Bazarstraße finden wir eine gute Unterkunft für die Nacht. Tatopani heißt übersetzt heißes Wasser. Tatsächlich gibt es hier heiße Quellen, doch sollte man nicht zuviel erwarten. Die besten Bademöglichkeiten sind direkt am Fluß, wo sich drei bis vier heiße Rinnsale in die Kali Gandaki ergießen. Wer ein wenig geschickt ist, kann sich zwischen den Kieseln und Blöcken ein temperiertes Bad einrichten.

8. Tag Der achte Tag unserer Wanderung beschert uns nach einer regnerischen Nacht warmes und strahlendes Wetter. Der gut begehbare Weg führt hoch über dem Fluß dahin, der sich an manchen Stellen canonartig eingeschnitten hat. Im Hintergrund leuchten die siebentausend Meter hohen Nilgiri-Berge im ersten Sonnenlicht, während wir noch im Schatten der dichtbewachsenen Talflanken dahinwandern. Die Vegetation ist sehr üppig, selbst senkrechte Felswände sind mit Moosen und Gräsern überwuchert. In den Gärten der Siedlungen gedeihen Orangen, Zitronen und Gemüse.

In Dana werden wir von einem Polizisten mit Gewehr gestoppt. Wir müssen uns in ein Buch eintragen und unseren Trekkingpaß vorzeigen. Einige Kilometer weiter, beim großen Wasserfall unterhalb von Kabre, wird das Mittagessen eingenommen. Ein Sadhu, ein heiliger Mann, hält inne und begrüßt uns. Er bittet um etwas Nahrung, die wir ihm gerne geben. Schon seit Monaten ist er auf Pilgerfahrt unterwegs. Seine Heimat ist das heiße Indien weit im Süden. Die Reise führt ihn zum heiligen Ort *Muktinath*, wo

Marpha am Oberlauf der Kali Gandaki
Der Ort war wie Tukche ein wichtiger Umschlagplatz für verschiedene Güter, die auf Esel- und Yakrücken transportiert wurden. Marpha ist zweifellos eine der interessantesten Ortschaften im Takkhola. Die Lage in einer windgeschützten Mulde, die dicht zusammengedrängten und ineinander verschachtelten Häuser und die engen, gewundenen Gassen geben der Siedlung ein eigenartiges Gepräge. Typisch für die Bauweise sind die Innenhöfe, in denen sich die Familien die meiste Zeit des Tages aufhalten, wenn sie nicht mit Feldarbeiten oder ähnlichen Dingen beschäftigt sind. Auf den flachen Dächern sind die Holzvorräte geschichtet. Sie gewähren einen zusätzlichen Schutz vor den heftig wehenden Winden. Marpha ist wie die meisten Ortschaften im Norden des Himalaja eine Flußoase. Die geringen Niederschläge würden nicht reichen, um Ackerbau zu betreiben.

Brücke über die Kali Gandaki unterhalb Ghasa
Die Brücken in Nepal sind für seine Bewohner das Hauptverkehrsproblem; nicht in der Trockenzeit, sondern im Sommer, wenn die Monsunregen die Bäche zu reißenden Flüssen und die Flüsse zu mächtigen Strömen anschwellen lassen. Nur wenige Brücken im Land sind so geplant, daß die mächtigen Fluten ihnen nichts anhaben können. Die meisten der Stege müssen Jahr für Jahr erneuert werden. Die Brücke im Bild war mit einfachsten Mitteln neu errichtet worden. Zwei Baumstämme, vier mit der Axt bearbeitete Bretter, eine Anzahl von Knüppeln, die mit Bambuspleißen an den Stämmen befestigt wurden und an beiden Ufern je ein einfaches Widerlager aus Steinen. Mehr war nicht notwendig, um selbst schwerbeladene Yaks den Steg passieren zu lassen. Als ich ein Jahr später wieder an dieser Stelle vorbeikam, hatte der Fluß sein Bett um mehr als zwanzig Meter verschoben. Die Brücke war nicht mehr vorhanden – die Anlieger mußten einige Kilometer weiter südlich eine neue schaffen

neben einer sprudelnden Quelle ein ewig brennendes Licht lodert. Muktinath liegt einen knappen Tagesmarsch von Jomosom entfernt. Der Mann ist nur dürftig gekleidet, die Schuhe sind zerfetzt. Sein schönes, ebenmäßiges Gesicht strahlt Ruhe und Gelassenheit aus.

Am Nachmittag durchschreiten wir die engste Stelle zwischen Dhaulagiri und Annapurna. Auf der westlichen Seite wird der Fluß von senkrechten und überhängenden Felswänden begrenzt, durch die ein äußerst kühner Weg gelegt worden ist. Auf einer Länge von mehr als hundert Metern blieb den Erbauern nichts anderes übrig, als diesen mit Hammer und Meißel in den Fels hineinzutreiben. Als wir (im Herbst 1976) das Tal hinaufwandern, muß ich erstaunt feststellen, daß ein Felssturz den Steig ungangbar gemacht hat. Zum Glück führt der Fluß so niedriges Wasser, daß es möglich ist, die Engstelle in seinem Bett zu passieren.

Unser heutiges Tagesziel ist *Ghasa.* Die Häuser der Ortschaft überraschen den Wanderer durch ihren völlig anderen Baustil – sie sind grundverschieden von all den Bauten, die wir in den vergangenen Tagen gesehen haben. Die flachen Dächer, die aus einem Baumstamm gearbeiteten Treppen und die kompakte und dichtgedrängte Bauweise sind die typischen Merkmale für das Siedlungsbild im Norden des Himalaja.

9. Tag Nördlich von Ghasa erlebt man jetzt einen deutlichen Vegetationswechsel. Die Flora, besonders die Nadelwälder, und die frische Luft erinnern an alpine Gefilde. Während unserer Rast am Rande eines Kiefernwäldchens beobachten wir mehr als ein Dutzend Raubvögel.

Als wir am Abend *Larjung* erreichen, sind wir bereits seit fast zwei Stunden über das breite und ebene Schotterbett der Kali Gandaki getrieben worden. Zum ersten Mal haben wir den täglich wehenden Südwind zu spüren bekommen, der sich nicht selten zum Sturm erhebt und mit seinem aufgewirbelten Staub und Sand eine Plage für Mensch und Tier wird. Der Fluß hat sich über den etwa einen Kilometer breiten Talboden in viele Bäche und Rinnsale aufgeteilt.

10. Tag Noch heute werden wir unser Ziel erreichen – Marpha oder Jomosom. *Marpha* ist eine der interessantesten Ortschaften im Tal, bietet mit einigen Lodges gute Unterkunftsmöglichkeiten und ist ein idealer Ort, um einige Tage zu verweilen oder um Ausflüge in die nähere Umgebung zu machen. *Jomosom,* zwei Fußstunden weiter nördlich gelegen, war bislang Endpunkt für Trekking-Touristen. Seit 1976 dürfen nun auch sie den heiligen, nordöstlich gelegenen Ort Muktinath besuchen. Jomosom hat eine Lande-

Tukche und das Kali Gandaki-Tal
Tukche war der bedeutendste Handels- und Umschlagplatz im Kali Gandaki-Tal. Von Tibet kamen die Yak-Karawanen mit Salz, Wolle und Fellen, die hier auf Eselrücken umgeladen wurden, um weiter nach Indien und ins nepalische Mittelland transportiert zu werden. Seitdem die Grenzen nach Tibet offiziell geschlossen sind,

ist der Handel so stark zurückgegangen, daß viele Leute Tukche und das Tal verlassen haben. Die meisten sind nach Kathmandu gegangen.

Das Bild zeigt den Ort mit scinen typischen Atriumhäusern, die zum Teil leer stehen und verlassen sind. Deutlich erkennt man, wie der täglich blasende Wind mächtige Staubfahnen aufwirbelt.

Die Kali Gandaki oberhalb Larjung
Wir befinden uns bereits nördlich des Himalaja-Hauptkammes; das Landschaftsbild und die Vegetation haben sich stark verändert. Während der Fluß bei Ghasa wild schäumend dahinjagt, fließt er hier weitverzweigt und ruhig dahin. Es ist Trockenzeit und er führt wenig Wasser, so daß die Menschen (im Bild links oben) einen direkten Weg nehmen können; so brauchen sie nicht den in vielen Windungen und Steigungen am Hang entlangziehenden Hauptweg zu gehen. Die Berghänge sind bis in Höhen von dreieinhalbtausend Metern mit Nadelwäldern bestanden.

piste für kleine Flugzeuge, eine Anzahl von Militärbaracken und einfache Übernachtungsmöglichkeiten für Touristen.

Wir befinden uns aber noch unterwegs in Richtung Marpha. Nach knappen zwei Stunden ziehen wir durch *Tukche*, dem einst wichtigsten Handels- und Umschlagplatz im Tal. Die mit Platten belegte Straße, die großen stattlichen Häuser mit ihren schönen in Holz geschnitzten Fenstern und Balkonen lassen auf Wohlstand und Reichtum seiner Bewohner schließen. Die guten Zeiten Tukches sind jedoch vorüber, seitdem die Chinesen die Grenze nach Tibet geschlossen haben. Viele der schönen Häuser stehen leer.

Kurz vor Marpha wird man seinen Augen kaum trauen, wenn man hinter weißgetünchten Bruchsteinmauern Apfelbäume mit dicken, roten Früchten erblickt. Sie sind hervorragend im Geschmack. Die kleine Versuchsfarm liegt windgeschützt in einer Mulde vor steilen Berghängen. Die lange Sonnenscheindauer und die künstliche Bewässerung lassen in dieser Wüstenei köstliches Obst und Gemüse gedeihen.

Während der Wanderung durch das Kali Gandaki-Tal zeigen sich die hohen Berge der Umgebung nur an wenigen Stellen. Es gibt jedoch eine Reihe von Ausflugsmöglichkeiten, die aus der Enge des Tales emporführen. Oberhalb Marpha führt ein Weg zu schönen Almböden, wo die Bewohner Felder bewirtschaften und ihre Tiere weiden. Hier oben steht man den Nilgiris direkt gegenüber. Nach Norden und Nordosten schweift der Blick über die karge, wüstenhafte Landschaft mit braunen Bergen, von denen nur die höchsten Gipfel schneebedeckt sind. Dort liegt das geheimnisvolle Tibet.

Um Dhaulagiri und Tukche Peak bewundern zu können, muß man auf der östlichen Talseite hinaufsteigen.

Wer den empfehlenswerten Weg nach Muktinath gehen will, sollte drei Tage ab Marpha dafür veranschlagen. Eine Stunde unterhalb von Muktinath kann man in Jharkot logieren.

Für die Rückkehr nach Kathmandu kann man von Jomosom aus das Flugzeug benutzen. Eine vorhergehende Buchung ist ratsam, da die Flüge nicht regelmäßig durchgeführt werden. Gelandet und gestartet wird immer vor 11 Uhr, vor dem Einsetzen der starken Talwinde.

Annapurna-Heiligtum

Von Jöri Bardill

Ankunft in Pokhara

Schon in den schmalen Flugzeugfenstern waren die Gipfel des Annapurna und des majestätischen Machhapuchhare aufgetaucht und ungeduldig drängten sich die Passagiere der linken Sitzreihen in den Mittelgang, um sich nichts von dem überwältigenden Panorama entgehen zu lassen. Nun stehen sie über uns, diese gleißenden Riesen: düstere Wände, mächtige, elegant geschwungene Grate. Fast unwirklich ragen sie fern von Staub und Hitze in den Himmel.

Eine drückende Schwüle liegt über dem Flugfeld von Pokhara. Jenseits des Drahtzaunes drängt sich eine Traube von Zuschauern in den Schatten eines breitkronigen Baumes. Was mögen sie sich wohl für Gedanken machen über den Inhalt der prallen Rucksäcke, die unter dem Heck des Flugzeuges auf einen Wagen getürmt werden?

Zur Erledigung der Formalitäten werden alle Fluggäste in ein einstöckiges, dünnwandiges Betonhäuschen gebeten. Es schützt nur schlecht vor der Hitze. Langsam und umständlich ist der bürokratische Ablauf: Getreulich werden das Wie, Wann und Wo aus jedem Paß in ein Buch übertragen. Der Straße entlang Richtung Stadt zieht eine bunte, blumengeschmückte Prozession unter eintönigem Singsang und dem Klang vieler verschiedener Schlaginstrumente. Auf der anderen Straßenseite, im Schatten von hölzernen Kramläden, warten die Träger, die uns während des achtzehntägigen Trecks den für uns bescheidenen, für ihre Verhältnisse verschwenderischen Luxus mittragen werden.

Der Anmarsch

An das Treckerleben gewöhnt man sich schnell, bereits nach wenigen Tagen hat man das Gefühl, schon lange unterwegs zu sein.

»Bring gleich noch drei Gläser Tee, Mutter. Eure Straßen sind unser Untergang.« Ein Reigen von Fuß-, Hand- und Kopfbewegungen soll dem Mädchen an der Feuerstelle den Sinn des gesagten klar machen. »Tee, Tee«, wiederholt sie und bricht in schallendes Lachen aus. Langsam bahnt sich eine ›Unterhaltung‹ an; eigentlich sind es Monologe, zwischen denen fast unüberwindlich die Sprachbarriere steht. Bewegungen, Handzeichen – verstanden? – und immer wieder Gelächter.

Wir sind nun vier Tage zu Fuß unterwegs. Über Hyengia und Dhumpus haben wir Landrung erreicht, wo wir im Schulhaus die letzte Nacht verbrachten. Heute früh sind wir über hunderte von Stufen in den tiefen Graben des

Modi Khola hinab und über ebensoviele wieder hier herauf gestiegen. Wir sind in Ghandrung, einem stattlichen Dorf mit geräumigen, weißgetünchten Häusern. Viele Männer aus dieser Gegend haben in den berühmten englischen Gurkha-Regimentern Dienst getan und leben nun von ihrer Pension in einem gewissen Wohlstand. Durch das Tal des Modi Khola werden wir in weiteren drei Tagesmärschen das Annapurna-Basislager erreichen.

Nach und nach treffen die Mitglieder unserer Gruppe ein und setzen sich zu einem Glas Tee in den Schatten des Strohdaches. Während der hektischen Reisetage und des Aufenthalts in Kathmandu haben wir noch kaum Gelegenheit gefunden, uns gegenseitig kennenzulernen. Erst jetzt, beim gemächlichen Tempo des Fußmarsches, findet jeder Zeit, die neuen Eindrücke auf sich wirken zu lassen und zu verarbeiten.

Unsere Abreise in Zürich liegt etwas mehr als eine Woche zurück, wir erinnern uns schon kaum mehr daran. Wir sind eine elfköpfige Bergsteigergruppe von SWISS TRECK. Für diese Reiseorganisation hatte ich als Bergführer bereits im Vorjahr eine Gruppe auf einen Gipfel im Langtang-Gebiet geführt, doch unser jetziger Weg ist auch für mich Neuland.

Elf Männer und Frauen: Jeder läßt seinen Alltag, seine gewohnte Umgebung zurück, um während dieser Zeit, zusammen mit vorerst Fremden, dieses Abenteuer zu erleben. Die Fähigkeit jedes Einzelnen, das Gewohnte hinter sich zu lassen und sich für neue Eindrücke und Bekanntschaften offenzuhalten, andere zu tolerieren, entscheidet über das Gelingen des Unternehmens.

Unsere Teeköchin hat alle Hände voll zu tun, denn nach dem mühsamen Aufstieg stellen die Träger ihre Last auf die Steinbank und hocken sich auch in den Schatten des Strohdachs. Unsere Seesäcke, die Zelte, die gesamte Verpflegung für siebzehn Tage, Küchengerät und Apotheke, dies ergibt zweiundzwanzig Traglasten. Die ganze Gruppe unterwegs mit Proviant einzudekken wäre unmöglich, da insbesondere die kleinen Dörfer Selbstversorger sind.

Unsere Träger stammen aus den Dörfern dieser Gegend. Sie lassen sich in Pokhara anheuern. Eine bunte Schar kommt da zusammen. Die jüngsten sind wohl noch kaum fünfzehn, die ältesten vielleicht gegen vierzig Jahre alt, alles hagere, drahtige Männer von dunkler Hautfarbe. Ihre Reise treten sie mit wenig persönlichem Gepäck an: ein Säckchen Reis, ein Blechtopf als Koch- und Eßgeschirr, vielleicht eine Wolldecke. Am Morgen, während wir noch frühstücken, erscheinen sie, zurren die Säcke paarweise zu einer Traglast zusammen und machen sich auf den Weg. Ihre Beine drohen unter dem Gewicht der Last einzuknicken. An den Dharmasalas, den eigens zu diesem Zweck gebauten langen Steinstufen am Wegrand, stellen sie ab, ruhen aus und rauchen. Wenn sie abends am Lagerplatz ankommen, helfen sie hier und dort beim Aufstellen der Zelte oder blasen die Luftmatratzen auf, dann ziehen sie sich zurück, um sich für die Nacht einzurichten. Grüppchenweise sitzen sie dann zusammen an einem Feuer und kochen ihren Reis. Wenn man die Reisration eines Trägers zum ersten Mal sieht, traut man seinen Augen kaum. Mit zwei solchen Portionen hätte man wohl unsere ganze Gruppe satt bekommen können. Allerdings ist der Reis meist das einzige Gericht.

Unsere eigenen Eßgewohnheiten unterscheiden sich naturgemäß von jenen unserer Träger. Nach mehrjährigen Erfahrungen hatte man sich bei SWISS TRECK entschlossen, die Küche zu ›europäisieren‹. Tsul Trim, unser tibetischer Küchenchef, ist ein großer Meister seines Fachs. Zusammen mit seinen zwei Küchengehilfen hat er es verstanden, schweizerische und nepalische Küche glücklich zu vereinen. Immer wieder staunen wir ob der Gewandtheit, mit der in der Küche mit bescheidensten Mitteln gearbeitet wird. Eine Feuerstelle aus drei aufgestellten Steinplatten, ein paar Blechtöpfe und als große Neuerung ein Dampfkochtopf, letzten Frühling importiert. Als gegen Ende unseres Trecks das Knäckebrot knapp wird, bäckt Tsul Trim nach dem Nachtessen jeweils ein Brot aus Maismehl für den nächsten Morgen.

Drei Sherpa begleiten uns. Sie organisieren die praktischen Dinge des Tages, bezahlen die Träger, führen Buch über die laufenden Ausgaben. Lhakpa, unser Sirdar oder Chef-Sherpa, ist etwa 25jährig, spricht fließend Englisch und hat, gleich seinen beiden Kameraden, schon an verschiedenen großen Expeditionen teilgenommen. Er kommt aus demselben Dorf wie Nima, der jüngste unserer drei Sherpa, ein kurzgewachsener Junge mit Spitzbubengesicht. Sie haben zusammen in Dhunche eine der vom Erstbesteiger des Everest, dem Neuseeländer Hillary, gegründete Schule besucht. Nima Rita schließlich ist der älteste der drei, vielleicht der Erfahrenste. Doch fehlen ihm die Englischkenntnisse – eine fast unabdingbare Voraussetzung, um zum Sirdar aufzusteigen.

Unterdessen sind die Träger und einer der Sherpa bereits wieder aufgebrochen, es wird ja schon bald Zeit für den Mittagshalt. Tsul Trim nimmt noch eine Prise Schnupftabak, leert sein Glas und schultert seinen Rucksack. Der Rucksack ist Zeichen einer höheren Stellung in der Hierarchie der Treck-Organisation. Weder die Sherpa noch der Koch tragen je mit dem traditionellen Band über der Stirn.

Auch wir bezahlen unsere Rechnung. Erstaunlich niedrige Preise: für den Betrag, den wir in einem Schweizer Restaurant für ein Glas Tee auf den Tisch legen, können wir hier unser Glas achtundzwanzigmal nachfüllen lassen.

Schon bald nach Ghandrung halten wir Mittagsrast. Die Tage haben einen bestimmten, regelmäßigen Ablauf. Wir frühstücken gegen sieben Uhr, die Sherpa brechen die Zelte ab und verpacken sie, und die Träger machen sich mit unserem Gepäck langsam auf den Weg. Wir selber tragen jeweils nur einen leichten Rucksack mit Eßgeschirr, Fotoausrüstung und Dingen, die wir unterwegs benötigen. Nach beendetem Frühstück brechen auch wir auf, jeder in seinem Tempo. Als Regel haben wir abgemacht, daß niemand die ersten Träger oder den vorausgehenden Sherpa überholt, aber auch niemand hinter unserem Schlußmann, meist ist es Nima Rita, zurückbleibt. So sind wir erst wieder bei der Mittagspause zusammen, nach zwei- bis dreistündigem Marsch.

Käse, Trockenfleisch, Knäckebrot und Tee, an heißen Tagen zuweilen Birchermüesli, das ist unser Mittagessen. Wir rasten ausgiebig, oft reicht die Zeit für eine kurze Siesta. Als letzte verlassen immer unsere beiden Küchengehilfen den Lagerplatz. Am Klappern von Töpfen, Kannen und Küchengeräten erkennt man sie dann, wenn sie im Eilschritt die ganze Karawane überholen, mit ihrer rhythmischen Begleitung auf dem Rücken. Der langbeinige Kartse, dessen Vorfahren man eher bei den Sioux-Indianern als in Tibet vermutet hätte, läuft mit Riesenschritten voraus. Lhabilal, ein kleines Bürschlein von kaum sechzehn Jahren, folgt wieselflink. Wenn wir dann nachmittags am Lagerplatz ankommen, erwarten sie uns bereits mit heißem Tee.

Kurz vor Sonnenuntergang wird das Abendessen bereitgestellt. Mit jedem Marschtag werden die Abende kälter, und gerne setzen wir uns mit dem Teller an ein wärmendes Feuer. Mit der Lagerfeuerromantik verhält es sich wie mit der Quecksilbersäule des Thermometers: je kälter desto kürzer, das ›zirr, zirr‹ der Zeltreißverschlüsse und das Wuscheln in den Daunensäcken läßt nicht lange auf sich warten und bald sitzen nur noch ein paar Unentwegte am Feuer und warten, bis das letzte Holz verbrannt ist. Manchmal lassen sich unsere Heinzelmänner in der Küche noch zu einer Tasse Kaffee überreden, besonders wenn man einen Schuß Cognac in Aussicht stellt.

Die letzten Siedlungen haben wir nun hinter uns gelassen, immer kälter werden die Nächte und mühsamer das Aufstehen am Morgen. In stetem Auf und Ab führt uns unser Weg durch das wilde Tal des Modi Khola hinauf Richtung Annapurna-Basislager. Wir durchwandern die verschiedenen Vegetations- und Klimazonen. Hochstämmige Wälder gehen langsam in Bambusdickicht über, dessen Röhren dünner und niedriger werden, je höher wir steigen. Einen ganzen Tag lang sind wir von diesem grünen Gitter umgeben, nur noch selten sehen wir den reißenden Fluß, dessen Rauschen uns nun Tag und Nacht begleitet. Das Tal verengt sich nach und nach. Immer höher schießen beidseitig die dunklen Plattenfluchten in den Himmel. Der Annapurna-Nebel, der sich jeden Nachmittag mit untrüglicher Regelmäßigkeit bildet, wirft einen düsteren Schleier über die Landschaft und gewährt nur noch selten einen Blick auf die sonnigen Gipfel. Die tiefe Schlucht, die sich der Modi Khola zwischen Machhapuchhare und Hiunchuli gegraben hat, nimmt sich aus wie ein schmal geöffnetes Tor, das den Zugang in eine andere Welt ermöglicht, in diese Krone von Gipfeln und Gletschern, in das Annapurna-Heiligtum.

Auf dem Weg zum heutigen Lager mußten wir einen mehr als hundert Meter breiten, schuttbesäten Lawinenkegel überqueren – den ersten Boten des ewigen Schnees, der wohl fast 2000 m über uns liegt. Obwohl wir unser Lager heute schon um zwei Uhr beziehen, ist uns der Nebel zuvorgekommen. Feuchtkalt und tief ziehen die Schwaden. Sogar die besonders auf Reinlichkeit Bedachten waschen sich nur noch zögernd. Das spärliche Buschwerk erscheint in bizarren Formen. Bis zum Nachtessen bleiben noch gut drei Stunden Zeit. Bewegung oder Flucht in den Schlafsack, anderen Zeitvertreib vergällt uns der widrige Nebel. Wir ersehnen den morgigen Tag: das Annapurna-Heiligtum.

Ich mag nicht länger warten, schlüpfe in die Turnschuhe und lasse das Lager hinter mir im Nebel. In leichtem Trab steige ich bergan. Es wird morgen eine kurze Etappe geben, das Annapurna-Basislager liegt nur etwa achthundert Meter höher, etwa drei Marschstunden über dem heutigen Zeltplatz. Um uns zu schonen und an die Höhe zu gewöhnen, haben wir das Lager hier eingerichtet.

Der Nebel wird immer dichter und steiler der Weg, der sich jeweils ein paar Meter vor mir im Grau abzeichnet und hinter mir im gleichen Grau wieder verliert. Hemd und Hose kleben am Körper. Nach einer halben Stunde Weges zeigt sich plötzlich ein heller Fleck in der grauen Masse, doch einen Augenblick später herrscht rundherum wieder das gleichmäßige Dämmerlicht. Das Tosen des Baches hat sich verloren, unheimlich still ist es geworden, naß, kalt. Wenn ich anhalte, beginne ich gleich zu schlottern. Der Pfad führt über einen Erdrutsch, gefrorene Schollen lösen sich beim Vorbeigehen, rollen hangabwärts und verlieren sich im Ungewissen. Wie Skelette stehen ein paar kahle Bäume neben dem Weg. Ein gefrorenes Bächlein, jenseits steigt die Spur durch eine Grashalde auf. Der Boden ist höckrig und wie Locken fällt das Gras in die Vertiefungen. Das Steigen wird mühsamer.

Plötzlich schimmern die welken Büschel golden, es wird heller – die Sonne. Ganz benommen bleibe ich stehen, ein verlorener Punkt zwischen den mächtigen Gipfeln, die sich rundherum in den fahlen Himmel türmen. Vor mir ein Pfad, der jährlich viele hundert Mal begangen wird, wenige Kilometer entfernt Wände, Grate und Gletscher, die noch kein Mensch betreten hat. Elegant die Pyramiden des Machhapuchhare (Farbt. 31) und des Hiunchuli (Farbt. 32), massig die Gipfel der Annapurna-Kette.

Ich zittere vor Kälte. Eigentlich wollte ich ja gar nicht anhalten und doch stehe ich jetzt schon eine ganze Weile hier wie angewurzelt. Ich muß zurück zum Lager, zurück in den Nebel; nur widerwillig kehre ich um.

Im vorgeschobenen Basislager

In ungefähr 4600 m Höhe haben wir ein vorgeschobenes Basislager eingerichtet. Von hier aus wollen wir nun zwei Gipfel besteigen: den ca. 5200 m hohen Rocky Peak (über diese Namengebung ist man sich nicht einig) und am folgenden Tag den rund vierhundert Meter höheren Tent Peak, der vom Annapurna-Basislager aus recht wuchtig wirkt. Eine französische Gruppe, der wir im Aufstieg begegnet waren, hatte uns etwas ungläubig gemustert, als sie von unserem Vorhaben erfuhr. Sie berichteten von einer steilen Eisrinne und einem schwierigen Gipfelgrat. Überdies wäre ihrer Meinung nach der Gipfel mindestens 6000 m hoch. Auskünfte solcher Art sind immer mit der gebührenden Vorsicht aufzunehmen, wir werden ja sehen.

Der Veteran unserer Gruppe ist im Annapurna-Basislager zurückgeblieben. Das mühsame Queren der Moräne und der pfadlose, steile Aufstieg in dieses

Patal Hiunchuli vom Aufstieg zum Tent Peak. Im Herbst 1971 gelang Amerikanern die Erstbesteigung

Lager hätten ihn überfordert. Schon der Anmarsch hatte von dem 67jährigen eine große Willensleistung erfordert und zwei Tage Erholung sind ihm sicher zuträglich.

Rocky Peak

Bald nach Tagesanbruch brechen wir auf. Die kalte Nacht und die dünne Luft haben ein weiteres Opfer gefordert. Kopfschmerzen, Hustenanfälle und Brechreiz sind in dieser Höhe nichts außergewöhnliches, aber mit dem Appetit nimmt auch die Lust auf Bergtouren ab.

Lhakpa und Nima Rita, die einigermaßen brauchbares Schuhwerk tragen, begleiten unsere Gruppe. Die Sherpa sind außerordentlich zähe und ausdauernde Burschen, doch sehr oft fehlen ihnen sowohl Ausrüstung als auch technisches Können, so daß sie ihre Gruppen nicht weiter als bis ins letzte Lager begleiten. Dies gilt natürlich nicht für die großen Expeditionen, bei denen sie oft als Hochträger den Gipfel erreichen.

Langsam steigen wir höher, zuerst über Gras, dann über plattiges Geröll. Schon wenig über dem Lager liegt eine dünne, hartgefrorene Schneeschicht. Etwa auf 5000 m Höhe betreten wir den Firn. Den flachen Gipfel des Rocky Peak sehen wir schon seit einiger Zeit vor uns. Vor der mächtigen Kulisse der Südwand des Annapurna I nimmt er sich als bescheidenes Hügelchen aus, doch das Hügelchen trügt. Der Aufstieg zieht sich in die Länge, Atem und Herzschlag gehen schneller. Wir können nur ahnen, was es heißt, einen Achttausender zu besteigen.

Gegen Mittag erreichen wir den Gipfel. Westlich von uns liegt der Tent Peak, unser morgiges Ziel. Er ist der letzte Gipfel eines Grates, der nordwärts über den Fluted Peak zum Gletscherdom führt. Dort steigt, fast im rechten Winkel dazu, ein scharfer Grat nach Osten auf zum Annapurna I, dem höchsten Gipfel dieser Gegend. Als erster Achttausender wurde er 1950 von einer französischen Expedition bestiegen. Annapurna Fang und -Süd setzen den Kreis fort, dann der Hiunchuli, gegenüber dem Tent Peak. Abgeschlossen wird das Panorama durch den Machhapuchhare, an dessen schöner Form man sich kaum sattsehen kann. Auch das Tor zum Heiligtum, die Schlucht des Modi Khola, überschaut man von hier. Man fühlt sich tatsächlich von Wänden und Gipfeln umringt.

Schräg unter uns sehen wir die Spuren der Franzosen, quer über eine Terrasse Richtung Tent Peak. Man erkennt auch die Rinne, von der die Rede war und den Gipfelgrat. Ein schöner Gipfel, aber so schwierig müßte er doch nicht sein . . .

Tent Peak

Am frühen Nachmittag sind wir wieder im Lager. Wer wird morgen mitkommen? Nach dem heutigen Tag soll sich jeder selber entscheiden, ich übernehme nur beratende Funktion. Fünf entschließen sich für den Aufstieg. Das gibt mit den beiden Sherpa und mir zwei Viererseilschaften. Die anderen steigen mit den Trägern, die heute vormittag heraufgekommen sind, ins Basislager ab. Alles Entbehrliche schicken wir mit dieser Kolonne hinunter. Den Rest werden drei Träger, die über Nacht hier bleiben, morgen mitnehmen.

Annapurna I Südwand vom Hochlager am Tent Peak. Der Hauptgipfel (8078 m) wurde 1950 von einer französischen Expedition (Herzog) als erster Achttausender der Welt bezwungen

Der Abend ist sehr kalt und da die Nacht ohnehin kurz wird – um drei Uhr wollen wir wieder aufstehen –, legen wir uns bald in die Schlafsäcke. Doch schon das erste, zaghafte Schnarchen wird von einem plötzlich aufkommenden Wind übertönt. Einen Moment lang herrscht Stille, dann folgt erneut eine Böe, noch eine, noch eine. Immer stärker werden die Windstöße und schütteln die Zelte erbärmlich. Es dauert denn auch nicht lange, bis unser Außenzelt wie eine Fahne im Wind flattert und auf das Innenzelt klatscht. Da hilft nichts, unwillig schäle ich mich aus dem Schlafsack, und mit Daunenjacke und langer Unterhose wohl etwas spärlich bekleidet, mache ich mich ans Werk. Das Außendach muß frisch gespannt und die Heringe mit Steinen beschwert werden; dabei versuche ich mir vorzustellen, wie es jetzt 3000 m höher wohl bläst.

Drei Uhr. Die Sherpa haben bereits heißen Tee und Haferbrei gekocht. Fröstelnd hocken sie am Feuer aus dünnen Bambusröhren, die zwei Tagesmärsche weiter unten gesammelt worden sind. Für ein längeres Frühstück eignet sich dieses Wetter nicht recht. Wer einen Rest im Teller zurückläßt, findet etwas später den Löffel ans Hafermus und das Hafermus an den Teller gefroren. Erst der Aufstieg wärmt uns langsam wieder.

Gabelhorn vom Annapurna Basis Lager

Der Verfasser vor dem Himalchuli ▷

Mondlicht. Die ersten zwei Stunden Weges sind uns von gestern bekannt: Gras, Geröll, schließlich Firn. Auf etwa 5100 m Höhe biegen wir nach rechts ab und folgen der Spur der Franzosen bis an den Fuß der Steilstufe. Am Anfang der Rinne halten wir eine längere Rast und seilen uns an. Die Rinne führt auf den gut hundert Meter höheren Nordgrat, ist tatsächlich recht steil, aber gut gangbar. Einzig Kälte und Höhe erschweren den Aufstieg. Der erste Schritt auf den sonnigen Grat ist eine wahre Erlösung. Erneut rasten wir, wärmen und stärken uns für das letzte Stück. Vor uns liegt ein steiler, recht ausgesetzter Schneegrat, der – gegen oben abflachend – zum Gipfel führt.

Ein sandig-lockerer Schnee erschwert das Steigen. Ich bin den Franzosen für ihre Vorarbeit dankbar, obwohl die Spur zum Teil schon wieder verweht ist. Wir gehen sehr langsam und rasten dennoch häufig. Das Herz scheint unter der Schädeldecke zu schlagen. Nur langsam rückt der Gipfel näher. Dann das große Aufatmen – wir sind oben! Es ist zehn Uhr. Erst nach und nach können wir die Aussicht genießen. Zum ersten Mal sehen wir nun den Ostkamm dieses Bergkranzes in seiner ganzen Größe vor uns: Gabelhorn, Annapurna II, Gangapurna. Als kleine Punkte erkennt man 1500 m tiefer unsere Zelte im Annapurna-Basislager.

Etwa um diese Zeit kommt das Flugzeug in Pokhara an. Wie viele Augen mögen nach den weißen Gipfeln spähen? Niemand wird den kleinen Gipfel erkennen, der sich, kaum sichtbar, von der Annapurna-Südwand abhebt: den Tent Peak. Kein so bekannter Name wie ›Mount Everest‹, aber in unseren Ohren hat er einen ganz besonderen Klang. Vor zehn Tagen sind wir in Pokhara gestartet. – Mit dem ersten Schritt vom Gipfel beginnt der Rückweg. Noch oft werden wir uns nach den mächtigen Gipfeln des Annapurna-Heiligtums umsehen, dabei aber an unser Lager und ›unseren‹ Tent Peak denken. Wie viel mehr wiegt doch das eigene Erlebnis, und wäre es noch so bescheiden, als alle kühnen Taten anderer.

Trekking extrem

Von Dietlinde Warth

Weltuntergangsstimmung – eine Felskanzel irgendwo zwischen Himmel und Erde. Aus dem Abgrund kochen dicke Wolken, jagen hinauf zum schwarzgezackten Grad. Blitze leuchten fahl. Donner grollt und bricht sich dumpf an der steilen Eiswand gegenüber, die manchmal gespenstisch durch das dunkle Gewoge schimmert. Beißender Hagel geht über in dichtes Schneetreiben.

Eine Felskanzel irgendwo auf dem Höhenrücken, der zum Chamlang zieht. Kein Mensch weiß, wo wir stecken – auch wir selbst nicht recht. Wir wissen, daß der Höhenmesser 4300 Meter anzeigt, daß die Felsen zu unseren Füßen mindestens 1500 Meter zur Hongu-Schlucht abbrechen, daß der Abstieg nach Osten im undurchdringlichen Urwald am Shankuwa Khola enden würde (der schon einmal Sherpas gezwungen hat, ihre Tragriemen und Schuhsohlen zu verspeisen, da er sich nicht, wie erwartet, in wenigen Tagen durchqueren ließ). Vor uns versperrt ein Felsriegel mit glatten, abwärts geschichteten Platten den Weg. Darüber bietet sich als einzige Möglichkeit ein Einschnitt im wild zerklüfteten Kamm. Aber wird er uns nicht auf die falsche Seite des Höhenrückens, wird er uns überhaupt weiterführen? Heißt es – umkehren?

Seit zwei Tagen treiben wir uns auf diesem ›Paß‹ herum, ständig über 4000 Meter hoch, seit heute morgen ohne Weg und Steg, nur der Nase nach. Hier ist Neuland, selbst für die Träger aus dem letzten Dorf. Und nun sind wir am Ende – wir mit unserer Weisheit, die Träger mit ihrer Kraft und die Wettergötter mit ihrem Wohlwollen.

Aber wir genießen die Situation trotzdem, jetzt wird es so richtig abenteuerlich nach unserem Geschmack! Außerdem gibt es im Himalaja etwas, das alle Unannehmlichkeiten erträglich macht:

Nga Temba schlägt Heringe in den Boden und nimmt sich nicht Zeit, das Hemd wieder in die Hose zu stopfen, obwohl der Anblick seines nackten Rückens uns Gänsehaut verursacht – damit die Sahibs bald ins Warme kommen.

Dasangei klettert auf der Suche nach Wasser mit dem großen Kanister über glitschige Felsen.

Sonam jongliert schmunzelnd mit Töpfen und Pfannen, als stände er nicht ungeschützt im Freien, während der von seinen Haaren und Augenbrauen schmelzende Schnee den Weg über seine Nasenspitze sucht.

Sirdar Urkien, der Chef unserer Truppe, war den ganzen Tag vorausgestapft, so manche Strecke zweimal zurücklegend. Jetzt treibt ihn sein Verantwortungsgefühl hinauf zur Scharte, trotz Gewitter und Dunkelheit.

Schewang rennt zwischen den im Felslabyrinth verstreuten Zelten hin und her und bringt das Essen, damit die Sahibs nicht hinaus müssen.

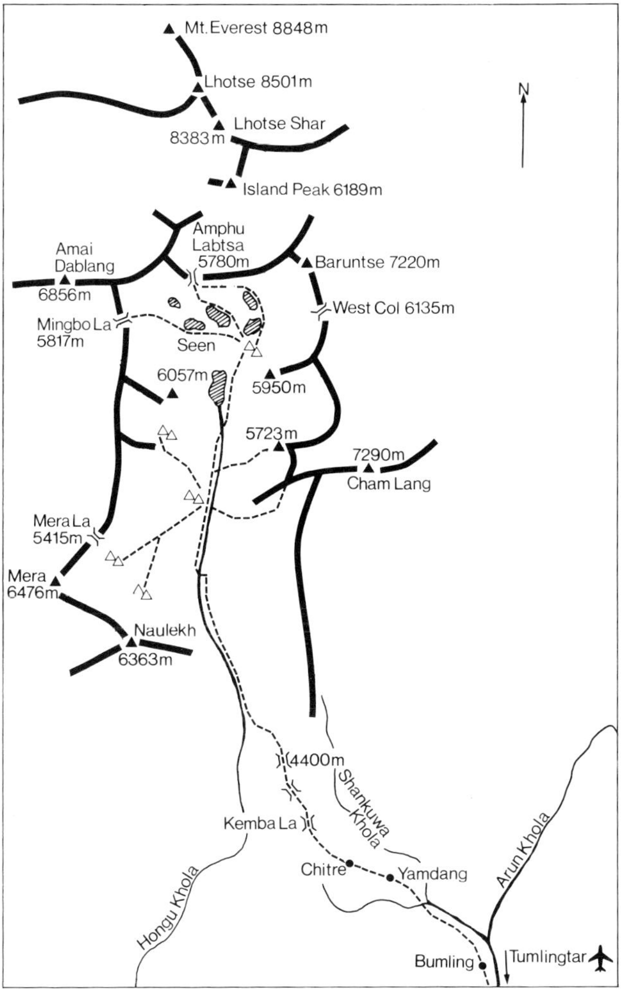

Das Hongu-Gebiet △△ Lager ▬ Hauptkämme --- Weg

Nachdem der Hunger gestillt ist, lehnen wir uns, gemütlich Tee schlürfend, im Schlafsack zurück. Urkien kommt mit guten Nachrichten. Die Scharte ist begehbar, auf der anderen Seite konnte er für einen Augenblick ein weites Kar erspähen, nicht zu steile Schneehänge, weiter unten Gesträuch, sogar Wald. Es scheint, daß ihn sein Spürsinn nicht getrogen hat, und wir morgen endlich den Paß hinter uns bringen können. Auf jeden Fall gibt es morgen wieder Holz – das bedeutet Essen für die Träger.

Die Träger! Ich bekomme ein ganz schlechtes Gewissen in meinen Daunen, wenn ich an sie denke. Den ganzen Tag haben sie ihre 30-Kilo-Lasten ge-

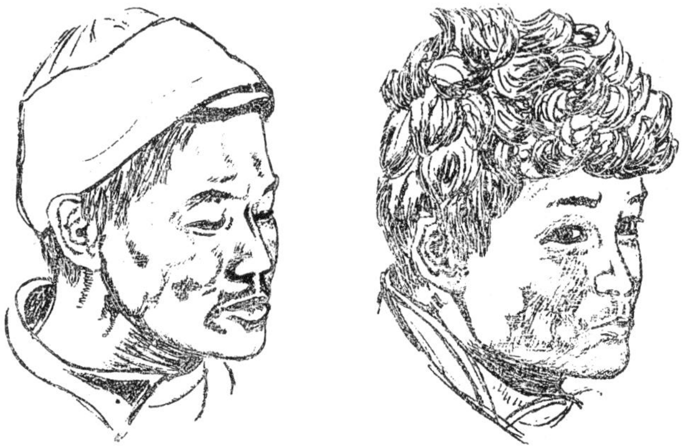

Die Brüder Dasangei und Nga Temba

schleppt im weglosen Geröllgelände, immer wieder tiefe Schneereste querend – die meisten barfuß. Und nun gibt es nicht einmal ein wärmendes Feuer für sie, keine richtige Mahlzeit, nur Hirsemehl in Wasser gerührt. Sie haben es sich im Mannschaftszelt auf leeren Seesäcken bequem gemacht – so gut es geht, wenn 28 Leute die Nacht in einem Zwölf-Mann-Zelt ohne Boden verbringen müssen. Da hocken sie beieinander unter ihren viel zu kleinen Decken und verkürzen sich die kalte Nacht mit Scherzen und Liedern.

Wie sollten wir da unsere gute Laune verlieren, die wir ja diese Route ausgesucht hatten.

Warum ausgerechnet Hongu (auch Hongku, Hunku Teng geschrieben)? Wir wollten nicht nur ›wandern‹ gehen, andererseits reichte für eine richtige Expedition zu einem Himalaya-Gipfel weder die Zeit noch das Geld. So wählten wir den Mittelweg: Trekking mit Expeditionscharakter. Unser Ziel sollte zweierlei bieten: einen interessanten Anmarsch abseits der üblichen Touristenrouten und Möglichkeiten für zünftige Bergtouren auch ohne Gipfel.

Das Hongu mit seinen Pässen zwischen 5400 und 6200 Metern, mit den unerforschten Gletscherkesseln und Moränenrücken bot Betätigung in allen Schwierigkeitsgraden. Außerdem reizte es uns, den anscheinend völlig unbekannten Zugang von Süden zu erforschen. (Nach Aussagen der Einheimischen waren wir die ersten Ausländer, die diesen Paß überschritten.) Ähnliche Bedingungen findet man in vielen Himalajatälern. Wir entschieden uns für das Hongu, da das Zielgebiet selbst auf den ausgezeichneten Karten von Erwin Schneider ›Khumbu Himal‹ und ›Shorong/Hinku‹ eingezeichnet ist.

Wir brachten folgende Voraussetzungen mit: alle Teilnehmer waren berg- und höhenerfahren – sonst hätten wir das Risiko nicht auf uns nehmen können, ohne Arzt in eine Gegend zu gehen, wo die nächste größere Ortschaft sieben Tagesmärsche entfernt liegt, und wo kaum die Chance besteht, daß man im Notfall vom Hubschrauberpiloten entdeckt wird. Wir konnten einen

Sonam

Küchenboy Chewang

der besten Sherpaführer Nepals als Sirdar gewinnen, Urkien Tsering aus Khumjung. Große Erfahrung brachte auch sein Stellvertreter Sonam mit.

Wir hatten Zeit und konnten uns einen ›Verhauer‹ beim Anmarsch leisten.

Nachdem wir unser Gebiet ausgewählt hatten, vergewisserten wir uns zunächst, daß unsere Route nicht durch Sperrgebiete, ›restricted areas‹, führte, sonst hätte die Regierung keine Trekking-Erlaubnis erteilt. Dann bemühten wir uns um weiteres Kartenmaterial, ein Weg von Süden war allerdings nirgends eingetragen. Erwin Schneider gab uns den guten Rat: »... über den Kemba-La ... möglichst hoch links halten ... letzter Paß nach links ... dort kommen Sie ins Hunku-Tal, bevor dieses talab steiler, enger und unwegsamer wird ... Versuchen Sie ja nicht, daß Hunku-Tal hinauszugehen, ... eine senkrechte Landschaft.«

Schon Wochen vor dem Start begannen wir, die benötigte Ausrüstung aus eigenem Besitz oder von unseren Sherpafreunden geliehen zusammenzutragen. Fehlende Bergausrüstung wurde in den zahlreichen Trekkingläden Kathmandus gekauft. (Man kann dort auch alles leihen.) Unseren ausführlichen Listen entsprechend stapelten sich Zelte neben Gaskartuschen, Steigeisen neben Kochtöpfen, Kerosinlampen neben Hustenbonbons. Bis hin zu Turnschuhen, Schneebrillen und Zigaretten für die Träger mußte alles bedacht werden.

Weit über die Hälfte des ca. 800 kg wiegenden Gepäcks bestand aus der Verpflegung für sechs Mitglieder und vier Sherpa. Eine große Hilfe beim Festlegen der Menge sind erfahrene Sherpa, wie unser Expeditionskoch Sonam. Seine Angaben über den Bedarf an Mehl, Reis, Zucker, Tee beispielsweise stimmten genau. Es mag uns manchmal zuviel erscheinen, doch muß man bedenken, daß der Verbrauch an Grundnahrungsmitteln hier höher ist als wir es von Deutschland gewöhnt sind. Zusammen mit Sonam kaufte ich alle Lebensmittel in Nepal, lediglich Schokolade brachten unsere Freunde von zu Hause mit, da diese hier sehr teuer ist.

Rai-Bewohner am Shankuwa-Khola

Seesäcke, Alukisten und Tragkörbe füllten sich zusehends und warteten auf den Transport zum Ausgangsort Tumlingtar in Ost-Nepal. Inlandflüge mit Royal Nepal Airlines sind billig, auch Übergewicht wird für 2/3 Rupies per Kilogramm befördert. Doch ist das Fassungsvermögen der 18sitzigen Twinotter begrenzt. Für ein solch großes Unternehmen wird es daher normalerweise nötig sein, eine Maschine zu chartern. Wir sind zum Glück mit Flugplatzchef Narayan Shresta in Tumlingtar befreundet. So konnten wir unser Gepäck stückweise, über einen Zeitraum von zwei Monaten verteilt, mit Linienmaschinen schicken. Als wir schließlich am 14. April landeten, hatte

Narayan sein Büro zur Hälfte mit unserer Ausrüstung zugepackt und begrüßte uns freudestrahlend. Sein Vater, der im drei Stunden entfernten Khandbari einen Laden besitzt, hatte für uns Reis, Zucker, Kartoffeln, Tee und alles, was man sonst am Ort kaufen kann, besorgt und trägergerecht in Säcke verpackt. Sonam hatte alles nach Tumlingtar tragen lassen. Nga Temba und Dasangei, die wir bis dahin nicht kannten, waren auf einen Brief hin vom Khumbu in fünf Tagen zu Fuß herbeigeeilt und hatten unterwegs gleich möglichst kräftige und ausdauernde Träger angeworben. So warteten bei unserer Ankunft die vier Sherpa und 28 Träger mit der vorausgeschickten Ausrüstung und der bestellten Verpflegung nur noch auf das Aufbruchzeichen.

Wir wandten uns zunächst nach Norden, den Arun aufwärts, den wir später in einem Einbaum überquerten. Dann folgten wir dem Shankuwa Khola, immer wieder im frischen Gebirgswasser Kühlung vor der Hitze suchend. Bei der Einmündung des Shishwa Khola verließen wir die tropischen Gegenden und stiegen täglich über 1000 Höhenmeter auf, bis wir hier landeten.

Die Träger singen und wir haben berechtigte Hoffnung, daß es uns gelungen ist, den Zugang zum Hongu von Süden zu finden.

Die hundert Höhenmeter bis zur Scharte (ca. 4400 m) sind am Morgen rasch überwunden. Vergnügt – wenn auch etwas wacklig in den ungewohnten Turnschuhen, die wir verteilten – beginnen die Träger den Abstieg. Wir stapfen Schneefelder hinunter, setzen den Fuß vorsichtig im flachen, glitschignassen Rhododendrongesträuch.

Endlich ein Bach, ein schneefreier Platz, Latschen, andere Krüppelgewächse! Die Träger bereiten – in Rauch und Nebel gehüllt – ihren Dal-phad zu, die erste richtige Mahlzeit seit vierundzwanzig Stunden. Währenddessen suchen und finden Urkien und Hermann einen Weg, der um eine Felsnase verschwindet. Es geht weiter. –

Aber wie!! Der schmale Pfad führt oft über schwindelerregenden Abbrüchen dahin, ist zudem vereist. Längst haben die Träger die Turnschuhe wieder ausgezogen, hier geht Trittsicherheit vor Kälte. Wir versuchen zu helfen, zu sichern. Aber viel bringt die stützende Hand auf ein paar Meter auch nicht. Der Weg zieht sich am Hang dahin, leicht fallend, dann wieder steigend. Beängstigend steile Schuttrinnen querend hören wir den Hongu Khola in der Tiefe toben. Aber wir verlieren nicht mehr an Höhe, und auch der Fluß, der doch vor uns irgendwo auf über 5000 m entspringt, kommt uns nicht entgegen. Werden wir ihn heute erreichen?

Eine Rinne, gefüllt mit den Resten einer alten Lawine, ermöglicht schließlich – wenn auch mühsam – den Abstieg in den Nebelwald. Bizarre Rhododendronbäume, umwuchert von dicken Moospolstern, mit Flechten behangen, dazwischen Unterholz und Verwesung. Urkien bahnt mit dem Khukri (großes Krummesser) einen Weg talwärts. Wohl 500 bis 600 Höhenmeter geht es steil hinunter, schlüpfrig von den langsam tauenden Schneeresten. Nur gut, daß wir uns von Baum zu Baum hangeln können.

Träger auf dem Kemba-La

Endlich erreichen wir den schäumenden Fluß und bestaunen von unten die Bewegungen der Träger. Wie sicher sie gehen trotz ihrer Lasten! Wie sie stundenlang den schweren und für sie nicht ungefährlichen Abstieg bewältigen, ohne zu murren!

Die Küche hat sich inzwischen im natürlichen Raum eingerichtet, den zwei riesige aneinandergelehnte Felsblöcke geschaffen haben. Bald qualmt es mächtig über den Hongu Khola. Hier ist es warm, Holz gibt es im Überfluß. Diese Nacht brauchen unsere Träger nicht zu singen.

Am nächsten Morgen äußert ein großer Teil den Wunsch, umzukehren. Urkien beteuert, daß der Weg bachaufwärts leichter würde, er bietet mehr Geld – doch die Träger schütteln die Köpfe. Hatten sie sich auch mit keinem Wort beschwert, scheinen die beiden letzten Tage sie doch bis an die Grenzen ihrer Kraft gefordert zu haben. Wir lehnen die Aufforderung der Freunde ab, in die Diskussion einzugreifen, und die Träger durch noch höhere Löhne zum Bleiben zu bewegen. Es geht ihnen eben nicht um Geld! Wie leicht hätten sie am Paß mehr fordern können, als das Gelingen unseres Unternehmens allein von ihnen abhing. Nun aber sind wir ›über'n Berg‹, und sie wissen, daß sie gehen können ohne Schaden für uns, denn die verbleibenden Träger versprechen, die zwei Tage bis zum geplanten Basislager zweimal zurückzulegen. Außerdem liegt die Entscheidung allein bei Sirdar Urkien, der jedoch wie wir ihre Gründe versteht und achtet. So verläßt uns ein Teil unserer tapferen Weggefährten fröhlich winkend, einige mit Bedauern. Sie hätten gerne noch mehr verdient, aber wenn aus einer Gruppe ein Träger umkehren will, gehen die Freunde mit ihm. Für weite Wege lassen sie sich zu dritt oder viert anwerben und unter keinen Umständen lassen sie einander im Stich.)

Obwohl wir ihnen Erwin Schneiders Warnung weitergaben, wollen die Träger versuchen, sich ohne Last am Hongu Khola entlang durchzuschlagen, um dem Schnee und der Kälte des Passes zu entgehen. – Wie wir später erfahren, brauchten sie statt vier neun Tage, um aus der Wildnis zurückzufinden. Wahrlich eine senkrechte Landschaft!

Wir beziehen das Basislager in etwa 4700 m Höhe zu Füßen des Chamlang (7290 m). Über dem Talschluß erhebt sich die gewaltige Felsmauer des Nuptse und Lhotse (8501 m), noch überragt vom Berg der Berge: *Chomolungma*,

Träger am Hongu-Fluß

Sagarmatha – Göttinmutter des Landes – den man bei uns prosaisch Mt. Everest nennt (Farbt. 20, 29).

Von dort aus unternehmen wir unsere Streifzüge durch die urweltliche Einsamkeit des Hongu-Beckens. Wir überqueren tief zwischen den Seitenmoränen ruhende Gletscherzungen. Eine dicke Geröllschicht bedeckt sie, nur die hochaufgeworfenen Kämme, die Schluchten verraten die Bewegung des Eises darunter. Sie zwingen zu einem verschlungenen Pfad, bergen stets neue Überraschungen. Zu Füßen von dunklen Eiswänden liegen Seen, unbewegt wie grünliches Milchglas. Dort steht eine Versammlung von Büßerschneemännern mit Steinhüten. Bächlein sprudeln unter Eisbrücken hervor, verlieren sich glucksend in einer Spalte.

Von den wild überwächteten Graten ziehen seltsam ausgeschmolzene Gletscher zu Tal. Hunderte von Terrassen türmen sich steil übereinander, gleich Brunnenschalen, aus denen Wasser überströmt – Kaskaden aus Eis, eine blauschimmernde Märchenlandschaft. Das Schmelzwasser sammelt sich in riesigen Seen, die ›weißen‹ genannt, Seto Pokhari, denn das ganze Jahr bleibt der Schnee auf ihrer Eisdecke liegen. Aus der Tiefe grollt es wie ferner Donner, wenn wir mit unseren Schritten die Ruhe stören.

Nach und nach errichten wir in allen Himmelsrichtungen Zwischenlager, um vor allem die Pässe zu erkunden.

Der Mera-La (5415 m) im Südwesten erweist sich als leichtester Zugang zum Hongu. Er ist zwar tausend Meter höher als unser Paß und vergletschert, läßt sich aber rascher überschreiten und ist nicht so dem Wetter ausgesetzt.

Über den Mera-La führt der Weg durch das Hinku ins Tal des Dudh Kosi, das man etwa bei Lukla erreicht.

Der Mingbo-La (5817 m) im Nord-Westen bietet einen langen, gemütlichen Anstieg über seine weitläufige Gletscherzunge, einen atemberaubenden Blick auf die schlanke Gestalt der Amai Dablang (6856 m) – und einen ebenso atemberaubenden Blick auf die andere Paßseite. Im Aufstieg nur etwas für erfahrene Eisgeher, im Abstieg sollte man die Technik des Abseilens beherrschen. Sonst könnte man schneller in Pangboche landen, als es für die Gesundheit zuträglich ist.

Der einfachste Weg von der Hongu-Seite führt zum Amphu Labtsa (5780 m) im Norden. Reichlich mühsam ist zwar der Aufstieg auf die Seitenmoräne der vom Baruntse herabziehenden Gletscherzunge (Hunku Glacier). Der Höhenunterschied zeigt eindringlich, wie stark die Gletscher zurückgegangen sind. Doch anschließend macht der längste der Weißen Seen das Laufen leicht und läßt Atem und Herzschlag wieder zur Ruhe kommen. Nach einem weiteren Aufstieg über Geröll und Blockwerk öffnet sich der Blick auf die gewaltigen Südwände des Nuptse und Lhotse – davor, von soviel Größe fast erdrückt, der Island Peak (6189 m). Der Abstieg ins Khumbu empfiehlt den Amphu Labtsa nicht gerade für eine Überschreitung mit Trägern. Zunächst ist eine ca. zehn Meter hohe, senkrechte Felsstufe zu überwinden. Aber nicht sie ist bei den Sherpa unbeliebt, sondern die steilen Hänge darunter, die bei Neuschnee tückisch sein sollen.

Der West-Col (6135 m) wendet dem Hongu-Becken nicht seine Schokoladenseite zu – oder doch? Es kommt ganz auf den Standpunkt an. Hermann und Sonam sind jedenfalls begeistert von der anspruchsvollen Eistour. Der ca. 45° steile Aufschwung zum Sattel erfordert für die Dauer von fünf Seillängen den Einsatz der Frontalzacken. Es ist der große Tag des ›kleinen‹ Sonam (155 cm). Als zweiter am Seil erreicht er die Paßhöhe mit soviel Schwung, daß Hermann ihn bremsen muß, sonst wäre er in die unmittelbar dahinter klaffende Spalte gepurzelt. Trotz zeitweise schlechter Sicht und Schneegestöber erkunden die beiden den Gletscherkessel in Richtung auf den Sherpani-Col, über den ein Abstieg ins Barun-Tal führt. Als sich das Wetter weiter verschlechtert, beschließen sie umzukehren. Zum Abschied für Augenblicke eine Öffnung in der Wolkenwand: unwirklich losgelöst erscheint der Makalu (8475 m), um wie eine Fata Morgana wieder zu verschwinden.

Sonam beobachtet kritisch, wie Hermann eine Abseilschlinge um einen Block befestigt, fragt kurz: »Hält der?« und läßt sich dann in die Bodenlosigkeit der Nebelschwaden gleiten. Kurz vor Einbruch der Dunkelheit erreichen sie das Hochlager und es kostet uns alle Überredungskunst, um Sonam wenigstens an diesem Tag vom Kochen abzuhalten.

Anderntags berichtet Hermann – mit sichtlichem ›Appetit‹ – von den möglichen Anstiegen zum Baruntse (7220 m), die sich vom West-Col zeigten. Aber leider steht dieser prächtige Berg ebensowenig auf der Liste der freigegebenen Gipfel wie der Chamlang (7290 m), dessen Westgipfel schwer, aber nicht unerreichbar wäre. Unbezwingbar dagegen erscheinen die Gipfel im Grat westlich des Chamlang auf der anderen Seite des Flusses. Obwohl bis zu 6600 m hoch, besitzen sie keinen Namen. Ihre riesigen Wächtentürme, die zum Teil von den Graten in die steilen Wände abgeglitten sind, wirken, als hätte sich ein Urweltriese einen Scherz mit Tortenspritze und Zuckerguß erlaubt. Es ist kaum zu glauben, daß Schnee, Sonne und Wind solche Gebilde schaffen können!

Nicht alle Sechstausender, die hier auf engstem Raum beieinanderstehen, sind so abweisend. Es gibt sie in fast allen Schwierigkeitsgraden – nur ›Schibuckel‹ sind nicht dabei.

Das Hongu-Becken mit seiner vielfältigen Bergwelt lohnt reichlich die Mühen des Anmarsches. Doch den ersten Platz in unserer Erinnerung nehmen nicht die Eisriesen mit ihren Gletscherbrüchen ein, nicht die einsamen Moränenkessel, nicht der düstere Paß. Unvergeßlich wird uns die Liebenswürdigkeit unserer einheimischen Begleiter bleiben, die nicht nachlassen in dem Bemühen, uns den Aufenthalt angenehm zu gestalten – denen wir letztlich das Gelingen unserer Klein-Expeditionen zu verdanken haben.

Dies erweist sich vor allem auf dem Rückweg. Ein Schlecht-Wetter-Einbruch bedeckt den Paß mit über einem halben Meter Neuschnee. Was wären wir ohne unsere Sherpa, unsere Führer Urkien und Sonam, die im dichten Nebel mit unfehlbarem Instinkt den Weg finden, Dasangei, der die Träger für den Rückmarsch holte, und sich nun mit Nga Temba helfend um sie bemüht.

Großartiges leisten wiederum die Träger. Wie oft brechen sie bis zum Schritt ein, stoßen die Füße an verborgenen Steinen wund oder rutschen von einem trügerischen Standplatz. Sie überwinden den Paß in zwei Gewaltmärschen. Noch einmal müssen sie im Mannschaftszelt übernachten, nur durch Steinplatten von der Schneedecke getrennt. Aber nie sieht man ein unfreundliches Gesicht, nie hört man Schimpfen oder gar Fluchen. Wieder begleiten Lachen, Singen, fröhliches Rufen unseren Weg! »Eh sathi!« (Komm Freund) sagen sie zueinander und halten sich dicht beisammen, bis wir dem Sturm und der Kälte entronnen sind.

Rasch geht es dann abwärts durch blühende Rhododendronwälder, über Lichtungen voll köstlicher Walderdbeeren. Wir erreichen die ersten Siedlungen, das Sherpadorf Chitre, das Raidorf Yamdang.

In Tumlingtar versammeln sich zum letzten Mal alle im großen Zelt. Die Träger bedanken sich für ihren hart verdienten Lohn. Dabei wäre es an uns, zu danken: »Dhanjabad für eure Arbeit, euer Lächeln, eure Lieder. Danke für das Durchhalten auf diesem schweren Weg!«

Kajak-Himalaja

Von Otto Huber

»What is this?« – mißtrauisch klopfte der nepalische Zöllner im Flughafen von Kathmandu an die zwei Meter langen Plastikröhren, die wir ihm als unser Fluggepäck auf die Abfertigungsbarriere geschoben hatten. Es begann ein allgemeines Rätselraten. Erst dem Chef der Flughafen-Zollbehörde konnten wir klarmachen, daß es sich weder um amerikanische Raketen noch um Helikopterflügel, sondern um harmlose, zerlegbare Polyester-Kajaks handelte, mit deren Hilfe wir Himalajaflüsse befahren wollten. Die Antwort war ein eher mitleidiges Kopfschütteln, doch das Gepäck wurde freigegeben.

Dieses Kopfschütteln sollten wir in den nächsten Tagen noch öfter erleben. Die Nepalesen haben sich inzwischen daran gewöhnt, jährlich etwa vierzig internationale Berg-Expeditionen im Himalaja herumklettern zu sehen. Auch die zahlreichen Frauen-Expeditionen mit ihren teilweise waghalsigen Unternehmungen regen niemanden mehr auf, und die zweimal jährlich mit viel Publicity und wenig Erfolg operierenden japanischen ›Jeti-Expeditionen‹ finden eigentlich nur noch in Europa Beachtung. Unsere Kajak-Expedition schien für Nepal jedoch eine echte Sensation zu sein. Dies mag vielleicht auch daran liegen, daß in diesem Land die Flüsse in allen Regionen eine große mystische Bedeutung haben. Außerdem können die meisten Menschen in Nepal nicht schwimmen. Für sie bedeuten die reißenden Wasser eine todbringende Gefahr. Kein Wunder, daß man uns in den Hochtälern des Himalajas für potentielle Selbstmörder hielt.

Der Bootstransport im Jumbo Jet bis Kathmandu verlief dank dem Entgegenkommen der AIR INDIA reibungslos. Kajak-Expeditionen sind durch den beschränkten Laderaum in den 4 Meter langen und nur 60 cm breiten Booten zwangsläufig ›Mini-Unternehmungen‹. Außerdem waren wir auch nur zu dritt: Hans Memminger, 38 Jahre alt, Kameramann und Wildwasserspezialist, Fred Schmidtkonz, 33 Jahre alt und einer der besten Münchner Kajakfahrer. Ich selbst habe bisher nur an Berg-Expeditionen teilgenommen und zähle nicht zu den Spezialisten im Kajak-Sport. Für mich war die Erstbefahrung der Kali Gandaki-Schlucht genauso anstrengend und risikoreich wie die Erstbesteigung eines Siebentausenders.

Wildwasserfahrten im Himalaja als zukünftiges Urlaubsziel

Der Trisuli-Fluß war das erste Ziel unserer Expedition. Von Kathmandu fuhren wir mit einem gemieteten Kleinbus auf der staubigen Bergstraße nach Trisuli-Basar. Am Abend stand unser Lager auf einem abgeernteten Reisfeld am Fluß. Bald prasselte das Feuer und unser Sherpa-Koch bereitete uns eines seiner ausgezeichneten Reisgerichte. Am nächsten Tag bestiegen wir unter den

Brücke am Marsyandi. Dicht gedrängt stehen die Menschen auf der schwankenden Hängebrücke, um die verrückten Sahibs in den schwimmenden Röhren zu bewundern

neugierigen Blicken der Talbewohner erstmals unsere Boote. Der Fluß führte wenig Wasser, ein Umstand, der gerade bei Erstbefahrungen recht erfreulich ist. Außerdem war das Wasser klar und nicht zu kalt. Schwallstrecken wechselten mit slalomartigen Passagen, in denen mächtige Felsblöcke zu einem sportlichen Zickzackkurs zwangen. Ein herrliches Wildwasser-Vergnügen, eine Trainingsfahrt, die uns nicht allzuviel abverlangte.

In der Ortschaft Trisuli-Basar war die Straßenbrücke voll von Menschen. Etwa zwei- bis dreihundert harrten seit Stunden aus, um die ›verrückten‹ Kajak-Fahrer zu sehen. Zum Gaudium der Zuschauer drehten wir Eskimorollen, was einige begeisterte Dorfbewohner dazu veranlaßte, uns von der Brücke aus reife Bananen herunterzuwerfen, als Honorar für die zirkusreifen Darbietungen.

Zwei Tage dauerte die Kajakfahrt auf dem Trisuli. Dann folgte die Erstbefahrung des Marsyandi-Flusses. Wir waren begeistert von diesen Wildwasserstrecken, auf denen in Zukunft für unternehmungslustige Kajak-Touristen Führungstouren organisiert werden.

Der Seti Khola – ein Gletscherfluß mit Überraschungen

Eigentlich wollten wir in Pokhara, jener traumhaft schön gelegenen Stadt am Fuße des 7000 m hohen heiligen Berges Machhapuchhare, einen Rasttag einlegen. Doch der Seti Khola, ein munterer Gletscherfluß mit milchig-weißem Wasser, der vom 8000 m hohen Annapurna kommend durch das Tal fließt, ließ uns keine Ruhe. Wir konnten nicht ahnen, daß dies die aufregendste Erstbefahrung der ganzen Expedition werden sollte.

Nach kurzer Zeit verengte sich der Fluß zu einer Klamm mit senkrechten Felswänden. Das Gefälle nahm zu, die Passagen wurden schwieriger und unübersichtlicher. Unbarmherzig brannte die Sonne auf unsere Neoprenanzüge. Zur Abkühlung drehten wir Eskimorollen.

Plötzlich versperrten große Felsblöcke den Fluß. Ein mächtiger Bergsturz, vielleicht die Folge eines Erdbebens, hatte hier den Grund der Schlucht aufgefüllt. Ratlos kletterten wir auf haushohen Blöcken herum. Auf mehreren hundert Metern Länge war der Fluß nicht mehr zu sehen. Irgendwo unter uns mußte das Wasser aber doch durchfließen. Endlich entdeckte Hans einen schmalen Kamin, in dem wir unsere Boote abseilen konnten. Wir erreichten einen Tunnel, in dem der Fluß mit mäßiger Geschwindigkeit dahinfloß. Ab und zu drang durch ein Felsloch etwas Tageslicht, dann war es wieder stockdunkel. Eine abenteuerliche und gefährliche Route. Hans versuchte uns Mut zu machen, indem er behauptete, man könne ja, wenn der Tunnel nicht weiterginge, wieder flußaufwärts paddeln. Vielleicht wäre das auch gegangen, obwohl der Tunnel ab und zu nur einen Meter breit war. Doch wir hatten Glück. Nach bangen Minuten erreichten wir eine große Grotte, die den Ausgang der Schlucht bildete.

Zwei Kilometer flußabwärts weitete sich das Tal zu einem ca. 300 m breiten Kessel. Hier erwartete uns die nächste Überraschung. Der Fluß bildete, bedingt durch das starke Gefälle, eine mächtige Schwallstrecke und prallte mit voller Wucht auf die quer zur Strömung verlaufende Felswand. Erst in letzter Sekunde bemerkten wir die tödliche Falle, die sich vor uns auftat. Das Wasser zog nicht seitwärts ab, sondern schoß geradeaus weiter, direkt in ein rundes Felsloch von etwa zwei Metern Durchmesser. Der Sog hätte uns unweigerlich hineingerissen, wenn es uns nicht gelungen wäre, das schützende Kehrwasser vor dem gefährlichen Felsloch zu erreichen. Es fehlten nur wenige Meter. Eine Kenterung hätten wir uns an dieser Stelle nicht erlauben können.

Es dauerte noch Stunden, bis wir endlich einen Durchstieg durch die Felswand fanden, die Boote aufgeseilt und nach mühsamer Umtragearbeit wieder zu Wasser gebracht hatten. Bei Einbruch der Dunkelheit erreichten wir nach 10stündiger Wildwasserfahrt todmüde die Autostraße.

Kali Gandaki – die tiefste Schlucht der Welt

Zwischen den beiden über 8000 m hohen Himalajariesen Dhaulagiri und Annapurna liegt die rund 6000 m tief eingeschnittene Kali Gandaki-Schlucht. Es ist ein erdgeschichtliches Phänomen, daß der Himalaja, das höchste Gebirge unserer Erde, keine Wasserscheide darstellt. Sämtliche großen Flußsysteme entspringen im tibetischen Randgebirge und flossen bereits nach Süden, bevor der Himalaja entstand. Der Faltungsprozeß des Gebirges ging langsam vor sich, so daß sich die Flüsse in gewaltige Schluchten eingraben konnten. Die Kali Gandaki-Schlucht ist die eindrucksvollste unter ihnen. Sie gilt als die tiefste Schlucht der Welt. Der Kali Gandaki-Fluß bringt im

Boots-Transport im Himalaja. Nur zerlegbare Kajaks können auf den schmalen Wegen befördert werden

Sommer, in der Monsunzeit, ungeheure Wassermassen. Im Unterlauf, nahe der indischen Grenze, wurden im August bis zu 9480 m^3 pro Sekunde gemessen. Im Vergleich dazu nehmen sich die 9 m^3 pro Sekunde, die durch die olympische Kanustrecke im Eiskanal in Augsburg fließen, recht bescheiden aus. *Im Sommer sind die großen Flüsse in Nepal absolut unbefahrbar. Erst im Spätherbst und im Frühjahr, wenn nur etwa 10–20 % der Höchstwassermenge vorhanden sind, kann man an Kajak-Fahrten denken.*

Die Erstbefahrung dieser gewaltigen Schlucht sollte der Höhepunkt unserer Expedition werden. Zum Kali Gandaki führt keine Straße. Wir marschierten auf einem alten tibetischen Handelsweg von Pokhara nach Tatopane, der Einsatzstelle am Kali Gandaki. Unsere Karawane bestand aus drei Sherpa, neun Trägern und zwei Sherpani; das sind Trägerinnen, die trotz der schweren Lasten, die sie schleppten, mit ihrem fröhlichen Lachen und ihrem lustigen Geplapper stets für gute Stimmung sorgten. Ausgerechnet der Kleinste unter den Trägern bekam die beiden 2,10 m langen Teile des zerlegbaren Kajaks als Traglast zugeteilt – keine leichte Aufgabe, wenn man nur ganze 155 cm groß ist.

Nach fünf Tagen sahen wir den Kali Gandaki zum ersten Mal. Ein graubrauner Gletscherfluß, stark verblockt, mit mächtigem Gefälle. Der Höhenmesser zeigte 1400 m an. Vor uns lag die 150 km lange Schlucht, und keiner von uns hatte die geringste Ahnung, wie der Fluß nach der nächsten Biegung aussehen würde. Wir wußten nur, daß unser Ziel, die Straßenbrücke von Rhamdi-Ghat, etwa 300 m über dem Meeresspiegel liegt. Das bedeutete ein Gefälle von 1100 Höhenmetern. Es gibt keine genauen Landkarten, auf denen man die Höhenunterschiede exakt ablesen könnte.

Sorgfältig sortierten wir am nächsten Morgen die Ausrüstung; Schlafsack, Reservekleidung, Verpflegung, Kameraausrüstung und für den Notfall das 80-m-Seil mit Haken und Karabiner wurden in wasserdichten Säcken in den Booten verstaut. Leider verloren die wendigen Kajaks mit jedem Kilogramm Ladung mehr von ihren Fahreigenschaften. Endlich waren die Boote gepackt und so schwer geworden, daß wir sie nur noch zu zweit zum Wasser tragen konnten. Die Vorstellung, mit so einem schweren Boot Wildwasserstrecken im fünften Schwierigkeitsgrad bewältigen zu müssen, machte mir Angst.

Wir verabschiedeten uns von den Trägern, die wieder zurück nach Pokhara gingen. Von jetzt an waren wir auf uns allein gestellt. Alles, was wir für die kommenden fünf Tage benötigten, war in den Booten verstaut.

Von der ersten Minute an forderte der Kali Gandaki volle Konzentration. Der Fluß hatte ein abenteuerliches Gefälle, wie man es in europäischen Wildflüssen kaum antrifft. Die Schwallstrecken waren mit großen Felsblöcken durchsetzt, die in dem braunen Gletscherwasser kaum zu sehen waren. Dazwischen wuchtige Abfälle mit gefährlichen Stauwirbeln, aus denen die schwerbeladenen Boote nur mit Mühe befreit werden konnten. Dazu ständig die Angst, daß unsere dünnwandigen Kajaks der Wasserwucht nicht gewachsen wären. Eine Kenterung war manchmal nicht zu vermeiden. Ohne die

Beherrschung der Eskimorolle wären solche Passagen nicht zu befahren. Ein Aussteigen hätte automatisch den Verlust von Boot und Ausrüstung bedeutet.

Hans Memminger fuhr voraus. Ich mußte ihn bewundern, mit welcher Ruhe und Sicherheit er an Wasserfälle bis auf zwei Meter heranfuhr, um die Befahrbarkeit zu prüfen. Dazu gehört jahrelanges Training und eine gehörige Portion Mut. Nur ein einziges Mal konnte er einem gefährlichen Abfall nicht rechtzeitig ausweichen. Die Bootsspitze verfehlte nur knapp einen scharfkantigen Felsblock, der wie eine aufgeklappte Mausefalle schräg aus dem gurgelnden Wasser ragte. Da fehlten nur Zentimeter. Wäre er in den Spalt eingeklemmt worden, hätte für einen Rettungsversuch kaum eine Chance bestanden. Etwas Glück gehört eben auch dazu ...

Es dauerte zwei volle Tage, bis bei der Ortschaft Beni die Wucht des Kali Gandaki etwas nachließ. Zwei Tage Wildwasser mit dem höchsten Schwierigkeitsgrad und einigen absolut unbefahrbaren Wasserfällen. Kurz vor dem Ort läuft quer über den Fluß ein breiter Abfall mit einem heimtückischen Rückstau. War es nachlassendes Konzentrationsvermögen oder einfach nur Müdigkeit – ich weiß es nicht mehr. Auf alle Fälle hing ich plötzlich bis zu den Ohren quer in der Walze. Mühsam nach Luft ringend, immer wieder untertauchend konnte ich mich mit weit ausgestrecktem Paddel in der Gischt

Extremes Wildwasser in der Kali Gandaki-Schlucht – keine Strecke für Kajak-Tourismus

halten. Dann, ein heftiger Schlag, die Spritzdecke war aufgeplatzt, ich fiel aus dem Boot. Unendlich lang waren die Sekunden in der schäumenden Gischt des Wirbels, hilflos der Wasserwucht ausgesetzt. Endlich gelang es mir, nach unten aus dem tödlichen Wirbel wegzutauchen.

Die nächsten Tage auf dem Kali Gandaki brachten keine größeren Schwierigkeiten mehr, und wir erreichten ohne Zwischenfälle nach fünftägiger Kajakfahrt die Straßenbrücke von Rhamdi Ghat.

Durch die Urwälder des Himalaja

Nach der Erstbefahrung des Kali Gandaki konnten wir uns einer weiteren Aufgabe unserer Expedition widmen: Erkundung von Flüssen, die sich für Kajak-Tourismus eignen. Die Idee dazu stammt von Günter Hauser, Bergsteiger und Königlicher Nepalischer Konsul in München, der unternehmungslustigen Kajak-Fahrern die Möglichkeit zu Flußfahrten im Himalaja bieten wollte.

An der Hängebrücke bei Mungling brachten wir unsere Boote zu Wasser. Wieder waren wir für die nächsten Tage auf uns allein gestellt. In die Durchbruchsschlucht des Trisuli führt keine Straße.

Grünlich-graue Wolken am Himmel und der heiße, böige Wind ließen uns nichts Gutes erwarten. Kaum waren wir die ersten Kilometer in die Schlucht eingefahren, da brach ein Tropengewitter über uns herein. Beinahe schlagartig wurde es dunkel. Nur die grellen Blitze tauchten die Felswände in ein gespenstisches Licht. Dicke warme Regentropfen klatschten auf die Boote. Unter überhängenden Felsen suchten wir Schutz für die Nacht.

Am nächsten Morgen dampfte der Urwald an den Berghängen. Auf den meterlangen hellgrünen Moosflechten glänzten die Wassertropfen in der aufgehenden Sonne. Eine Herde wilder Affen turnte mit lautem Geschrei in den Luftwurzeln mächtiger Laubbäume herum. Der Fluß hatte kaum Gefälle. Fast lautlos glitten wir durch die zauberhafte Landschaft und konnten die exotischbunten Wasservögel beobachten, die zu Hunderten das Ufer des Trisuli bevölkerten. Nur die blankgescheuerten Felsen erinnerten daran, daß sich in der Monsunzeit enorme Wassermassen durch die Schlucht zwängen. Innerhalb 24 Stunden kann dann der Wasserspiegel um 10 Meter steigen und aus dem Wanderfluß wird ein reißender Strom.

An der Mündung des Rapti-Rivers, nahe der indischen Grenze, liegt eines der letzten Großwildparadiese auf dem indischen Subkontinent. Nashörner, Krokodile und Tiger durchstreifen unbehelligt von schießwütigen Trophäenjägern die Urwälder. Für uns gab es hier noch einmal eine böse Überraschung. Die in der Karte eingezeichnete Straße führte gar nicht bis zum Fluß. Abgesehen davon, daß uns ein Marsch durch den Urwald nicht ganz geheuer schien, hätten wir das Gepäck alleine sowieso nicht bis zu unserem Begleitfahrzeug tragen können. Zum Glück gelang es uns, in einer nahegelegenen Urwaldsiedlung einen Arbeitselefanten aufzutreiben. So endete unsere Kajak-Himalaja-Expedition auf dem breiten Rücken eines Elefanten, der uns mit unseren Booten zur Straße beförderte, wo wir reichlich durchgeschüttelt Stunden später unser Fahrzeug erreichten.

Für 4000 Mark Kajak-Abenteuer im Himalaja

Im Herbst 1974 war ich wieder unterwegs nach Nepal. Diesmal als Reiseleiter einer Kajak-Touristengruppe. Das Münchner Spezialreisebüro Hauser Exkursionen International war das Risiko eingegangen, mit dieser neuen Variante eines ›Aktiv-Urlaubs‹ touristisches Neuland zu betreten.

Am 16. November 1974 traf sich die Mannschaft startbereit im Flughafengebäude München-Riem: vierzehn unternehmungslustige Kajakfahrer und eine mutige junge Dame, die den Ehrgeiz hatte, als erste Kajakfahrerin im Himalaja in die Geschichte einzugehen. Daß Kajakfahrer Individualisten sind, zeigte sich bereits beim Check-in am Air-India-Schalter. Mit unschuldiger Miene wurden die phantastischsten Gepäckstücke – vom 40 Pfund schweren Kletterrucksack bis zur knapp ein Meter langen Packtasche – als ›Handgepäck‹ vorgezeigt. Im letzten Moment verschwand ein Teilnehmer noch auf der Toilette, um den acht Pfund schweren Gummianzug unter seine sonstige Reisekleidung anzuziehen.

Der 12stündige Flug im Jumbo-Jet nach Neu Delhi bot dann ausreichend Gelegenheit, sich näher kennenzulernen. Der älteste Teilnehmer war 48 und erfolgreicher Architekt. Der jüngste hieß Hubert, 25 Jahre alt, Skirennläufer, Motocrossfahrer und von Beruf Kundendiensttechniker. Außerdem hatten wir Juristen, Diplom-Ingenieure, Kaufleute, Physiker, einen Malermeister und einen Betriebsleiter-Stellvertreter aus Kirchdorf in Oberösterreich dabei, der mit 43 Jahren der drittälteste Teilnehmer der Gruppe war.

Als Programmgestalter und Reiseleiter sah ich schon nach den ersten Kontaktgesprächen schwere Zeiten auf mich zukommen: Die Kajakspezialisten wollten eine rassige Wildwasserstrecke (möglichst Erstbefahrung!). Die Romantiker wünschten Flußstrecken mit Traumzeltplätzen, auf denen immer viel Holz zum Feuermachen liegt. Die Bergsteiger unter den Bootsfahrern erhoben Anspruch auf einen Fünftausender. Die Kunst- und Kulturbeflissenen wollten am liebsten alle 3000 Tempel des Kathmandu-Tales besichtigen. Und das alles in 22 Tagen ...

Nepal – ein Paradies für Kajakfahrer

Alle Himalajaflüsse münden in den Ganges. Bevor sie die Ebene erreichen, müssen sie sich durch das 3000 m hohe Mahabarath-Gebirge hindurchzwängen, dessen urwaldbewachsenen Berge das nepalische Mittelland wie eine Mauer gegen die Tiefebene abgrenzen.

Für den Kajak-Tourismus eignen sich die Flüsse des Mittellandes, die Durchbruch-Schluchten der Mahabarath-Kette und die breiten Ströme der Tiefebene. Die besten Jahreszeiten sind Frühjahr und Herbst. Im Sommer, wenn in den Monaten Juni bis September 80 % der Jahresniederschläge fallen, verwandeln sich selbst harmlose Wanderflüsse in reißende Wildwasser.

Sherpa – Spezialisten für first class service

Die Tage in Kathmandu vergingen schnell. Während die Gruppe Pagoden und Tempel der alten Königsstadt Bhadgaon besichtigte und zum hindustanischen Heiligtum Pashupatinath fuhr (Leichenverbrennung inclusiv) oder sich von schlitzohrigen Händlern mehr oder weniger wertvolle Souvenirs aufschwatzen ließ, hockte der Reiseleiter mit Pinsel, Polyesterharz und Glasmatten bewaffnet bei den Booten, um Transportschäden zu reparieren. Fünfzehn zerlegbare Kunststoffkajaks, eine Spezialanfertigung, die für Nepal notwendig war, damit die vier Meter langen Boote im Gebirge von Trägern transportiert werden konnten, waren auf dem Landweg vor vier Wochen aus Deutschland hier eingetroffen. Dazu zwanzig Paddel, fünfzehn Spritzdecken, vierzig aufblasbare Schwimmkörper und Rettungsleinen für Notfälle. Die Touristen brachten nur ihre persönliche Ausrüstung mit, die aus Neoprenhose, Anoraks, Sturzhelm und Schwimmweste bestand.

Am 20. November verließen wir Kathmandu und erreichten nach 3stündiger Busfahrt das erste Camp am Trisuli. Die Sherpa hatten das Lager neben einem kleinen Hindu-Tempel aufgeschlagen, dessen kunstvolle Holzschnitzereien vom einstigen Schönheits-Sinn der Erbauer zeugen. Aber auch dieser Tempel ist, wie so vieles in Nepal, dem Verfall preisgegeben.

Dalim Mukhya, unser Sirdar, servierte zur Begrüßung heißen Tee. Der kleine drahtige Bursche mit seinen lustigen Mandelaugen ist trotz seiner 22 Jahre bereits einer der beliebtesten Trekking-Führer. Er stammt aus dem

Heiß brennt die Herbstsonne auf die Sandbank am Trisuli, wo die Kajakgruppe ausgiebig Mittagsrast hält

Gebiet um Darjeeling in Ostnepal, wo sein Vater eine Teeplantage besitzt. Englisch hat er in der Schule in Kalkutta gelernt. Seitdem ist er auf die Inder nicht mehr gut zu sprechen. Böse Zungen behaupten übrigens, seine Beliebtheit sei besonders groß bei weiblichen Trekking-Touristen.

Abends bewies Purba, unser Sherpakoch, daß er ein Meister seines Faches ist. Die Hühnersuppe schmeckte vortrefflich. Nach Reis, Gemüse und Fleischgericht gab es zum Nachtisch einen selbstgebackenen Kuchen. Was macht's, wenn man dabei mit eingeschlafenen Beinen auf dem Boden hockte, sich die Finger an den Blechtellern verbrannte und im Tee verdächtige ›Sandkörner‹ schwammen. Nachher am Lagerfeuer gab es Tee mit Kukri-Rum, ein höllisches Gebräu aus Zuckerrohr-Resten, vor dem man nur warnen kann.

Am nächsten Tag saßen wir zum ersten Mal in den Booten. Der Trisuli ist eine Teststrecke. Er gibt dem Reiseleiter die Möglichkeit, Fahrtechnik und Können der Teilnehmer einzustufen. Nach fünf Stunden Bootsfahrt wußte ich Bescheid; Karl, 38 Jahre alt, von Beruf Holzingenieur, in der Freizeit engagierter Schmetterlings-Sammler, erwies sich als Konditionswunder. Er soll als ›letzter Mann‹ die Gruppe zusammenhalten. Hubert, Dieter und Günter sind Kajak-Spezialisten und werden die Spitzengruppe bilden. Bei meinem Freund Peter stellte sich heraus, daß er mit dem Geologenhammer besser umzugehen weiß als mit einem Paddel. Ich kenne ihn jedoch von gemeinsamen Bergtouren. Er ist hart im Nehmen und würde die unvermeidlich auf ihn zukommenden ›Schwimmstrecken‹ sicher durchstehen. Die schwierigeren Passagen am Marsyandi wollte ich auf alle Fälle nur mit dreizehn Booten befahren.

Acht Tage Fußmarsch zum Marsyandi

Nepal wird als das ›Land ohne Rad‹ beschrieben. Das stimmt heute nicht mehr ganz. Auch die Geschichte vom Rolls Royce des englischen Botschafters, der über die Sumpfpfade der Himalaja-Vorberge getragen werden mußte, gehört der Vergangenheit an. Das Straßennetz in Nepal ist zur Zeit etwa 6000 km lang und wird ständig weiter ausgebaut. Trotzdem sind die meisten Himalajatäler nur zu Fuß zu erreichen. Auch zu unserem Einsatzpunkt am Marsyandi mußten die Boote drei Tage lang getragen werden.

Wir gingen nicht den gleichen Weg wie die Bootsträger, sondern machten eine 8tägige Trekking-Tour zum Lamjung-Himal. Wenn die Kajakfahrer schon einmal im Himalaja waren, dann sollten sie auch in die Nähe der Schnee- und Eisregion der Achttausender kommen. Trekking im Lamjung-Himal – das bedeutet wandern ohne Gepäck auf uralten gewundenen Pfaden, durch dichten Regenurwald, über liebliche Almregionen mit ständig wechselnden Ausblicken auf die Achttausender Annapurna und Manaslu, die greifbar nahe in der klaren Herbstluft vor uns standen. Höhepunkt der Tour wurde die Besteigung eines Fünftausenders der östlichen Lamjung-Gruppe. Dabei gab es heftige Diskussionen darüber, ob der Höhenmesser zwischen 4501 und 4999 Meter seinen Geist aufgegeben hatte, oder der Gipfel tatsächlich nicht so hoch war. Ich konnte die Teilnehmer nachträglich beruhigen:

Nepalischer Sadu. Stolz läßt sich der Hindu-Priester im Kajak fotografieren – allerdings nur auf dem Trockenen. Wie die meisten Napalesen kann auch er nicht schwimmen und empfindet den reißenden Fluß als tödliche Gefahr

Intensives Kartenstudium hat ergeben, der Berg *ist* – wenn auch knapp – ein Fünftausender.

Eine abenteuerliche Erstbefahrung

Schon beim Abstieg über die 8000 Steinstufen von Gangpokhara hinunter in das Marsyandi-Tal betrachtete ich den Fluß mit recht gemischten Gefühlen. Die Strecke, die wir am nächsten Tag befahren wollten, war noch nicht erkundet, weil wir im letzten Frühjahr aus Zeitmangel nicht mehr dazu gekommen waren. Laut Karte dürfte der Fluß hier gar kein Gefälle haben. Aber der Blick auf das reißende Wasser, auf die mächtigen Walzen und Abfälle belehrten mich eines Besseren. Ich konnte nur hoffen, daß es einen halben Tagesmarsch flußabwärts, bei unserem Einsatzpunkt, besser aussah.

Am nächsten Morgen war unser Lager von etwa 150 Zuschauern umringt. Wie ein Lauffeuer mußte sich die Kunde von den verrückten Sahibs mit ihren ›schwimmenden Röhren‹ im Tal herumgesprochen haben. Von weit her kamen die Neugierigen. Auch ein Priester war dabei. Während die halbe Mannschaft bereits wie nervöse Rennpferde ungeduldig in den Booten saß, bekamen einige Teilnehmer noch rasch von ihm glückbringenden Reis auf die Stirn gestreut. Damit der Reis auch richtig dranblieb, klebte ihn der Priester unter Gebetsgemurmel mit Speichel fest, der vom Kautabak herrlich weinrot gefärbt war. Später konnte man bei den Kenterungen keinen Unterschied mehr feststellen: Gesalbte und Ungesalbte schwammen eigentlich gleich gut.

Was uns in den nächsten acht Stunden erwartete, war sportlich extremes Wildwasser, das eigentlich mit einer Flußstrecke für Kajaktouristen nichts zu tun hatte. Das wurde mir spätestens klar, als nach 200 Metern bereits der erste im Bach lag, und ich alle Hände voll zu tun hatte, um Boot, Paddel und Teilnehmer wieder herauszufischen. Und es sollte nicht die letzte Kenterung sein.

Als wir bei Einbruch der Dunkelheit alle einigermaßen heil bei unseren Zelten ankamen, war niemand so glücklich wie ich. Die Erstbefahrung des oberen Marsyandi war eine großartige sportliche Leistung, die an die Gruppe jedoch zu hohe Anforderungen gestellt hatte. Ohne den kameradschaftlichen Einsatz aller Teilnehmer wäre dieses Abenteuer vielleicht nicht so gut ausgegangen. Bleibt nur noch nachzutragen, daß diese Strecke selbstverständlich aus dem Programm gestrichen wurde ...

Die nächsten Tage brachten dann die versprochenen Wildwasserpassagen mit kurzen ungefährlichen Abfällen, in denen die bunten Boote in der weißen Gischt verschwanden, mit lustigen Kurvenschwällen, die das warme klare Wasser zu hohen Wellen aufschaukelten.

An der Fahrt auf dem Narayani nahmen wieder alle fünfzehn Kajakfahrer teil. Diesmal hatten wir Proviant und Schlafsäcke mit in den Kajaks. Auf einer Insel im Fluß schlugen wir unser Lager auf. Am nächsten Tag erreichten wir gegen Mittag die Mündung des Rapti-Rivers, nahe der indischen Grenze.

Der Bootstransport per Elefant, den wir auf unserer Kajak-Expedition mangels anderer Verkehrsmittel organisierten, erwies sich nun als wahrer Touristik-Schlager. Auf die Minute pünktlich erschienen die bestellten acht Arbeitselefanten samt Bedienungsmannschaft an der Uferböschung, und während die Boote auf den Rücken der geduldigen Dickhäuter gehievt wurden, klickten die Verschlüsse der Fotoapparate und surrten die Schmalfilmkameras (Farbt. 37). Nach zweistündigem Ritt erreichten wir die Tiger-Top-Lodge, ein Bungalow-Hotel, das uns wieder alle Annehmlichkeiten der Zivilisation bot. Das Kajak-Abenteuer war zu Ende.

Der Verfasser als Kajak-Führer am oberen Marsyandi

Literatur

Nepal allgemein

Behr, H.-G., ›Nepal – Geschenk der Götter‹, Econ-Verlag, Düsseldorf 1976

Bühler, J., ›Nepal‹, Editions Rencontre, Lausanne 1964

Donner, W., ›Nepal, Raum, Mensch und Wirtschaft‹, Otto Harrassowitz, Wiesbaden 1972

Dürst, A., ›Nepal‹, Silva-Verlag, Zürich 1966

Hagen, T., ›Nepal, Königreich am Himalaya‹, Kümmerly & Frey, Bern 3. Aufl. 1975

Harrer, H., ›Die Götter sollen siegen‹, Ullstein-Verlag 1968

Hellmich, W., ›Khumbu Himal, Ergebnisse des Forschungsunternehmens Nepal Himalaya‹, Springer-Verlag, Berlin-Heidelberg 1967

Högger, R., ›Die Schweiz in Nepal‹, Paul Haupt-Verlag, Bern und Stuttgart 1975

Meienberger-Genoud, F. und P., ›Nepal zwischen Gestern und Morgen‹, Kathmandu 1974, zu beziehen bei dem Delegierten f. techn. Zusammenarbeit, Eidgenössisches Politisches Department, CH 3000 Bern.

Seemann, H., ›Nepal, Tatsachen, Informationen, Reiseführer‹, FRATERNITAS, Düsseldorf 3. Aufl. 1975

Architektur, Kunst, Kultur, Geschichte

Auer, G. und Gutschow, N., – ›Bhaktapur, Gestalt, Funktion und religiöse Symbolik einer nepalesischen Stadt im vorindustriellen Entwicklungsstadium‹, Harrassowitz, Wiesbaden 1974

Bajacharya, B. N., ›Kathmandu, Architecture and Environment‹, Jore Ganesh Press 1969

Bernier, R. M., ›The Temples of Nepal‹, Kathmandu 1970

Bikrame, J. H., ›History of Nepal, as told by its own and contemporary Chroniclers‹, India 1970

Kramrisch, S., ›The Art of Nepal‹, New York 1964

Pruscha, C., ›Kathmandu Valley, The Preservation of Physical Environment and Cultural Heritage, A Protective Inventory‹, 2 Bde, Wien 1975

Waldschmidt, E. u. R. L., ›Nepal, Kunst aus dem Königreich im Himalaya‹, Recklinghausen 1967

Wiesner, U., ›Nepal, Königreich im Himalaya. Geschichte, Kunst und Kultur im Kathmandu-Tal‹, DuMont Kunst-Reiseführer, DuMont Buchverlag, Köln 2. Aufl. 1977

Bergsteigen und Trekking

Armington, S., ›Trekking in the Himalayas‹, Lonely Planet Publications, Victoria, Australia 1976

Fürer-Haimendorf, C. V., ›The Sherpas of Nepal, Buddhist Highlanders‹, Butler und Tanner, London 1964

Hagen, T., Dyhrenfurth, G. O., Fürer-Haimendorf, C. v., Schneider, E., ›Mount Everest, Aufbau, Erforschung und Bevölkerung des Everest-Gebietes‹, Orell Füssli, Zürich 1959

Hardie, N., ›Im höchsten Nepal. Ein Leben mit den Sherpas‹ (Originaltitel ›In Highest Nepal‹), Nymphenburger Verlagshandlung, München 1959

Hayes, J. L., ›Trekking to Mt Everest and Solo-Khumbu‹, Nepal Trekking Guidebooks, Avalok Publishers, Kathmandu 1975

Hayes, J. L., ›Trekking North of Pokhara‹, Nepal Trekking Guidebooks, Avalok Publishers, Kathmandu 1976

Hayes, J. L., ›Trekking North of Kathmandu‹, Nepal Trekking Guidebooks, Avalok Publishers, Kathmandu 1976

Hiebeler, T., ›Abenteuer Everest‹, Albert Müller-Verlag, 1974

Kazami, T., ›The Himalayas. A Journey to Nepal‹, Kodansha Internat., 1968

Kleinert, C., ›Nepal Trekking‹, BV-Tourenblätter, Mappe 12, Bergverlag R. Rother, München

Ray, P. A., ›Nepal, a traveller's guide‹, Lonely Planet Publications, Victoria, Australia 1976

Expeditionsberichte

Bonington, C., ›Everest, the hard way‹, Book Club Associates, London 1976

Dyhrenfurth, G. O., ›Der Dritte Pol‹, Nymphenburger Verlagshandlung, München 1960

Eggler, A., ›Gipfel über den Wolken‹, Hallwag-Verlag, Bern 1956

Hauser, G., ›Eisgipfel und Goldpagoden. Expedition ins Königreich Nepal‹, Bruckmann-Verlag, München 1966

Herzog, M., ›Annapurna‹, Popular Library, New York 1953

Hillary, E., ›Ich stand auf dem Everest‹ (Originaltitel ›High Adventure‹), E. Brockhaus, Wiesbaden 1956

Hillary, E. und Doig, D., ›Schneemenschen und Gipfelstürmer‹, E. Brockhaus, Wiesbaden 1963

Tichy, H., ›Cho Oyu‹, Ullstein, Frankfurt-Berlin 1955

Bildbände

Frank, D., ›Traumland Nepal‹, Süddeutscher Verlag GmbH, München 1974

Schweizerische Stiftung für alpine Forschung ›Everest‹, Büchergilde Gutenberg, Zürich 1953

Seemann, H., ›Nepal 2029. Gestern noch verbotenes Land‹, Verlag Bandell AG, Stuttgart 1973

Sirakawa, Y., ›Himalayas‹, H. N. Abrams Inc. Publishers, New York 1971

Winkler, J., ›Nepal‹, Verlag W. Kohlhammer GmbH, Stuttgart 1976

Sprachführer, Wörterbücher

Basic Gurkhali Dictionary, M. Meerendonk, Straits Times Press Ltd., Singapore 1960

Trekker's Pocket-Pal, Nepali word and phrase guide, Avalok Publishers, Kathmandu 1975

Nepali self-taught, Bidhu Bhusan Das Gupta & Madhar Lal Karmacharya, Calcutta 1964

Von den hier aufgeführten Büchern sind besonders hervorzuheben:

- Der Bildband von J. Winkler, der neben prachtvollen Bildern auch einen sehr guten Textteil bietet
- der Kunstführer U. Wiesners
- die BV-Tourenblätter von C. Kleinert mit sehr guter Beschreibung aller wichtigen Trekking-Routen.

Raum für Ihre Reisenotizen

Anschriften neuer Freunde, Foto- u. Filmvermerke, neuentdeckte gute Restaurants, etc.

Raum für Ihre Reisenotizen

Anschriften neuer Freunde, Foto- u. Filmvermerke, neuentdeckte gute Restaurants, etc.

Kathmandu - Informationen

Kathmandu-Informationen

Von Annemarie H. Spahr

Ankunft in Kathmandu

Mit dem Flugzeug

Entfernungen: Frankfurt–Delhi: 6700 km, Delhi–Kathmandu: 800 km.

Am einfachsten ist Nepal mit dem Flugzeug über Delhi zu erreichen. Von Delhi nach Kathmandu gehen täglich – ausgenommen Mittwoch – Flüge (Indian Airlines oder Royal Nepal Airlines Corporation, RNAC). (Flugplan August 1977, sehr häufig Änderungen)

Bei einem Flug von Europa in den Fernen Osten (nach Bangkok oder Tokio) kann die Flugroute Delhi–Kathmandu–Bangkok gewählt werden – ohne Mehrkosten für den Abstecher nach Nepal! Eine Variante zum Direktflug Delhi–Kathmandu ist die Route Delhi–Agra–Khajuraho–Benares–Patna–Kathmandu, bei der die wichtigsten Touristenzentren Nordindiens berührt werden. Billige Flüge Kathmandu–Dacca–London mit Bangladesh Biman (keine Charter-, sondern normale Linienflüge). Kosten Kathmandu–London, einfach: US $ 300,–.

Kosten (Stand Juni 1977, Linienflug)

Frankfurt →	Delhi →	Kathmandu und zurück:	DM	3 182,–
Zürich →	Delhi →	Kathmandu und zurück:	SFr	3 018,–
Wien →	Delhi →	Kathmandu und zurück:	öS	24 660,–

Hinzu kommen günstige Charterflüge und Gruppenflüge (beispielsweise über Hauser-Exkursionen International, München).

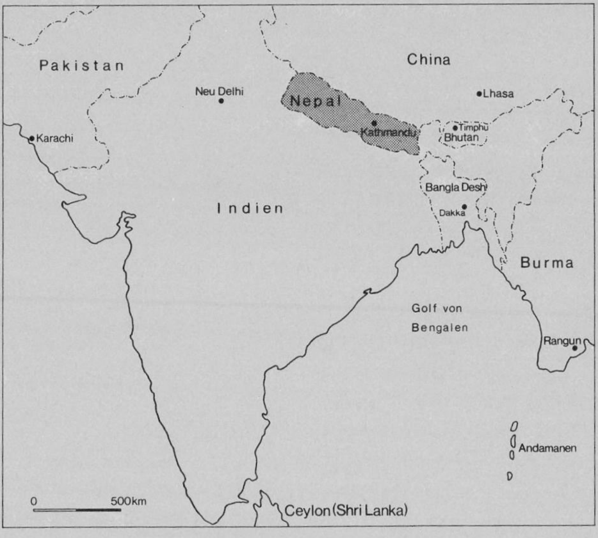

Die Lage Nepals

Mit dem Auto

Mit Zeit und Abenteuerlust kann Nepal über die Türkei, Iran, Afghanistan, Pakistan und Indien erreicht werden (Auskünfte durch Automobil-Klubs).

Mit dem Bus

Eine Busverbindung besteht zwischen London und Kathmandu mit Zusteigemöglichkeiten in München und Salzburg (›Hippy-Bus‹, Auskünfte durch Reisebüros).

Apotheken

Es gibt **keine durchgehend geöffneten Apotheken.** Die meisten sind von ca. 7 Uhr morgens bis 20 Uhr abends offen, je nach Lage und Jahreszeit.

Medikamente sind relativ billig und die Auswahl ist groß. **Wer von einem bestimmten Medikament abhängig ist, sollte es in ausreichender Menge von zu Hause mitnehmen.**

Auskunft

Allgemeine Informationen

Alle Auskünfte über Geschäfte, Cafés, billige Restaurants und Hotels sind mit Vorsicht zu genießen. Bei Drucklegung dieses Buches können sehr viele der hier gegebenen Informationen nicht mehr gültig sein. Restaurants, sog. *Lodges* (sehr billige Unterkünfte), Souvenir-Geschäfte sind wie Eintagsfliegen. Sie eröffnen mit viel Propaganda; alles geht schön und gut für einige Monate und dann wird sang- und klanglos der Laden heruntergelassen. Gewöhnlich ist der Grund der, daß der Eröffnungs-Standard nicht gehalten wurde, man hat relativ leicht Geld gemacht, also weshalb sich anstrengen. Deshalb gelten die folgenden Informationen im Grunde nur für den Moment, in dem sie gegeben wurden.

Aber wo erhält man denn – einmal am Platz – die richtige Auskunft?

- Deutsche Botschaft, Kanti Path
- Tourist Information Centre, Basantapur
- Ortsansässige Ausländer, die leicht von Touristen zu unterscheiden sind,
- in einigen reellen Ladengeschäften, z. B. Gem Palace, New Road, rechte Seite, im zweiten Block nach dem Tor, Tuladhar Enterprises, links, im Block nach der Amerikanischen Bibliothek, Fresh House, Straße nach links bei der Kreuzung am Monument auf der New Road.
  In allen drei Geschäften wird englisch gesprochen und in letzteren beiden verkehren sehr viele sog. Residents, Ausländer, die sich in Nepal für kürzere oder längere Zeit niedergelassen haben.
- Schreiberin dieser Zeilen (Tel. 1 28 37).

> Falls eine 100 % richtige Auskunft gebraucht wird, fragen Sie verschiedene Leute, verschiedene Kategorien Einheimischer und wenn möglich ansässige Ausländer. Geben Sie sich nicht mit der Auskunft am Empfang im Hotel zufrieden.

Kulturelle Informationen

Sie sind sehr schwer zu bekommen. Man muß sich vor Augen halten, daß die verschiedenen ethnischen Gruppen kaum etwas vom kulturellen Leben der anderen Gruppen wissen und sich auch nicht sehr dafür interessieren. *Besonders hier gilt:* nicht mit **einer** Antwort zufrieden geben.

Autofahren in Kathmandu

Allgemeine Hinweise

- **Man fährt links, überholt rechts.** Vorsicht an Kreuzungen. Es kann passieren, daß man beim Linksabbiegen von einem Fahrzeug auf der linken Seite überholt wird, das dann rechts abbiegt!

Linksabbiegen bei Rotlicht ist nicht gestattet. **Vorsicht: Heilige Kühe!**

- Es gibt **keine Höchstgeschwindigkeit,** man kann so langsam fahren wie man will – und soll!
- Die Stellen mit **Parkverbot** sind normalerweise als solche markiert. Auf der New Road z. B. darf man nur zu gewissen Zeiten in der Mitte parken. Die Polizei behandelt das Parken sehr willkürlich.
- Es gibt **keine Parkhäuser** in Nepal.

Automobil-Club

Der *Automobil-Club* führt ein eher ruhendes Dasein. Er kann Auskunft geben über Ein- und Ausfuhr-Regelungen, das Prozedere für den Verkauf eines Wagens, jedoch nicht viel mehr.

Leihwagen

Die Reiseagentur *Gorkha Travels* hat die Vertretung von Hertz. Die Wagen sind in relativ gutem Zustand, Preise entsprechen ungefähr denjenigen in Europa.

Bei einigen Reisebüros können auch *Personenwagen und Landrover mit Fahrer* für einen festen Tagessatz gemietet werden.

Panne

Es gibt **keinen Pannendienst,** den man rufen kann, schon gar nicht einen rund um die Uhr. Bei einer Panne hält man den nächstbesten Lastwagen an. Fahrer und Helfer sind meistens ganz gute Mechaniker. Messen Sie jedoch nicht mit europäischen Maßstäben. Seien Sie nicht erstaunt, wenn er zuerst einen Hammer bringt. Falls Sie irgendwo im Monsundreck steckenbleiben, lassen Sie die Nepali machen. Drehen Sie Ihrem Wagen den Rücken, gehen Sie spazieren: in kürzester Zeit ist der Wagen wieder flott, nur zuschauen darf man nicht!

Unfall

Es wird sich im Nu eine riesige Menschenmenge um Sie herum bilden, auch wenn nur leichter Blechschaden entstanden ist. Behalten Sie ruhig Blut, verlangen Sie die Polizei, falls jemand verletzt ist. Oder bitten Sie, daß man Sie zum nächsten höheren Posten bringt, wo Sie sehr wahrscheinlich einen Offizier treffen, der etwas Englisch kann. S. a. unter Polizei.

Vertrags-Werkstätten

TATA, der indische Partner von Mercedes hat eine recht gut eingerichtete Werkstatt im Zentrum von Kathmandu, gegenüber der Hauptpost. Im *Balaju Industrial District* befindet sich eine VW-Garage, die gut eingerichtet ist und über viele Ersatzteile verfügt, die allerdings sehr teuer sind.

Banken

Nepal Rastra Bank – Notenbank, Staatsbank

Nepal Bank Limited – Handelsbank mit sehr vielen Niederlassungen, mit eigenen Wechselstellen in der Stadt, die länger offen sind als die Banken selbst – letztere schließen um 14 Uhr.

Bibliotheken

Alle größeren Botschaften unterhalten Bibliotheken und Lesezimmer:

Amerikanische Bibliothek, New Road
Britische Bibliothek, Kanti Path
Goethe-Institut, Sundhara
Indische Bibliothek, RNAC Building
Russische, Chinesische Bibliothek
Keshar Library: größte Privat-Bibliothek Südost-Asiens, zusammengetragen von Keshar Shumshere J. B. Rana, im Keshar Mahal, Kanti Path. Sehenswerte Sammlung von Büchern vieler Sprachen, Jagd-Trophäen, Photos aus der Rana-Zeit etc.
National Archives, Ram Shah Path

Buchhandlungen

Die wichtigsten Buchhandlungen, die Bücher in Nepalisch und Englisch führen:

Gegenüber dem Paras-Hotel (New Road Monument)
Parterre vom Mahankal-Tempel, gegenüber Militär-Hospital, Kanti Path

Ratna Pustak Bhandar in Bhotahiti, Eingang zum Basar vom Kanti Path her, Süd-Ost-Seite von Rani Pokhari.

Busse

Busverbindungen bestehen nach Patan, Bhadgaon und vielen anderen Orten des Kathmandu-Tales. Ferner gibt es täglich Busse nach Pokhara, Rauxal und Kodari ab *General Post Office* (Fahrpreis Kathmandu–Pokhara ca. 2 Dollar).

Cafés

Cafés im europäischen Sinn gibt es nur in einigen Hotels (Hotel de l'Annapurna, Hotel Narayani, Hotel Blue Star) als sog. *Snack-Bars* oder *Coffee Shops.*

Camping

Festgelegte Camping-Plätze gibt es in Kathmandu nicht. Das Hotel Whitie an der Ausfallstraße nach Indien bietet einen geschlossenen Platz, auf dem die Wagen abgestellt werden können. Toiletten, Duschen und ein kleines Hotel-Restaurant sind vorhanden, entsprechen jedoch keineswegs westlichem Standard.

Wer campen will, einigt sich mit dem Besitzer des Platzes, den man zum Campen ausgewählt hat. Man soll jedoch nicht erstaunt sein – und sich dagegen wehren hat keinen Sinn, es sei denn, man hat einen Hund dabei –, wenn das ganze Dorf Tag und Nacht um einen herumsteht.

Pokhara hat einen Camping-Platz am See.

Clubs

Rotary Club, Thapathali
Royal Golf Club, Tribhuvan-Flugplatz

Deutschsprachige Institutionen

Deutsche Botschaft, am Kanti Path, neben Hotel Yellow Pagoda
Goethe-Institut, Sundhara, an der Straße, die links an der Hauptpost vorbei in die Stadt hineinführt.
Deutscher Entwicklungsdienst, Dilli Bazar
Deutsch-Nepalesisches Bhaktapur-Entwicklungs-Projekt, Bhaktapur

Devisen

Ein- und Ausfuhr ausländischer Devisen ist mit Ausnahme indischer Rupien erlaubt, Ein- und Ausfuhr nepalischer Rupien ist nicht gestattet. *Geldwechsel* bei Banken und in den Hotels, jedoch nur von harter Währung in nepalische Rupien. Rücktausch ist nur bis zu 10 % der eingetauschten Dollarbeträge bei der Nepal Rastra Bank möglich, wenn man sich die eingetauschten Dollarbeträge auf der weißen Karte der Nepal Rastra Bank hat eintragen lassen, die man bei der Einreise erhält. *Der Dollarkurs ist fest: 1 US $ = 12,45 Rs,* während der Kurs zu den übrigen harten Währungen ›floatet‹.

Schwarz wechseln lohnt nicht, der Unterschied zum offiziellen Kurs ist zu gering und es gibt zu viele Agents Provocateurs!

Diplomatische Vertretungen

(alle in Kathmandu)
Bundesrepublik Deutschland: Kanti Path (Tel. 1 17 30)
Deutsche Demokratische Republik: Tripureshwar (Tel. 1 48 01)
Frankreich: Lazimpat (Tel. 1 23 32)
Großbritannien: Lain-chaur (Tel. 1 10 81)
Indien: Lain-chaur (Tel. 1 13 00)
USA: Pani Pokhari (Tel. 1 33 10) u. a. m.

Diplomatische Vertretungen des Königreichs Nepal

Königl. Nepalische Botschaft
5300 Bonn–Bad Godesberg 1
Im Hag, Tel. 0 22 21 / 34 30 97
Königl. Nepalisches Generalkonsulat
4000 Düsseldorf-Benrath
Meliesallee 14, Tel. 02 11 / 71 59 76
Königl. Nepalisches Konsulat
6000 Frankfurt/M. 60
Flinschstraße 63, Tel. 06 11 / 41 71 01

Königl. Nepalisches Konsulat
8000 München 22
Praterinsel 5, Tel. 089/293086
Königl. Nepalisches Generalkonsulat
A-1190 Wien
Krapfenwaldlgasse 11, Tel. 321105
Königl. Nepalisches Generalkonsulat
CH-3011 Bern
Junkerngasse 31, Tel. 031/227626
Königl. Nepalisches Generalkonsulat
CH-1003 Lausanne
Chemin de Charmettes 7, Tel. 021/349925
Bitte beachten: zuerst ein Formular zur Visaerteilung bei einer der genannten Anschriften anfordern.

Drogen

Die Regierung hat weitere Bestimmungen betreffend Drogen erlassen. **Jeglicher Handel mit Drogen aller Art, Ein- und Ausfuhr, sowie Konsum sind untersagt.**

Einkaufen

Nepal ist das Land der ›Scarcities‹, des vorübergehenden Mangels. Immer fehlt irgend etwas auf dem Markt zu irgendeiner Zeit. Man kann nicht damit rechnen, innerhalb einer bestimmten Zeit all das zu bekommen, was man will oder braucht.

Einreise

Man benötigt ein *Visum*, das entweder von einer Nepalischen Botschaft in Europa oder derjenigen in New Delhi ausgestellt werden kann, und das gewöhnlich für 14 Tage (auch für Pokhara und Chitwan) gültig ist. Am Flugplatz in Kathmandu bekommt man ein Visum für 7 Tage, nachdem man einen bestimmten Betrag in nepalische Währung gewechselt hat. Es empfiehlt sich sehr, das Einholen eines Visums nicht für den Flugplatz von Kathmandu aufzuheben.

Fahrrad- und Moped-Verleih

Es gibt verschiedene Plätze, wo Fahr- und Motorräder gemietet werden können, z. B. am Eingang zum Basar gegenüber Rani Pokhari, in der Nähe von Fresh House. Die einfacheren Hotels können Auskunft darüber geben. Die Preise sind überall ungefähr dieselben, variieren nach Alter und Zustand des Fahrzeuges. Mit dem Fahrrad oder Moped kann man das Kathmandu-Tal am besten kennenlernen.

Vorsicht, wenn man das Fahrzeug irgendwo stehen läßt! Es lohnt sich, einem Buben ein ›Bakshish‹ zu versprechen, wenn er auf das Fahrzeug aufpaßt, während Sie Tempel besichtigen. Das Trinkgeld sollte jedoch Rs 2,– nicht übersteigen. – Außerdem fahren *Fahrradrikschas* in der Stadt.

Feiertage

Samstag ist der wöchentliche Feiertag; am Tage des Saturn (Sansarbar-Saturday) soll man nichts wichtiges unternehmen.

Daneben gibt es unzählige Feiertage, Regierungsfeiertage, solche der verschiedenen ethnischen Gruppen und der beiden Hauptreligionen Buddhismus und Hinduismus.

Feste

s. u. ›Feste in Kathmandu‹, S. 37

Festspiele

Festspiele im europäischen Sinn sind nicht bekannt, es sei denn, man betrachtet die sog. Film-Festivals als solche, die z. B. die russische Botschaft beinahe jährlich veranstaltet. Es handelt sich dabei nur um eine Serie von Film-Vorführungen.

Fluggesellschaften

Royal Nepal Airlines Corporation
New Road Gate (✆ 14511)
Aeroflot Kanti Path (✆ 12397)
Air France Durbar Marg (✆ 13339)
Air India Kanti Path (✆ 12335)
Bangladesh Biman Durbar Marg (✆ 12544)
BEA Kanti Path (✆ 12508)
Canadian Pacific Annapurna Arcade (✆ 13565)
Indian Airlines Ratna Park (✆ 11198)
KLM Durbar Marg (✆ 14895)

Lufthansa Annapurna Arcade (✆ 1 30 52)
Northwest Orient Annapurna Arcade (✆ 1 35 65)
PAN AM Durbar Marg (✆ 1 58 24)
PIA Durbar Marg (✆ 1 21 02)
SAS Annapurna Arcade (✆ 1 43 87)
Swissair Durbar Marg (✆ 1 28 08)
THAI Annapurna Arcade (✆ 1 35 65)
TWA Hotel Soaltee (✆ 1 47 04)
UBA Durbar Marg (✆ 1 48 39)

Flugplatz

Tribhuvan-Airport, auch Gauchar genannt (✆ 1 28 34), östlich von Kathmandu.

Friseur

Die besten Friseure für Damen und Herren:
Simrik – neben Britischer Bibliothek
Soaltee Oberoi (innerhalb des Hotelareals)
Annapurna (innerhalb des Hotelareals)
Die Preise sind sehr niedrig, verglichen mit denen in Europa.

Galerien

In *Patan*, in der Nähe der Feuerwehr, auf dem Weg zum Zoo, befindet sich eine kleine ›Art Gallery‹, geführt von Mr. Joshi, der Kunstmaler ist und Stunden erteilt.

Bhaktapur hat die offizielle Art Gallery, in der alte Thangka, handgeschriebene und -bemalte Bücher etc. ausgestellt sind.

Geld

Die nepalische Währungseinheit ist die *nepalische Rupie*. Eine Rupie besteht aus 100 Paisa. 1 US $ = 10,45 nep. Rupien, 1 DM = ca. 4,20 nep. Rupien.

Geschäfte

Antiquitäten

Es sind besondere Kenntnisse, viel Zeit und Geduld erforderlich, um noch echte Antiquitäten zu finden. *Die Ausfuhr von über 100 Jahre alten Gegenständen ist nicht gestattet;* für Antiquitäten jüngeren Datums ist es empfehlenswert, sich eine Genehmigung von einem Büro in den Nationalen Archiven frühzeitig zu beschaffen, um Ärger beim Zoll zu vermeiden.

Curios

Andenken, die Gebrauchs- wie Kunstgegenstände umfassen, sowie Folklore. Jedes größere Hotel hat solche Geschäfte; rund um die Tempel finden sie sich ebenfalls, z. B. rund um Bouddha.

Geschäfte, die fast durchweg neue Dinge von gutem Geschmack anbieten:
Nepal Traditional Crafts, Werkstatt in Baber Mahal, Verkaufsgeschäft im Hotel Soaltee Oberoi
Nepal Classical Arts, Patan, an der Hauptstraße zum Königspalast, rechts, neben den Läden mit Korbwaren.
Surya Design, am Durbar Margh, neben Büro Tiger Tops; das Geschäft führt viele Gebrauchsgegenstände aus dem ganzen Land, Damen-Kleider aus einheimischen Material etc.; geführt von C. Bomberger.

Papierwaren

Neben den üblichen Papierwaren ist auch das sehr hübsche einheimische Papier erhältlich, das aus dem Seidelbast-Strauch gemacht wird. Man kann es im Basar in Bündeln kaufen. Wer sich dafür interessiert, kann die Herstellung im Balaju Industrial District während der Trockenzeit besichtigen. Eine Amerikanerin hat vor einigen Jahren begonnen, dieses Papier mit den traditionellen Damar Kumari-Mustern zu bedrucken (schwarz/rot). Die Geschäfte Surya Design und Nepal Classical Arts führen dieses Papier in vielen Variationen. Sogar der Königliche Hof benutzt dieses Papier für Geschenke!

Photos

Nehmen Sie ungefähr ein *Dutzend Paßphotos* mit und das *erforderliche Photomaterial*. Es empfiehlt sich, mit dem Entwickeln und Kopieren von Photos zu warten, bis man wieder zu Hause ist.

Poster

Die RNAC (Royal Nepal Airlines Corporation) sowie das Tourist Information Centre haben eine Reihe hübscher Poster herausgebracht. Buchhandlungen verkaufen gelegentlich sehr gute Berg-Poster.

Postkarten

Sie werden auf der Straße in sogenannten Curo-Geschäften etc. verkauft. Der Preis liegt zwischen Rs. –,80 und Rs. 1,20.

Schmuck

Tibeterinnen, Sherpani, Tamangini, die Frauen aus den Bergen, die Newari sowie die Frauen aus dem Terai fertigen schönen Silberschmuck an, der in den meisten Curio-Läden erhältlich ist: Gürtel, Ketten, Reliquien-Behälter, Amulette, Ohrringe. *Auch hier gilt: Sachkenntnis, Geduld, Zeit:* Ein hübsches Mitbringsel ist der Schmuck der verheirateten Hindu-Frau: 8–10 Schnüre aus feinen farbigen Glasperlen, vorne zusammengehalten von einem sogenannten Tillari, einem handgearbeiteten, goldenen, ziselierten Röhrchen.

Falls Sie weder nach Colombo noch nach Jaipur gehen, ist Kathmandu ein guter Platz, um Edel- und Halbedelsteine zu kaufen. Ältestes, meiner Meinung nach reellstes Geschäft: *Gem Palace*, New Road.

Traditionelle Steine der Himalaja-Bevölkerung, auch wenn sie nicht aus der Gegend stammen: Türkise, Korallen, Bernstein und Barock-Perlen (alle gebohrt).

Souvenirs

Vielfältig sind die ›klassischen‹ Souvenirs aus Nepal. Sie reichen von Khukris, krummen Gurkamessern verschiedener Größe und Schwere – gelegentlich mit schönen, in tibetischer Art verzierten Lederscheiden –, Schmuckdöschen in Filigranarbeit mit Halbedelsteinen oder Glasfluß besetzt, schwarzen Holzdrucken auf Seidelbast- oder Reispapier, oft handkoloriert, über hölzerne Druckstöcke und verschiedenste andere Holzschnitzereien, silberne Teeschalen aus Tibet, Vasen, Krüge und Figuren aus Messing, tibetischen Schmuck und Tibeterteppiche, die von tibetischen Flüchtlingen in Lagern in Kathmandu nach alten Mustern hergestellt werden, bis zu Gebetstrommeln in all ihrer Vielfalt und Serenghis, einfachen hölzernen Fiedeln. (s. a. unter Curios)

Statuen

Man stößt hin und wieder per Zufall auf kleine, alte Stücke, man bekommt auch hin und wieder sehr gute alte Bronzen angeboten, zu ›echt‹ hohen Preisen. *Vorsicht, sie sind meistens gestohlen.*

Man kann jedoch auch sehr gute neue Kopien kaufen, kann sogar zusehen, wie sie heute noch nach der alten Methode gemacht werden, nach dem Prinzip der ›verlorenen Form‹! In der romantischen Werkstätte von *Nepal Traditional Crafts in Baber Mahal* kann der gesamte Herstellungsprozeß beobachtet werden, ebenso in den verschiedenen Häusern und Höfen des *Om-Bahal* in Patan.

Thangka

Eine große Zahl von erstaunlich guten Thangka ist erhältlich zu vernünftigen Preisen, nicht sehr alt, jedoch auch nicht allerneuesten Datums. *Auch hier gilt: es braucht einige Kenntnis, Zeit, Geduld und ein Geschick zum Handeln.* Geschäfte befinden sich in der Nähe der Palast-Plätze von Kathmandu, Patan und Bhaktapur. Bei Nepal Classical Arts in Patan können Sie beim Malen von Thangkas zusehen.

Gottesdienste

Es gibt eine internationale evangelische Gemeinde, die in der *Lincoln School*, Rabi Bhawan, jeden Sonntag Gottesdienst in englischer Sprache hält.

An verschiedenen Orten, z. B. im Hotel de l'Annapurna, in der St. Xavier's Schule in Jawalakhel werden Messen gelesen. Auskunft darüber erhält man in den Hotels oder in der Botschaft.

Handeln

In folgenden Geschäftszweigen kann gehandelt werden:

- *Curio-Läden*
- *Gemüsemarkt*
- *Taxi-Fahrten ins Land hinaus*

Bei neuen Metallwaren (Silber, Messing, Kupfer) kann nicht gehandelt werden, da die Ware gewogen werden muß und die Regierung den Metallpreis festsetzt.

Hotels

Betrachtet man Preis und Leistung, so fällt wohl kein Hotel in die Klasse der westlichen Superluxushotels. Ich persönlich würde die führenden Hotels folgendermaßen einstufen (Yak & Yeti, das kurz vor der Eröffnung steht, und Everest International noch nicht berücksichtigt):

Hotel Malla, Lainchour, gegenüber der Zentralmolkerei, Terrasse vor der Bar, die in einen reizvollen Garten übergeht, Halle mit prachtvollen Bildern des bekanntesten nepalischen Kunstmalers, Laine Bangdel, Zimmer sehr komfortabel, Badezimmer mit ausländischen Installationen, Hotel nicht zu groß, nur ein Restaurant.

Hotel Soaltee Oberoi, Tahachal, mit Taxi erreichbar, etwas außerhalb des Zentrums, großer Anbau mit mehreren Restaurants im Endausbau, Swimmingpool, Tennisplätze, Bar, zwei Restaurants, Casino, führt regelmäßig Volkstänze vor.

Hotel de l'Annapurna, Durbar Margh, sehr zentral gelegenes Erstklass-Hotel, Erweiterung mit Swimmingpool im Bau.

Hotel Shanker, Lazimpath, etwas weiter weg vom Zentrum, hübscher, ruhiger Garten. Die Zimmer des Erweiterungsbaus wurden mit sehr vielen neuen, jedoch in der traditionellen Art ausgeführten Holzschnitzereien ausgestattet. Die neue Bar weist sehr viele alte Holzschnitzereien auf. Viele von Tibetern geknüpfte Teppiche schmücken die Räume. Ehemaliger Rana-Palast mit spezieller Atmosphäre.

Dwarika's Kathmandu Village Hotel, in Battisputali, auf dem Weg nach Pashupatinath, Erstklass-Hotel besonderer Art, Bungalows in einem alten Garten, faszinierende Kombination von modernem Komfort und altem Handwerk, prachtvolle Sammlung alter Holzschnitzereien, die z. T. in die sehr bequemen großen Bungalows integriert wurden. Hotel für Individualisten.

Einige Ein- und Zwei-Sterne-Hotels bieten eine ganze Menge für einen recht niedrigen Preis, wie z. B. das *Hotel Nook*.

Da die Preise oft wechseln, erkundigt man sich am besten bei den Reise-Agenturen. Für die billigen Unterkünfte (Lodges) gilt, was zu Beginn gesagt wurde: viele sind Eintags-Fliegen und die Tips, die man unterwegs austauscht, können bei Ankunft in Nepal schon überholt sein.

Impfungen

Pockenschutzimpfung ist erforderlich, Impfungen gegen Cholera und Typhus sind sehr empfehlenswert, ebenso sollte Gammaglobulin ganz kurz vor der Abreise gespritzt werden. Da die Wirkung von Gammaglobulin (hauptsächlich um Gelbsucht zu verhindern) nur kurze Zeit anhält, empfiehlt es sich, die Impfung bei längerem Aufenthalt zu wiederholen: Kalimati Klinik, Freitagmorgen.

Falls Impfungen unterwegs wiederholt werden müssen (Cholera), sollte man einige Wegwerf-Spritzen mitnehmen. Sie sind hier nicht erhältlich.

Jugendherberge

Die *Mahendra Yubalava-Jugendherberge* liegt in Patan Jawalakhel.

Kleidung

Für den Aufenthalt im Kathmandu-Tal ist normale Sommerkleidung mit wärmeren Sachen für kühle Abende angebracht. Von Mitte Dezember bis Mitte Februar (Winter) ist warme Kleidung erforderlich, aber auch dann sinken die Temperaturen nur selten unter den Gefrierpunkt auf höchstens – 2° C.

Königliche Familie

Seine Majestät König Birendra Bir Bikram Shah Dev, geboren 1945, gekrönt 1974.
Ihre Majestät Königin Aiashwarya Rajya Laxmi Devi Shah, geboren 1949.
Kronprinz Dipendra, geboren 1971. *Prinzessin Shruti,* geboren 1976.

Brüder des Königs
Seine Königliche Hoheit Prinz Gyanendra Bir Bikram Shah, geboren 1947, verheiratet mit *Prinzessin Komal Rajya Laxmi Devi Shah,* geboren 1951 (Schwester der Königin). Ein Sohn, *Prinz Prasad.*
Hauptinteresse von Prinz Gyanendra: Natur- und Tierschutz (World Wild Life Fund), National-Parks und Tierschutz-Gebiete.
Seine Königliche Hoheit Prinz Dhirendra Bir Bikram Shah, geb. 1950, verh. mit *Prinzessin Prekshya Rajya Laxmi Devi Shah,* geb. 1952 (Schwester der Königin).

Schwestern des Königs
Ihre Königliche Hoheit Prinzessin Shanti Rajya Laxmi Devi Singh, geboren 1941, verheiratet mit *Kumar Deepak Jung Bahadur Singh,* Raja of Bhajang.
Zwei Söhne, eine Tochter.
Aktivitäten von Prinzessin Shanti: Präsidentin des Nat. Komitees für Invaliden, Mitglied des Zentral-Komitees der Nationalen Kinder-Organisation, Präsidentin der Nepal. Lepra-Hilfs-Organisation, Gründerin und Patronin des Nepalischen Hunde-Clubs.
Ihre Königliche Hoheit Prinzessin Sharada Rajya Laxmi Devi Shah, geboren 1942, verheiratet mit *Kumar Khadga Bikram Shah.* Zwei Söhne.
Aktivitäten von Prinzessin Sharada: Präsidentin des SOS-Kinderdorfes, Mitglied des Zentral-Komitees des Nepalischen Roten Kreuzes, Mitglied des Zentral-Komitees der Nationalen Kinder-Organisation.
Ihre Königliche Hoheit Prinzessin Shobha Rajya Laxmi Devi Shahi, geboren 1948, verheiratet mit *Kumar Mohan B. Shahi.*

Weitere Mitglieder des Königshauses
Ihre Majestät die Jüngere Königin Großmutter Eswari Raja Laxmi Devi Shah (The Junior Queen Grand Mother), geboren 1907.
Ihre Majestät Königin-Mutter Ratna Rajya Laxmi Devi Shah, Witwe von König Mahendra, der 1972 starb. Die Mutter der oben aufgeführten drei Söhne und drei Töchter von König Mahendra war die leibliche Schwester von Königin-Mutter Ratna, die König Mahendra nach dem Tode der ersten Frau heiratete.
Seine Königliche Hoheit Prinz Himalaya Bir Bikram Shah, Onkel von König Birendra, verheiratet mit *Ihrer Königlichen Hoheit Prinzessin Princep Shah* (Präsidentin des Nepalischen Roten Kreuzes).
Seine Königl. Hoheit Prinz Basundara Bir Bikram Shah, Onkel v. König Birendra, verheiratet mit *Ihrer Königlichen Hoheit Prinzessin Helen Shah* (Schwester von Prinzessin Princep) (Präsidentin des Roten Kreuzes, Distrikt Kathmandu).

Die Verwandtschaft ist sehr weitläufig. Es sind mehrere Söhne und Töchter aus den verschiedenen Generationen vorhanden, die in jeder Generation wohl denselben Vater, jedoch nicht immer dieselbe Mutter hatten.

Konzerte

Verschiedene Botschaften organisieren ab und zu Konzerte mit durchreisenden Künstlern. An jedem 11. Tag jeder Mondhälfte wird im Tempel, der an den Königlichen Palast grenzt, klassische Tempelmusik gespielt. Jedermann hat Zutritt.

Krankenhäuser

Bir Hospital – Regierungsspital mit allen Abteilungen, einheimische Ärzte, die ihren Doktor meistens in Indien gemacht haben und weitere Studienaufenthalte im Ausland absolvierten.

Kanti Hospital – Kinderspital, einheimische Ärzte.

Prashuti Griha – Frauenklinik, außerordentlich kompetent geführt.

Shanta Bhawan – Missions Spital, z. T. ausländische Ärzte, ausländ. Zahnarzt.

Alle einheimischen Ärzte haben eine Privat-Praxis, die im allgemeinen nach 17 Uhr geöffnet ist oder nach Vereinbarung.

Hotels und Botschaft geben Namen und Adressen weiterer Fachärzte.

Märkte

Der *Gemüsemarkt* ist das ganze Jahr hindurch eine Augenweide. Er befindet sich in einem Hof in einer Parallelstraße zur New Road, zwischen Hauptpost und Beginn der Freak Street. Der Gemüsemarkt ist von morgens bis abends offen.

Asan Tole hat einen kleineren Gemüsemarkt, täglich für einige Stunden, wo jedoch im wesentlichen nur Gemüse verkauft wird, das die Nepali essen. An vielen Straßenecken werden je nach Saison Früchte verkauft.

Motel – Hotel Dorf

Tara Gaon Hotel Village mit Restaurant, außerhalb von Kathmandu, an der Straße nach Bouddha, modernes Bungalow-Dorf.

Museen

National Museum, Chauni, zwischen Kathmandu und Swayambhunath, große Waffensammlung mit einigen außerordentlichen Stücken, Sammlung nepalischer Gebrauchsgegenstände etc.

Museen in den Königspalästen von Patan und Bhaktapur

Numismatisches Museum im alten Königspalast von Kathmandu (nur zeitweilig geöffnet)

Nachtleben

Jedes größere Hotel hat eine *Bar*. Daneben gibt es sogenannte *lokale Bars* (Eintagsfliegen).

Es existieren ein bis zwei *Diskotheken* an verschiedenen Orten, ebenfalls Eintagsfliegen. *Alle Bars und Restaurants schließen um 23 Uhr (Polizeistunde), ausgenommen freitags.* Das *Casino* im *Soaltee Oberoi* ist die einzige Ausnahme. Es bietet verschiedene Spieltische, wie Roulette, Black Jack, Chemin-de-Fer etc.

Ein eigentliches Nachtleben mit Dancings, Nachtclubs etc. gibt es nicht.

Nepalischer Kalender

Das Kalenderjahr beginnt in Nepal Mitte April. Unserem Jahr 1977/78 entspricht in Nepal das Jahr 2034.

Die Monate lauten:

Baishakh	April/Mai
Jesth	Mai/Juni
Asadh	Juni/Juli
Srawan	Juli/August
Bhadra	August/September
Aswin	September/Oktober
Kartik	Oktober/November
Mangsir	November/Dezember
Poush	Dezember/Januar
Magh	Januar/Februar
Falgun	Februar/März
Chaitra	März/April

Öffnungszeiten

Offizielle Büros, Regierungsämter, Banken etc. sind im Sommer von 10 Uhr bis 17 Uhr, im Winter von 10 Uhr bis 16 Uhr geöffnet, Samstag geschlossen.

Polizei

Die Polizisten sind Besuchern aus anderen Ländern gegenüber sehr freundlich, lassen sogar meistens einen Gang bei Rot-Licht durchgehen, wenn er mit einem entschuldigenden Lächeln gemacht wird. Sie sehen sauber aus und sind diszipliniert. Auf den größeren Posten gibt es meistens einen Offizier, der Englisch spricht. Die Nepal-Polizei ist der Interpol angeschlossen. Sie verfügt über Fingerabdruck-Experten und über im Ausland trainierte Spuren- und Haschisch-Hunde.

Sie hat jedoch das Bußsystem noch nicht entdeckt. Alles was passieren kann – bis heute wenigstens –, ist, daß der Wagen abgeschleppt wird, falls über die Zeit geparkt wird oder die Straße für einen wichtigen Staatsbesuch oder den König freigemacht werden muß.

Hauptbüro der Verkehrspolizei (für Führerschein, Fahrzeug-Ausweis): am *Hanuman Dhoka. Hauptquartier* in *Tangal.* Bei Diebstählen oder anderweitigen Beschwerden einen Polizisten nach dem nächsten Posten fragen, wo der Rapport gemacht werden muß. – Das *Immigrations-Büro* (für Verlängerung der Visa) wird von der Polizei geführt.

Post

Hauptpost im Zentrum der Stadt, am Kanti Path. Es empfiehlt sich, die Briefmarken in der philatelistischen Abteilung (Schalter-Vorhalle, links) auszusuchen und die *frankierten Briefe vor den eigenen Augen am Schalter abstempeln zu lassen.* Wichtige Briefe nur *eingeschrieben!*

Porti sind relativ billig, Grundgebühr wird auf 20 g erhoben. Brief nach Deutschland kostet Rs. 3.50, Postkarte 1.25, Ärogramm 1.50.

Es ist nicht empfehlenswert, sich die Post an eine *Privat-Adresse* nachschikken zu lassen, es sei denn, es handle sich um jemanden, der ein *Postfach* hat. Die von Haus zu Haus ausgetragene Post braucht sehr lange, um den Empfänger zu erreichen, z. T. weil der Postbote kein Englisch lesen kann, noch weniger Deutsch. Falls Sie keine Freunde in Kathmandu haben, bitten Sie die *Botschaft,* die Post für Sie zu empfangen.

Es ist noch weniger empfehlenswert, sich ein *Paket* schicken zu lassen. Auf fast allem ist recht hoher Zoll. Zudem braucht es unendlich viel Zeit und Geduld, das Paket aus dem Zollamt auszulösen.

Presse

Es existieren zwei Tageszeitungen in englischer Sprache, das *Rising Nepal* (Regierungsblatt) und das *Motherland* (unabhängig). Daneben sind *Newsweek* und *Time Magazine* sowie *Asian Week* erhältlich und *einige indische Tageszeitungen.*

Die nepalischen Tageszeitungen kauft man sich morgens auf der Straße an der oberen New Road; Newsweek, Time Magazine und Asian Week sind bei Tuladhar Enterprises und Fresh House erhältlich, die indischen Tageszeitungen und illustrierte Zeitschriften am späten Nachmittag in einem kleinen Laden auf der New Road, gegenüber dem Pipal-Baum.

Es gibt keine Zeitungs-Kioske, europäische Zeitungen und Zeitschriften sind nicht erhältlich.

Reisezeit

Das *Kathmandu-Tal* kann man das ganze Jahr über besuchen, weniger zu empfehlen ist allerdings die Monsunzeit (Juni bis Mitte/Ende September). *Die schönste Zeit für einen Besuch des Kathmandu-Tales ist der Herbst – Oktober und November – also die Zeit nach dem Monsun.* Dann ist der Reis reif, das Tal nimmt einen Gelbton an. Während des Monsuns, wenn der Reis wächst, zeigt es sich in herrlichen Grünschattierungen.

Restaurants

Neben den *Restaurants in den größeren Hotels,* die nicht nur den Gästen zugänglich sind, gibt es eine Reihe von Restaurants, die *chinesischen* (Wong's Kitchen, Van Van), *japanisches* (Kuji Fuji und Rara, neben Tiger Tops) und *indisches* (Indira) *Essen* servieren. Diese Restaurants sind relativ sauber, doch empfiehlt es sich, keinen Salat zu essen und kein Wasser zu trinken. Dann gibt es eine Anzahl billiger, jedoch noch relativ guter Restaurants, die tibetisch, chinesisch, nepalisch, indisch und westlich kochen, wie Utse, Kathmandu Guest House, Chilanka, Aunt Jane; und natürlich eine Unzahl von ›Eintags-Fliegen‹, wo Vorsicht am Platze ist!

Was man jedoch in jedem Lokal ohne Bedenken trinken kann, ist nepalischer Tee: Zucker, Tee, Wasser werden zusammen gekocht. Preis: ca. Rs. –.30 pro Glas.

Rundgang durch Kathmandu

S. u. ›Rundgänge durch die Königsstädte des Kathmandu-Tales‹ (S. 259)

Schulen

Die untersten Klassen der Primarschule sind frei und eigentlich obligatorisch. Danach muß Schulgeld gezahlt werden.

Seit einigen Jahren gibt es in Nepal ein neues Schulsystem, das mehr Wert auf praktisches Wissen legt; so wurde neben den rein akademischen Fächern eine Art Gewerbeschule eingeführt. Es gibt einige ausgezeichnete private Schulen in Kathmandu, wie z. B. das Knaben-Internat, von Jesuiten aufgebaut, das Mädchen-Internat, von bayrischen Schwestern gegründet, dann verschiedene nepalische Privat-Schulen, hauptsächlich der unteren Stufen. *Hauptsprache ist überall Nepali.*

Speisen-Lexikon

Es gibt nicht das, was man eine einheitliche nepalische Küche nennen könnte, doch gibt es Spezialitäten der verschiedenen ethnischen Gruppen:

- Nördlicher Gürtel von Nepal: *Momo*, eine Art Ravioli, über Dampf gar gekocht, mit scharfer Tomatensauce; *Tupa* – Nudelsuppe; *Tsampa* – Gerstenmehl, das mit Tee zu einer feuchten Masse geknetet und so gegessen wird.
- Mittlere Hügel-Gegend und Süden: *Dal-Bhat* (Dal = Linsen, Bhat = gekochter Reis), dazu *Fleisch* u./o. Gemüse-Curry.
- Newari (Kathmandu-Tal): *vorwiegend gegrillte Innereien.*

Es gibt nicht viele Restaurants, die einen guten ›Dal-Bhat‹ kochen. Eines der wenigen ist *Dwarika's, Nähe Pashupatinath.*

Sport

Einen Nationalsport gibt es nicht, es sei denn, man zählt das Spielen um Geld mit Karten, Würfeln u. ä. dazu, das jedoch nur zu gewissen Jahreszeiten gestattet ist.

Fußball ist sehr populär, dazu Billard, Crickett. Es gibt einige Tennisplätze, einen 18-hole Golfplatz, zwei große Freibäder. Badminton und Tischtennis sind ebenfalls sehr beliebt. Seit kurzem gibt es einen Rollschuh-Platz. Der beliebteste Sport ist jedoch *das Zuschauen.*

Sprachen

Die offizielle Landessprache ist **Gorkhali** (oder **Nepali**), verwandt mit Sanskrit und Hindi, doch existieren sehr viele Dialekte und viele ethnische Gruppen besitzen ihre eigene Sprache: *Newari, Sherpa, Magar, Tamang* etc. Man trifft auch heute noch oft Menschen, die nur ihre eigene Sprache sprechen.

Falls Sie individuell reisen, sollten Sie über *gute Englischkenntnisse* verfügen. Beinahe jeder *Reiseführer,* den Sie in Nepal kaufen (und die mit viel Vorsicht zu genießen sind), enthält einen Sprachteil mit den wichtigsten Nepali-Redewendungen. Es gibt zwei gute *Wörterbücher,* die einem sehr behilflich sein können (Aussprache basiert auf dem Englischen): das eine wurde von SIL in der Universitätsdruckerei herausgegeben und das andere, umfassendere, von Malcolm Meerendonk. Beide sollten bei der Buchhandlung *Ratna Pustak Bhandar* erhältlich sein.

Stadtpläne

Sie sind in *Reisebüros, Buchhandlungen* und im *Tourist Information Centre* erhältlich; man findet sich gut damit zurecht.

Strom/Spannung

220 V Wechselstrom, indische Stecker!

Taxi

Sie sind an den *schwarzen Nummern-Schildern mit weißer Schrift* und am *gelben Dach* zu erkennen. Innerhalb des Stadtbezirkes gilt der Preis, den der Taxameter anzeigt. Für Fahrten außerhalb der Stadt Kathmandu (z. B. nach Patan oder Bhaktapur) ist es empfehlenswert, vorher den Preis abzumachen, der auch eine Wartezeit einschließt. Oft lohnt es sich auch, ein Taxi nur für die Hinfahrt zu benutzen, und nach der Besichtigung am Ort ein anderes Taxi für die Rückfahrt zu mieten oder mit dem öffentlichen Bus zurückzufahren, was einen weiteren Kontakt mit der Bevölkerung ermöglicht.

Taxi-Fahrer erwarten die Aufrundung des Fahrpreises oder ein Trinkgeld. Taxis sind sehr preiswert.

Telefonieren

Es gibt eine Anzahl öffentlicher Sprechstationen, von denen die zuverlässigste diejenige innerhalb des *Telegrafenamtes* ist. Die übrigen sind entweder geschlossen oder der Mann, der die Spezial-Münzen verkauft, ist gerade nicht da. In den meisten Ladengeschäften kann man das Telefon gegen eine Gebühr von Rs. –.50 pro Gespräch benutzen. Jedes Hotel (Mittel- und obere Klasse) hat die Möglichkeit, Verbindungen mit dem Ausland herstellen zu lassen. Man kann nach Deutschland telefonieren, jedoch nicht zu einer bestimmten gewünschten Zeit. Man muß im Hotel warten, bis die Verbindung kommt – falls die Leitung nach Deutschland überhaupt frei ist. Telefonieren mit dem Ausland – auch mit Indien – ist Glücksache. Denken Sie beim Bestellen eines Gesprächs an den Zeit-Unterschied, der 5 Stunden und 40 Minuten beträgt.

Das *innernepalische Telefonnetz* ist wenig ausgebaut; es ist auf einige Orte im *Kathmandu-Tal,* auf *Pokhara* und einige Orte im *Terai* (südlicher Gürtel von Nepal, an Indien grenzend) beschränkt. Es bestehen keine Telefonverbindungen in die Berge, jedoch ein Übermittlungssystem nach einigen Bergorten, das allerdings nur in einem Notfall benutzt werden kann. Darüber kann Ihnen die Botschaft Auskunft geben.

Telegramme

Das Telegrafenamt befindet sich an derselben Straße wie das Postamt (Kanti Path), jedoch gegen den Stadtausgang, gegenüber dem Fußball-Stadion. Es ist Tag und Nacht geöffnet, auch Telefonverbindungen ins Ausland.

Telex

Die großen Hotels und die meisten Reisebüros haben Telex-Anschluß, ebenfalls das Telegrafenamt.

Trinkgeld

›Bakshish‹ ist ein Zauberwort, das oft hilft, das aber auch oft mißbraucht wird. Grundsätzlich gibt man Trinkgeld für folgende Dienstleistungen: *Taxi-Fahrer, Gepäckträger, Friseur, Hotel-Personal,* falls die Hotelleitung nicht ausdrücklich davon abrät, was respektiert werden sollte.

Man sollte grundsätzlich kein Geld geben, wenn man Fotos in den Straßen macht und vor allem sollte man den Bettlern nichts geben. Die Regierung hat ein Bettler-Rehabilitierungs-Programm begonnen, das unterstützt werden sollte. Die Allerärmsten bekommen übrigens von der Regierung freie Mahlzeiten.

Universität

Kathmandu Tribhuvan University, ein großer Campus etwas außerhalb der

Stadt. Die Universität umfaßt sehr viel mehr Disziplinen als in Europa: So gehören u. a. folgende Abteilungen dazu: Lehrerseminar, Handelsschule, technische Institute, in denen sowohl praktisch wie theoretisch gelehrt wird (wie bei uns die Gewerbe-Schulen), Schwesternschule (untersteht der medizinischen Fakultät).

Visum

Falls Sie länger in Nepal bleiben als Ihr ursprüngliches Visum gültig ist, muß das Visum einige Tage vor Verfall verlängert werden – gegen eine Gebühr und gegen Vorweisung der weißen Rastra Bank-Karte. Das Immigration Bureau am Putali Saddak ist die Visa-Stelle. Die Bestimmungen für eine Verlängerung können Sie bei der Botschaft erfahren.

Zeitverschiebung

Die Zeitverschiebung gegenüber Europa beträgt minus 5 Stunden und 40 Minuten.

Zollbestimmungen/Ausfuhr

Die Ein- und Ausfuhr von Waren, die zum persönlichen Gebrauch bestimmt sind, ist frei. Die *Ausfuhr von Kunstgegenständen*, die älter als hundert Jahre sind, ist verboten und die Zollbeamten kontrollieren genau. Ausnahmegenehmigungen durch das Nationalmuseum Kathmandu. *Ferner unterstehen dem Ausfuhrverbot:* Drogen, Teppiche indischer Herkunft (Kashmir-Teppiche) Felle einheimischer Tiere.

Zoo

Kathmandu hat einen kleinen Zoo in *Jawalakhel* (gehört zur Stadt Patan). Sämtliche in Nepal vorkommenden Tiere sind vorhanden, z. T. in sehr kleinen Käfigen untergebracht, doch werden sie gut gefüttert. Beste Abteilung ist die Voliere.

Und noch etwas . . .

Man begegnet öfters auf den Straßen einem zugedeckten Bündel Mensch. Lebendig? Tot? Oder dazwischen? Lassen Sie die zu Hause gebotene Mitmenschlichkeit in der Heimat. Entweder regt sich das Bündel und ist höchst indigniert, daß es aus einem guten tiefen Schlaf geweckt worden ist, oder es liegt unter der Decke ein Toter und Sie fühlen sich moralisch verpflichtet, etwas zu tun in einem Land, dessen Gebräuche Sie nicht kennen und dessen Sprache Sie nicht sprechen.

Sammelt sich um ein solches Bündel eine Menschenmenge an, so ist etwas nicht in Ordnung. Sie können hinzutreten und wenn Ihre Hilfe benötigt wird, bittet man Sie darum. Ansonsten kümmern Sie sich nicht darum – so gefühllos das klingen mag.

Who is who in Kathmandu?

Von Annemarie H. Spahr

Bezüglich der Mitglieder des Königshauses siehe unter ›Königliche Familie‹, Seite 249

Nepalische Namen werden entsprechend der nepalischen Schreibweise aufgeführt. Männer haben im allgemeinen drei getrennte Namen, wobei der hier gebrauchte, erste, großgeschriebene Name üblicherweise die Kaste oder Unterkaste bezeichnet. Der nachfolgende Name ist der Vorname und der zuletzt aufgeführte Name ist der Familienname. Nepali schreiben diese drei Namen immer getrennt.

Nepal ist ein Entwicklungsland und erst seit rund fünfundzwanzig Jahren für Ausländer und ausländisches Gedankengut offen. Daher die vielen ›einzige‹ und ›erste‹ – Bemerkungen, die nur aus der Entwicklung und Struktur des Landes verständlich sind.

Adams John Napier, Amerikaner, führte 1970 in Nepal den ersten Computer ein und erarbeitete damit die Resultate der Volkszählung von 1971.

Adiga Dr. Ram Bhadra, Dermatologe und Lepra-Spezialist.

Amman Lilly, Frau, Schweizerin, eine der ersten Ausländerinnen, die in Nepal arbeiteten, Mitbegründerin des Missions-Spitales Shanta Bhawan.

Aryal Krishna Raj, Mitautor des neuen Erziehungs-Planes, ehemaliger Minister für Erziehungswesen, Außenminister.

Bangdel Lain Singh, bekanntester Kunstmaler Nepals mit längerem Studienaufenthalt in Paris, Vizekanzler der Königlichen Akademie, u. a. Groß-Wandbilder im Hotel Malla.

Bangdel Manu, Frau (Gattin des oben Genannten), Mitgründerin und Oberschwester der Nepalischen Frauenklinik, aktiv in verschiedenen Sozial-Werken, ausgedehnte Studien im Ausland.

Basnet Khagendra Bahadur, Sozialarbeiter, Gründer und Präsident der Blinden- und Invaliden-Vereinigung von Nepal, selber seit über fünfundzwanzig Jahren invalid.

Basnet Kumar, bekannter Sänger von Radio Nepal, Sammler von Volksmusik, hat eine größere Anzahl Schallplatten bespielt und besungen.

Bhattarai Niranjan, Experte der chinesischen Sprache, Beamter im Außenministerium, zum zweiten Mal Botschaftssekretär in Peking.

Bhattarai Tara Dev, langjähriger Regierungsbeamter, führende Posten in den Entwicklungsprogrammen der Regierung für abgelegene Gebiete (Remote areas), Mitglied des Zentralkomitees von Parobhakar, der ältesten Sozialinstitution von Nepal, Mitglied anderer Sozial-Institutionen.

Bista Dor Bahadur, Anthropologe, ehemaliger Mitarbeiter von Prof. von Fürer- Haimendorf in Nepal, Instruktor für zukünftige Amerikanische Peace Corps-Mitglieder in den USA, langjähriger Mitarbeiter der amerikanischen Entwicklungs-Organisation in Nepal, anschließend Regierungs-Beamter und jetziger Direktor des Wieder-Ansiedlungs-Programmes der Regierung. Autor des Standardwerkes ›People of Nepal‹, ehemaliger Königlich-Nepalischer Konsul in Lhasa/Tibet.

Bista Kirti Niddi, Politiker, früherer Premier-Minister, Initiator der Drogen-Kontrolle und -Gesetze in Nepal.

Chitrakar Amar, bekannter Kunstmaler.

Das Gauri Shankar Lal, Dr. med., Tb-Spezialist, führte im staatlichen Sanatorium die Arbeitstherapie ein, Mitglied des Lepra Hilfs-Komitees.

Fleming Dr. Bob, sen., Amerikaner, Ornithologe, Mitbegründer des Missionsspitales Shanta Bhawan, Herausgeber des Buches ›Vögel von Nepal‹.

Fleming Bob, jun., Amerikaner (Sohn des oben genannten). Mitherausgeber des Vogel-Buches über Nepal, Ornithologe, sehr aktiv im Naturschutz.

Giri Kanti Kumari, Frau, Dr. med., Fachärztin für Gynäkologie und Geburtshilfe, Chirurgin. Führte als erste die verschiedenen Formen von Familien-Planung in Nepal ein, organisiert sogenannte Familien-Planungs-Camps im ganzen Land, Beraterin verschiedener einschlägiger internationaler Organisationen, ausgedehnte Studien im Ausland.

Giri Dr. Tulsi, Politiker, derzeitiger Premier-Minister, Sammler alter Autos.

Gurung Chandra, Frau, Leiterin des Zentrums für Frauenbildung in Kathmandu.

Gurung Dr. Harka Bahadur, Geograph, Studien im Ausland, ehemaliger Dozent für Geographie an der Universität von Kathmandu, ehemaliger Vize-Präsident der königlichen Planungs-Kommission, jetziger Minister für Handel und Industrie, kennt Nepal von eigenen Trecks gut.

Hawley Elizabeth, Frau, Amerikanerin, Journalistin, Haupt-Mitarbeiterin in Tiger Tops und Mountain Travel.

Joshi Angur Baba, Frau, einzige vom König ins Parlament berufene Frau, ehemalige Leiterin des größten Mädchengymnasiums, ehemaliges Mitglied der nepalischen UNO-Delegation, aktiv in der nepalischen Frauenorganisation.

Joshi Bala Ram, Atomphysiker, ehemaliger Professor an der Universität Kathmandu, derzeit mit dem Aufbau des Physik-Institutes an der Universität Yemen in Aden für UNESCO tätig.

K. C. Gauri, Frau, bekannte Sängerin und Sprecherin von Radio Nepal, Leiterin einer der besten Privatschulen von Kathmandu.

Lama Chiniya. geboren 1889, bekannteste Figur des lamaistischen Lebens in Kathmandu, ›Herr‹ über Bouddha und Teile von Helambu. Hat als erster Apfelplantagen in Helambu eingeführt. Gehört den ›Rot-Mützen‹ an, deren Oberhaupt in Sikkim residiert.

Lissanevitch Boris, Weißrusse, ehemaliger Ballettänzer und Nachtclubbesitzer in Calcutta. Eröffnete das erste Hotel in westlichem Stil in Kathmandu, Inhaber des berühmten Spezialitätenrestaurants Yak & Yeti (s. a. Yak & Yeti‹, S. 112).

Maskey Bimala, Frau, einziges weibliches Mitglied des königl. Kronrates (Raj Sabha).

Misra Santi, Frau, erste voll (im Ausland) ausgebildete Bibliothekarin von Nepal, leitet die Universitäts-Bibliothek.

Moran Marshall, Angehöriger des Jesuiten-Ordens, Gründer der St. Xavier's Schule in Nepal (Eliteausbildung). Weltbekannter Amateurfunker (Rufname: Micky Mouse).

Nir Shumshere J. B. Rana, einziger Feldmarschall von Nepal, aktiver Offizier auf verschiedenen Kriegsschauplätzen; Leiter des königl. Komitees für Ordensverleihungen.

Okada Ferdinand, Anthropologe, Japan-Amerikaner, entscheidende Mithilfe bei den Studien zur Errichtung der vier Entwicklungszonen. Ausgezeichneter Kenner der nepalischen Kultur und Gebräuche.

Pahari Sache Kumar, Dr., bekannter Internist.

Pandey Singha Raj, Oberster Priester.

Pant Yadav Prasad, Dr., Ökonom, Herausgeber verschiedener Bücher über die nepalische Volkswirtschaft, Botschafter in Japan.

Pradhan Bharat Bahadur, Finanzfachmann, langjähriger Staatssekretär des Finanz-Ministeriums, zur Zeit einer der Direktoren der Weltbank.

Prasad Luxmi Narayan, Dr. med , Facharzt für Hals, Nasen, Ohren und Augen. Mitgründer der nepalischen Augenklinik, führend in Star-Operationen im ganzen Land.

Rana Dhana Shumshere, Gelehrter auf dem Gebiet Tantrismus.

Rana Greta, Engländerin, verheiratet mit Madhukar Rana, Autorin und ständige Mitarbeiterin der führenden englischen Zeitung, Sozialarbeiterin.

Rana Kamal, Frau, Politikerin, ehemalige Angehörige des Parlamentes, gehörte 1976 der nepalischen UNO-Delegation an, Mitglied internationaler Frauen-Organisationen.

Rana Madhukar Shumshere J. B. Rana, erster Nepali, der unter dem jetzigen Regierungssystem aus eigenen Mitteln im Ausland studierte (Volkswirtschaft und politische Wissenschaften), Mitdirektor in der nationalen Handelsorganisation.

Roberts Jimmy, ehemaliger Oberst der britischen Gurkhas, Gründer von Mountain Travel, der ersten nepalischen Trekking-Organisation. Züchtet einheimisches und ausländisches Geflügel, Leiter bzw. Organisator verschiedener großer Expeditionen.

Samba Bala Krishna, Schriftsteller, Autor von Dramen, Mitglied der königl. Akademie.

Shah Kamal, Frau, Tochter von Juddha Shumshere J. B. Rana, einer der großen, fortschrittlichen Rana. Frau Shah war die erste Ministerin im jetzigen modernen Regierungssystem, Vertreterin der Frauenorganisation im Parlament, Politikerin.

Shah J. B., Raja of Sallyan, Mitglied einer der Adelsfamilien, denen die kleinen, früheren Königtümer wie Sallyan, Bhajang und Mustang gehörten. Pferde- und Hundeliebhaber und -kenner.

Shah Rishikesh, Politiker und Gelehrter, Autor verschiedener Schriften.

Sherpa Kalden Kappa, naiver Maler des Khumbu.

Shrestha Ambika, Frau, Direktorin und Mitbesitzerin der Reiseagentur Kathmandu Travels & Tours, ausgezeichnete Kennerin von Kultur und Geschichte Nepals, ausgedehnte Auslandsreisen.

Shrestha Manindra Ranjan, Besitzer, Herausgeber und Redakteur der unabhängigen Tageszeitung ›Motherland‹ (englisch).

Singh Tulsi Bahadur, Lehrer, stadtbekannte Figur, da immer von Kopf bis Fuß schwarz gekleidet. Ausgezeichneter Kenner des Hinduismus, Bhuddismus, Tantrismus und verschiedener praktischer Meditationsformen.

Tamang Kirti Man, exzellenter Tigerkenner.

Thapa Bekh Behadur, Dr., Dr. h. c., Studien im Ausland, jetziger Finanzminister.

Thapa Rita, Frau, Dr. med., erste Direktorin der Familienplanungs-Abteilung der Regierung, jetzige Leiterin des nationalen Gesundheitsplanes.

Thapa Sushila, Frau, Politikerin, ehemalige Ministerin für Gesundheitswesen und durch einen Distrikt gewählte Vertreterin im Parlament, vorwiegend Autodidaktin.

Tiwari Mani Prasad, Astrologe.

Upadhyaya Jaya Dev, Priester und Religionslehrer im Hanuman Dhoka.

Upreti Trailokya Nath, Mitbegründer der Nepalischen Pfadfinder-Bewegung und deren langjähriger Präsident, ehemaliger Leiter des Lehrer-Seminars, ehemaliger Vize-Kanzler der Universität Kathmandu, jetziger Botschafter in Paris.

Watrin Eugene L., Angehöriger des Jesuiten-Ordens, Initiator für die Gründung des nepalischen Hunde-Clubs zur Förderung der Himalajarassen, Lehrer an der St. Xavier's-Schule, Leiter der Vereinigung der ehemaligen Studenten der St. Xavier's-Schule, Gründer des Dorfentwicklungsprojektes dieser Ehemaligen.

Weise Robert, Schweizer, Architekt, einziger ausländ., selbsterwerbender Architekt.

Wick Emil, Pilot, Schweizer, erste Himalajagletscher-Landungen am Dhaulagiri 1960, Erst-Landungen auf den meisten STOL-Flugpisten Nepals, Pilot der Royal Nepal Airlines (s. a. ›Flug nach Shyangboche‹, S. 156).

Das Kathmandu-Tal

Bedeutung des Kathmandu-Tales innerhalb Nepals

Das Kathmandu-Tal gilt von altersher als Kernland Nepals, obwohl es keinesfalls im Zentrum des Staates liegt, sondern am Ende des ersten Drittels von Osten aus gesehen. Hier jedoch lag schon immer das Machtzentrum Nepals. Wer auch immer in anderen Landesteilen Machtpositionen errang – erst mit dem Sieg über das Kathmandu-Tal war er Herr über ganz Nepal. König Prithvi Narayan, der Begründer des heutigen nepalischen Königshauses und ehemaliger Herrscher von Gurkha, ist das bekannteste Beispiel hierfür.

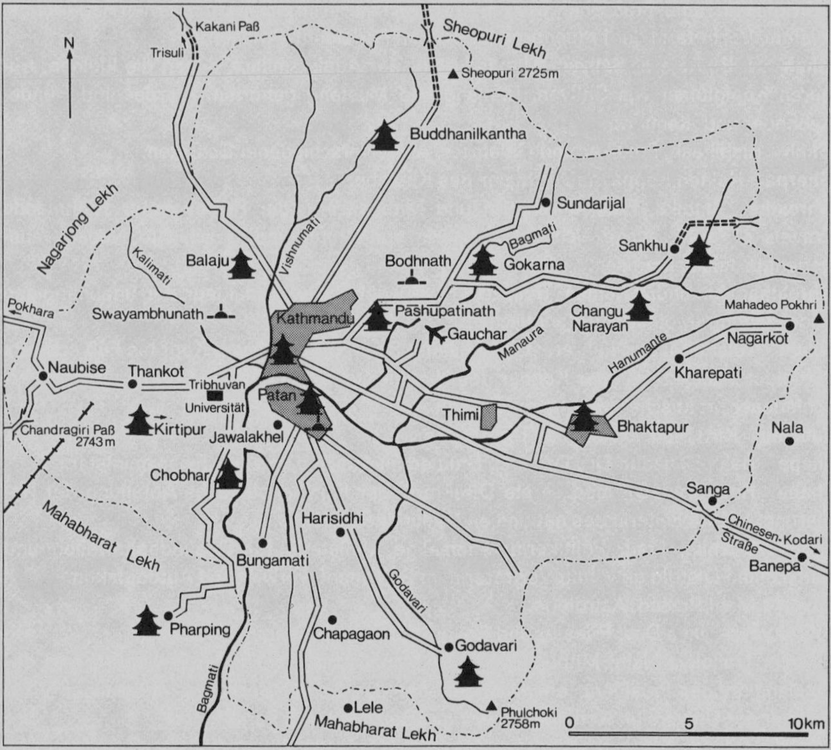

Das Kathmandu-Tal

═ Fahrstraße --- Wege ++++ Drahtseilbahn für Materialtransport
Gauchar (Flugplatz) Buddhistisches Heiligtum Hinduistisches Heiligtum

Seit jeher war das Tal auch bedeutender Umschlagplatz der Handelsrouten nach Norden – über Tibet bis China – und nach dem südlichen Indien.

Vor allem aber war es das Kathmandu-Tal, in dem jene großartige Kultur entstand, die das Bild Nepals in den Augen der Welt in gleicher Weise prägt wie sein Anteil am Himalaja.

Woher rührt nun diese Sonderstellung? Sie ist zweifellos nicht das Ergebnis einer einzigen Ursache. Die Bedeutung des Tales beruht vielmehr auf dem glücklichen Zusammentreffen mehrerer Faktoren. Da ist einmal – im Großen – die geschützte Lage. Rund 50 km Luftlinie trennen Kathmandu von dem grandiosen natürlichen Schutzwall des Himalaja im Norden. Nach Süden bietet die Kette des Mahabharat Lekh Schutz. Dies gilt im Grunde für das gesamte nepalische Mittelland. Im Falle des Kathmandu-Tales kommt jedoch noch hinzu, daß das in erster Näherung als kreisförmig erscheinende Talbecken ringsum von einem Kranz von Bergen umschlossen ist, die zum Teil Höhen bis fast 3000 Meter erreichen und einen idealen Schutzwall bilden. Das Land innerhalb dieses Walls ist – im Gegensatz zum übrigen nepalischen Mittelland – relativ flach und bot daher schon immer besonders günstiges Kulturland im Wirrwarr des nepalischen Mittelgebirges. Hinzu kommt der besonders fruchtbare Boden – eine Folge des Sees, der das Talbecken einst füllte.

Klimatisch ist das Kathmandu-Tal ausgesprochen begünstigt. Extreme Temperaturen fehlen völlig im Jahresablauf. Im Mittel liegen die Tageshöchsttemperaturen in Kathmandu im Juni bei 24° C, die mittleren Tiefsttemperaturen im Januar liegen bei 7° C. 30° C wird fast nie überschritten, während andererseits die Temperatur praktisch nie unter den Gefrierpunkt fällt. Das Ergebnis ist, daß im Kathmandu-Tal zwei- bis dreimal im Jahr geerntet werden kann.

Der Talboden liegt zwischen 1300 und 1400 Metern – damit lag das Talbecken stets oberhalb der Malariagrenze und war damit von alters her gegenüber dem früher malariaverseuchten, noch fruchtbareren Terai begünstigt.

Daß es sich nicht um ein Tal, sondern um eine Beckenlandschaft handelt, zeigt das Entwässerungssystem. Von allen Seiten fließen Flüsse von den Beckenrändern zu seiner Mitte. In Kathmandu hat die heilige Bagmati alle diese Flüsse aufgenommen und führt ihr Wasser durch die Schlucht bei Chobhar, in der sie den Mahabharat Lekh durchbricht, nach Süden.

Einschließlich eines kleinen, geographisch nicht eigentlich zum Tal gehörenden Gebietes, umfaßt das Kathmandu-Tal 951 km^2. Die Bevölkerungszahl liegt heute deutlich über einer halben Million. Die drei wichtigsten Städte sind *Kathmandu* oder Kantipur mit 140 000 Einwohnern, *Patan* oder Lalitpur (beziehungsweise Lalita Patan = ›Schöne Stadt‹) mit 135 000 Einwohnern (einschließlich Vororte) und *Bhaktapur* (›Stadt der Menschen, die Gott in Hingabe dienen‹) oder Bhadgaon mit 90 000 Einwohnern (ebenfalls mit Vororten). Die mittlere Besiedlungsdichte Kathmandus liegt bei 45 000/km^2, es gibt jedoch Bezirke, in denen die Dichte Werte bis zu 74 000 Menschen pro km^2 erreicht. Dies wird ermöglicht durch die drei- bis fünfstöckigen Newarhäuser, die für Nepal bereits Hochbauten darstellen.

Rundgänge durch die Königsstädte des Kathmandu-Tals

Von Niels Gutschow

Kathmandu

Der Rundgang durch Kathmandu beginnt auf dem *Basantapur-Platz* [1] vor dem mächtigen, fünfgeschossigen Turm des Palastes, den der erste König der Shah-Dynastie 1742–1775 erbauen ließ.

Von Basantapur mit seinen Restaurants und Schwarzhändlern führt der Rundgang nach Süden durch die sogenannte ›Freak-Gasse‹ [2].

Über schmale Gassen erreichen wir den *Lagan-Platz* [3], der das Zentrum der ›Südstadt‹ bildet. Bis hierher führen die Prozessionen der großen Stadt-

Kathmandu

1 Basantapur-Platz
2 Freak-Gasse
3 Lagan-Platz
4 Quartier der unterkastigen Feger und Metzger
5 Uferzone an der Bagmati
6 Tripurasundari-Pagode
7 Schrein des Pacali Bhairava
8 Jaisideval-Pagode
9 Bhimsen-Tempel
10 Kasthamandapa
11 Kangkeshvari-Tempel
12 Stupa von Svayambhunath
13 Tempel der Naradevi
14 Kloster Itumbaha
15 Hof des Sighabaha

16 Bhagawanbaha
17 Asan-Platz
18 Janabaha
19 Taleju-Tempel
20 Fünfzehn Tempel am Durbar-Platz
21 Palast
22 Makalu-Hotel
23 Bank
24 Indira-Restaurant
25 Crystal-Hotel
26 RNAC = Royal Nepalese Airlines Corporation
27 Post
28 Hotel Nook
29 Deutsche Botschaft
30 Buchladen Ratna Pustak Bhandar

feste: Indra-jatra Anfang September und Sveta Matsyendranath-jatra im März. Durch das Quartier der Unterkastigen [4] erreicht man nach 500 m die Uferzone [5].

Auf dem befestigten Ufer kann man zur *Tripurasundari-Pagode* [6] gehen, die von der Königin Triparsundari im Jahre 1818 gebaut wurde. Der Weg führt weiter zu den großen Tempeln Jang Bahadurs Rana, die im Mogul-Stil in den siebziger Jahren des 19. Jahrhunderts gebaut wurden. Nach Westen hin ist das Ufer bis zum Verbrennungsplatz am Zusammenfluß von Bagmati und Vishnumati befestigt. Die gesamte Uferzone entstand erst im 19. Jahrhundert. Auf dem Rückweg in die Stadt überqueren wir den Platz um den *Schrein des Pacali Bhairava* [7].

Der Weg durch die Südstadt biegt an der großen, städtebaulich sehr geschickt im Blickfeld der kreuzenden Gassen plazierten *Jaisideval-Pagode* [8] links ab. Am Stadtrand vorbei gehen wir zum *Bhimsen-Tempel* [9] und bergan zum *Kasthamandapa* [10].

Gegenüber dem Kasthamandapa steht der *kleine Tempel des elefantenköpfigen Gottes Ganesh.* Klein ist er, doch kommt ihm kaum ein Tempel der Stadt an Beliebtheit gleich. Die Menschen beginnen kaum ein Vorhaben, ohne ihm – als ›Beseitiger von Hindernissen‹ und als Wächter – zu opfern.

Der Weg führt hinab zum *Tempel der Kangkeshvari* [11] am Ufer der Vishnumati. Eine Hängebrücke über den Fluß weist den Weg zum *Swayambhu-Stupa* [12] auf dem Hügel etwa 1 km westlich der Stadt.

Wir betreten erneut die Stadt, wenden uns nach Norden und biegen am *Tempel der Naradevi* [13] rechts ab zum langgestreckten Hof des ehemaligen *Klosters Itumbaha* [14], das seit dem 13. Jahrhundert besteht.

An der nächsten Nord-Süd-Achse wenden wir uns wieder nach Norden zum reichen *Hof des Sighabaha* [15] mit einem großen Stupa.

Nach Norden führt ein Abstecher im Ortsteil Thambahi zum *Bhagawanbaha* [16]. *Cakuvadyo,* der Gott dieses baha wird Anfang März durch die Oberstadt getragen.

Am *Asan-Platz* [17] treffen wir auf die diagonale *Basarstraße,* auf der wir schon im Süden den Hauptplatz erreicht haben. Die große Diagonale durchschneidet als alte Landstraße (von Indien nach Tibet) das gerasterte Straßensystem einer späteren Stadtentwicklung (um 1000 n. Chr.).

Im Stadtteil *Keltol* erweitert sich die Basarstraße, ein Säulenpaar bezeichnet den aufwendigen Zugang zum *Janabaha* [18], in dem der *Tempel des Sveta Matsyendranath* steht. Den Hofbereich kann man im Westen durch einen Gang verlassen, um den Töpfermarkt zu erreichen. In den Lauben des Hauptzuganges wird abends gerne musiziert: ein beliebter Treffpunkt für junge Leute.

Die *Basarstraße* mit ihren Kupfer- und Korbläden, den Souvenirhändlern und Bauern, die gewobene Decken und Stoffe feilbieten, ist das Zentrum traditioneller Handwerkszweige.

Bei den eingeschossigen Buden der Stoffhändler betreten wir das Platzgefüge vor dem *Palast* [21]. Im Palastbereich steht, für Touristen unzugänglich, der gewaltige *Tempel der Taleju* [19] auf einem fünfstufigen Sockel.

Vor dem Palast stehen etwa *fünfzehn Tempel* [20], die meist in enger Verbindung zum Herrscherkult standen. Vor dem Hauptzugang des Palastes (Hanuman Dhoka) steht die zweigeschossige *Jagannath-Pagode* mit vier kleinen Pagoden in den Ecken des Sockels. Dem europäisierten Anbau des Palastes gegenüber eine dreigeschossige *Shiva-Pagode*. Die Innenhöfe des Palastes sind für ein kleines Eintrittsgeld zugänglich.

Bevor wir zum Ausgangspunkt des Rundweges zurückkehren, sehen wir rechts das gut gepflegte Haus der jungfräulichen *Göttin Kumari*. Aus dem mit reichem Schnitzwerk versehenen Erker des obersten Geschosses schaut sie herunter. Im Ritus der Stadt spielt sie eine große Rolle, doch bei einem kurzfristigen Besuch wird es kaum gelingen, sie in Aktion zu erleben.

Vom Ausgangspunkt aus führt die *New Road*, die 1933 als Durchbruch nach einem Erdbeben entstand, aus der Stadt heraus zum *Paradeplatz* (Tundikhel).

Das *Indira-Restaurant* [24] an der New Road mit dem Büro der Zeitung ›Rising Nepal‹ im Erdgeschoß, den Zeitungshändlern und diskutierenden jungen Männern ist das Zentrum des intellektuellen Nepal.

Patan

Der Rundgang durch Patan beginnt am *Durbar-Platz* [1] vor dem ehemaligen Palast der Könige von Patan. Der Palast bildet im Schnittpunkt eines Straßenkreuzes deutlich den Mittelpunkt der Stadt. Die Höfe des Palastes aus dem 17.–18. Jahrhundert dürfen besichtigt werden. Man kann auch hindurch in den rückwärtigen Gartenbereich mit einer prächtigen Brunnenanlage (Bhandarkhal). Eindrucksvoll ist der südliche Hof (Sundari Chowk), ca. 1680 erbaut) mit dem in der Mitte des Hofes eingelassenen königlichen Bad.

Auf der Platzfläche stehen sechs große Tempel. Zwei steinerne Krishna-Tempel weichen von der in Nepal so charakteristischen Pagodenbauform ab.

Am nördlichen Ende biegt der Weg des Rundganges hinter dem *Bhimsen-Tempel* mit dem charakteristischen offenen, oberen Geschoß (17. Jh.) links ab. Über den Patuko-Platz erreichen wir das *Hiranyavarna-Kloster* [2] (›Golden Temple‹). Vom Umgang im Erdgeschoß des Hofbaues ist der prächtige Tempel im engen Hof kaum erlebbar. Das Kloster bildete das lebendige Zentrum einer buddhistischen Gemeinschaft. Über einen rückwärtigen Ausgang gelangen wir in den Hof des *Dvarikabaha* [3] und über einen weiteren Durchgang in das *Nagbaha* [4].

Wir treten aus dem weiten Nagbaha wieder heraus in die Enge einer wichtigen Verbindungsstraße nach Kathmandu, vorbei am *Nakabahi* [5], durch den Hof *Nhyaka Chowk* [6] und durch ein Metzger-Viertel nach *Konti* [7].

Konti bildet mit dem Tempel des sagenhaften *Sarvesvara*, auf den sich die Gründungslegenden der Stadt beziehen, ein Zentrum im Norden der Stadt.

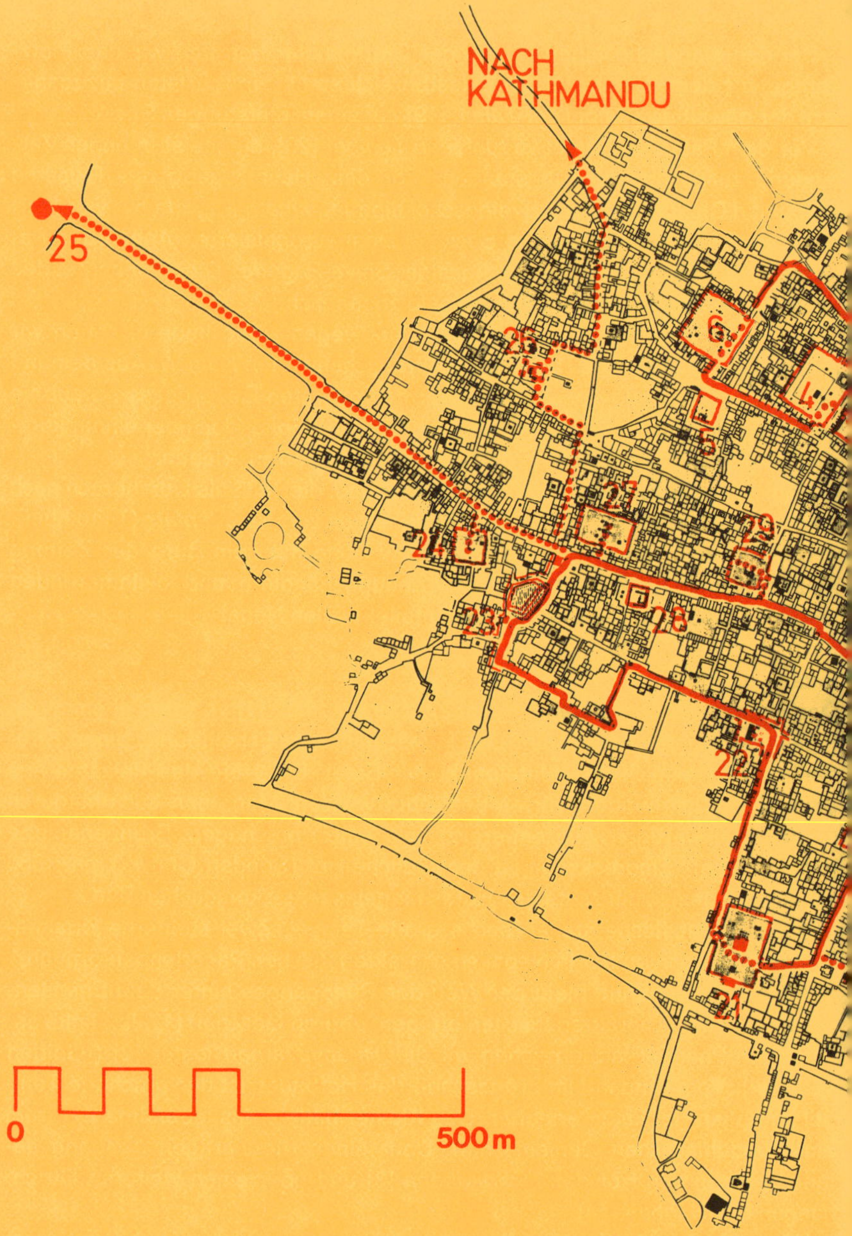

Patan

1 Durbar-Platz
2 Hiranyavarna-Kloster
3 Dvarikabaha
4 Nagbaha
5 Nakabahi
6 Nhyaka Chowk
7 Konti
8 Nördlicher der vier Stupas
9 Flußufer
10 Kulima-Platz
11 Cyasah
12 Balkumari-Tempel
13 Kloster Subaha
14 Kloster Bhinchebaha

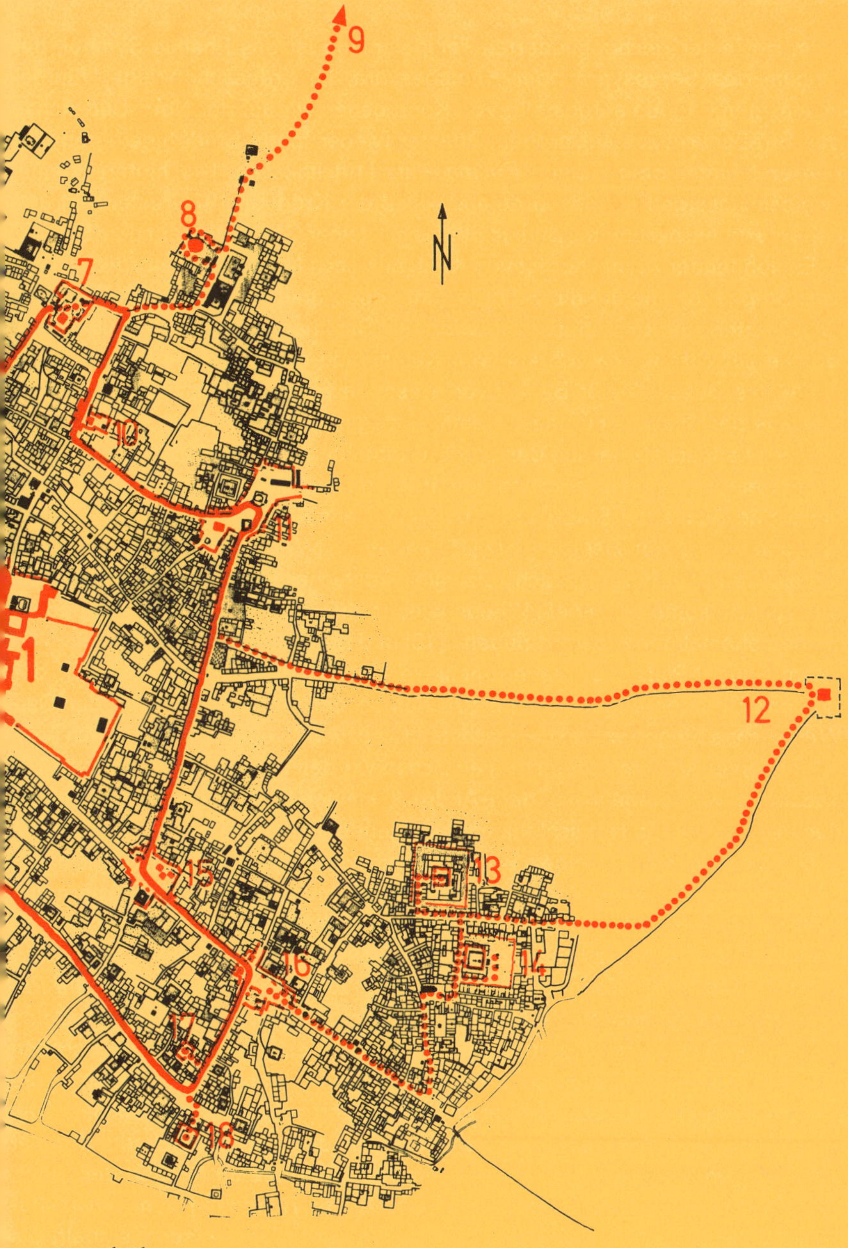

15 Saugal-Platz
16 Kreuzung (Nugal)
17 Mahabaudha-Tempel
18 Ubaha-Kloster
19 Ibaha
20 Minnanath-Pagode
21 Großer Hof des Tahbaha
22 Ikhalakhu-Platz
23 Puncali-Tempel
24 Nahbaha
25 Westlicher der vier Stupas (in Pulcok)
26 Pimbaha
27 Bubaha
28 Hatkobaha
29 Daubaha

Im Hof einer reichgegliederten Tempelanlage ist das Phallus-Symbol, der *Lingam des Sarvesvara oder Khumbesvara*, im Erdgeschoß einer fünfgeschossigen Pagode aufgestellt. Von Konti gehen wir auf der Nord-Süd-Achse des Straßenkreuzes auf grobem Pflaster wieder in die Stadt hinein und biegen erst hinter dem kleinen *Kulima-Platz* [10] links ab. Die hintere kleine, zweigeschossige Pagode wurde aus Anlaß der Krönung 1974 restauriert und beherbergt ein berühmtes Bildnis Shivas mit seiner Gattin Uma auf dem Schoß.

Ein lohnender Abstecher ist von Konti aus nach Norden zum *nördlichen der vier Stupas* [8], die um die Stadt herum angeordnet sind, möglich. Der Weg führt weiter zum befestigten *Flußufer* [9] (Sankhamula ghat) und über eine Brücke zur Straße (ca. 1,5 km) von Kathmandu nach Bhaktapur. Die Haltestelle des Busses heißt Baneshvar. Besonders empfehlenswert ist es, von hier aus den Weg zu Fuß nach Patan zu beginnen. Man nähert sich langsam aus der Landschaft heraus der Stadt, erlebt zuerst die breite Bagmati, überwindet einen Höhenunterschied von 10 Metern und betritt dann erst auf der Nord-Süd-Achse die Stadt! Von *Kulima* [10] aus führt der Weg nach *Cyasah* [11] und weiter zum *Saugal-Platz* [15] an der Ost-West-Straße. Ein wiederum landschaftlich außerordentlich reizvoller Abstecher führt aus der Stadt heraus zum *Balkumari-Tempel* [12] und wieder hinein in die Stadt zu den bedeutenden ehemaligen *Klöstern Subaha* [13] und *Bhinchebaha* [14].

Am *Saugal-Platz* [15] stehen mehrere kleine, unbedeutende Tempel; der goldene Brunnen dagegen gehört zu den schönsten der Stadt. Auf der Ost-West-Achse biegen wir an der nächsten *Kreuzung* (Nugal = [16]) südlich ab.

Über einen kleinen Toreingang erreichen wir den *Mahabaudha-Tempel* [17]. Tausende von Ziegeln mit dem Abdruck kleiner Buddhafiguren verkleiden den in einem engen Hof schlank emporragenden Tempel.

Der breiten Straße folgen wir ein wenig weiter nach Süden zum *Ubaha-Kloster* [18], in dessen Vorhof und Haupthof phantastische Wächtertiere aus Gelbguß stehen. Vom Ubaha gehen wir nach Westen auf das *Ibaha* [19] an der Nord-Süd-Achse zu, um dort nach Süden abzubiegen. Über einen Vorplatz ist östlich die *Pagode des Minnanath* [20] erreichbar, westlich die *Pagode des Matsyendranath*, die im *Großen Hof des Tahbaha* [21] steht. Beide Götter stehen von April bis Juni im Mittelpunkt eines Regenkultes. Auf großen Festwagen werden sie durch die Stadt gefahren. Matsyendranath stellt die große, regenspendende, synkretistische Göttergestalt der Nation dar. Das gesamte Land hat Anteil an seinem Kult. Für den südlichen Stadtteil bildet der Matsyendranath den Gegenpol zum Kumbhesvara im Norden der Stadt, im Stadtteil Konti. Vom Tahbaha aus führt der Rundgang zum *Ikhalakhu-Platz* [22], der mit seinem vielfältigen Ensemble von kleinen Tempeln als typisch für den Mittelpunkt eines Stadtteils gelten kann. Über enge Gassen, vorbei an zahlreichen Tempeln, erreichen wir den *Puncali-Tempel* [23].

Von der Ost-West-Achse ist ein Abstecher möglich zum *Nahbaha* [24], und weiter nach Westen zum *Stupa* [25] in der *Vorstadt Pulcok*.

Nach Norden führt ein Weg über den Stupa des *Pimbaha* [26] zum Nordwesttor (Patan-dhoka). (Von hier Busse und Scooter nach Kathmandu.)

Der Rundgang führt zum Ausgangspunkt am Durbar-Platz. Auf dem Weg liegen die Klöster *Bubaha* [27], *Hatkobaha* [28] und *Daubaha* [29].

Bhaktapur

Nach Bhaktapur fährt man am besten mit dem Trolley-Bus (verkehrt alle 10 bis 30 Minuten bis 21 Uhr). Abfahrt in Kathmandu in Tripureshvar, südlich der Post. In Bhaktapur liegt die *Bushaltestelle* [1] 600 Meter südlich der Stadt jenseits des Hanumante-Flusses.

Mini-Busse fahren in Kathmandu beim ›Clocktower‹ östlich des großen Paradeplatzes nach Bedarf ab. Sie fahren bis an den westlichen Stadtrand Bhaktapurs. Man betritt die Stadt sozusagen durch die Hintertür und steht dann plötzlich auf dem großen *Durbar-Platz*. Der Parkplatz für Taxen und Mini-Busse der Reiseveranstalter liegt unmittelbar neben dem Durbar-Platz.

Von der Station des Trolley-Busses geht man einen sanften Hügel hinab, überquert den Fluß und betritt bergan die dichtgefügte Stadt. Man erlebt die Stadt von Süden als gebaute Landschaft – spürt den Gegensatz zur intensiv genutzten Landschaft der Reisterrassen und begibt sich voller Spannung in die Straßenschluchten, die sich unversehens zu Platzgefügen erweitern.

Kurz nach dem Eintritt in die Stadt biegt ein Weg links auf den geschäftigen *Platz der Schwarzerdetöpfer* ([2] = Talaco). An Sonnentagen stehen hier Tausende von Schalen, Bierkrügen, Wasserpfeifentöpfen und Blumentöpfen.

Im Bogen führt der Weg über die Hauptstraße zum *Taumadhi-Platz* [3] mit der großartigen, fünfgeschossigen *Nyatapola-Pagode* und dem mächtigen, breitgelagerten *Bhimsen-Tempel*. Beide Bauten geben ein hervorragendes Zeugnis ab für die rege Bautätigkeit in der 1. Hälfte des 18. Jahrhunderts.

Über eine schmale Gasse erreichen wir von der Nyatapola-Pagode aus den *Durbar-Platz* [4] mit dem *ehemaligen Palast der Könige*, dem auch der wichtige *Taleju-Tempel* angegliedert ist. Über der im Palast untergebrachten National Art Gallery mit einer schönen Thangka-Sammlung sind Räume des 18. Jahrhunderts mit originalen Fresken zugänglich.

Auf der Platzfolge um den Palast herum stehen zwölf Tempel, die dem Herrscherkult dienten und daher heute im täglichen und jahreszeitlichen Ritus der Stadt keine Rolle spielen.

Bevor wir uns vom Durbar-Platz nach Norden wenden, sollten wir kurz einen Blick rechts in den Hof des ehemaligen *Klosters Caturvarnamahavihara* werfen. Der Hof mit guterhaltenem Schnitzwerk ist immer belebt.

Im Norden der Stadt steigen wir den Hügelrücken, auf dem sich die Stadt in Ost-West-Richtung ausdehnt, herab, um ein typisches *Bauernquartier* [5] zu betreten. Dreigeschossige, enge Bebauung um winzige, feuchte Höfe verdeutlicht die enormen Gegensätze der Kasten. Am *Taumadhi-Platz* dagegen stehen die stattlichen Häuser der Oberen Kasten.

Bhaktapur

1 Trolley-Bus-Haltestelle
2 Talaco = Töpfer-Platz
3 Taumadhi-Platz
4 Durbar – Königsplatz
5 Byasi = Bauernquartier
6 Chuma ganesh-Tempel
7 Schrein der Mahakali
8 Mahakali-Tempel (dyochem)

9 Nag Pokhari = Schlangenteich (Platz der Färber)
10 Gohnadlu-Platz mit Brunnen
11 ehem. buddhistisches Kloster
12 Kvathandau-Platz
13 Surjamadhi-Platz
14 Tacapal-Platz (Dattatreya-Tempel, Pujahari Math)
15 Schrein des Maheshvari
16 Hanuman ghat
17 Sivalaya am Chupin ghat

Vom Bauernquartier führt der Weg wieder hinauf, am *Chuma Ganesh* [6] und *Mahakali-Tempel* [8] vorbei, zum *Platz der Färber* [9] am Schlangenteich. Vor der Stadt liegt der geheimnisvolle *Schrein der Mahakali* [7], an dem die furchterregende Muttergöttin durch einen Stein repräsentiert wird.

Von [8] nach [9] führt ein Abstecher über den *Golmadhi-Platz* [10], einer typischen Platzerweiterung der Hauptstraße mit vier Tempeln und einem tiefen, kürzlich restaurierten Brunnen. Vom *Färberplatz* geht es weiter nach Osten über einen kleinen, sich trichterförmig öffnenden Platz mit drei kleinen buddhistischen Denkmälern (caityas), vorbei am Block der Maler zum Platzgefüge des *Tacapal.* Erst auf dem Rückweg jedoch besuchen wir die Tempel Tacapal. Zuerst geht es nach Norden in den Stadtteil *Kvathandau* [12]. Ein kleiner Abstecher führt in den Hof eines der wenigen ehemaligen *Klöster der Stadt* [11]. Hier steht auch das Haus der *Bhaktapur-Kumari.* Der zentrale Buddha ist im Erdgeschoß in seiner Zelle umwandelbar.

Beim Verlassen des Kvathandau-Platzes sehen wir rechts den bedeutenden *Tempel der Neun Muttergottheiten,* die die Stadt beschützen. Durch Masken sind sie repräsentiert – man sieht sie zwischen Januar und Mai in den Straßen der Stadt tanzen. Ihr Kult ist im Verständnis der Bewohner für die Stadt absolut notwendig. Über mehrere Plätze erreichen wir den östlichen Rand der Stadt. Es ist der *Surjamadhi-Platz* [13], an dem in einem Hof die schöne *Vakupati-Narayana-Pagode* steht. Davor stehen mehrere Säulen, die die Symbole des Gottes tragen, der in der Pagode verehrt wird.

Von Surjamadhi geht es zurück nach Westen, über neu gepflasterte Straßen zum *Tacapal-Platz* [14]. Das *Pujahari Math* wurde 1971/72 als erstes Gebäude in Nepal mit Unterstützung der Bundesrepublik restauriert. Das Gebäude ist wegen seines Schnitzwerks an der Platzfront und in den Innenhöfen berühmt. Das sogenannte Pfauenfenster (s. Abb. S. 65) an der Gassenseite ist geradezu zu einem Symbol newarischer Handwerkskunst geworden. Seit 1974 betreibt die Bundesrepublik im Osten der Stadt ein umfangreiches Entwicklungsprogramm, das Wasserversorgung, Abwasserbeseitigung, Restaurierung von Tempeln und Gewerbeförderung zu integrieren sucht.

Die dreigeschossige, freistehende *Dattatreya-Pagode* sowie der zweigeschossige *Bhimsen-Tempel* am westlichen Platzrand bestimmen das Bild des Platzes, der einst bis ins 15. Jahrhundert den Stadtmittelpunkt bildete.

Vom Tacapal-Platz aus folgen wir der Hauptstraße zum Stadtteil *Inaco,* um vor einem Vishnu-Tempel scharf links abzubiegen. Der Weg führt hinab zum *Hanuman Ghat* [16], dem bevorzugten rituellen Badeplatz der Stadt. Jenseits der Stelle, an der zwei Flüsse zusammenfließen – und das ist immer ein heiliger Ort! – befindet sich ein Leichenverbrennungsplatz. Am Ufer stehen öffentliche Gebäude, in denen jedermann in Erwartung des Todes wohnen darf. Am Fluß zu sterben gilt als besonders erstrebenswert.

Ein Abstecher zum *Schrein der Maheshvari* [15] und zurück am befestigten Ufer erschließt eine besonders ruhige Uferzone. Wir überqueren den Fluß und biegen rechts ab, um am *Chupin Ghat*, einem weiteren Verbrennungsplatz, wieder die Stadt zu betreten. Die Silhouette der Stadt ist auf dieser kurzen Strecke erlebbar. Auf diesem Platz wird Mitte April unter den Hochrufen von Tausenden von Menschen ein ca. 25 m langer Baum aufgerichtet als Zeichen des Neuen Jahres. Die breiten Rinnen zu beiden Seiten der in die Stadt hineinführenden Straßen dienen den beiden Festwagen in Gestalt einer Pagode als ›Führungsschiene‹. Die wichtigsten Götter der Stadt nehmen am Erneuerungsritual zur Jahreswende teil.

Ein Abstecher zum Fluß führt zu *zwei Tempelgruppen* (Sivalayas) [17], die von der ungebrochenen Schaffenskraft der Newars im 19. Jh. zeugen.

Weitere Ausflüge ins Kathmandu-Tal

Pashupatinath

Eines der größten Hindu-Heiligtümer. Es liegt am heiligen Fluß Bagmati und hat für Nepal die gleiche Bedeutung wie Benares für Indien. Zentrum der Tempelstadt ist der goldene *Shiva-Tempel*, dessen Betreten Andersgläubigen verboten ist. Shiva wird hier in seiner Inkarnation als Pashupati (Herr der Tiere) verehrt. Am Ufer der Bagmati finden an bestimmten Stellen Leichenverbrennungen statt. Um einen möglichst umfassenden Gesamteindruck zu erhalten, muß man die Bagmati überqueren und auf den Hügel hinaufsteigen, der dem Shiva-Tempel gegenüber liegt. In Pashupatinath gibt es viele Gebäude, in denen alte und kranken Menschen auf den Tod warten. Nach dem Glauben hinduistischer Nepali erlangt jeder, der in Pashupatinath stirbt und am Ufer der Bagmati verbrannt wird, sein Seelenheil.

Swayambhunath

Ältestes und bedeutendstes Heiligtum Nepals. Der *Stupa von Swayambhunath* liegt ca. zwei Kilometer nordwestlich von Kathmandu auf einem hundertfünfzig Meter hohen Hügel und bietet einen schönen Blick über die Stadt.

Stupas sind buddhistische Heiligtümer. In seiner ursprünglichen Form war der Stupa ein halbkugelförmiger Erdhügel. Später wurde über dem höchsten Punkt dieser Halbkugel ein Turm mit quadratischem Grundriß und Dach errichtet, dessen vier Seitenwände mit den alles sehenden Augen Buddhas bemalt wurden. Der Stupa ist Sinnbild des buddhistischen Kosmos.

Nach einer alten Legende erschien einst an der Stelle des Heiligtums der Gott Swayambhu, »der schon Licht war, als alles um ihn herum noch im Dunkeln lag«, im See von Naga Hrad – der damals das Kathmandu-Tal ausfüllte – und zwar in Gestalt einer leuchtenden Lotusblume. Der Bodhisattwa* Manjushri erblickte auf einer Reise von China nach Indien das göttliche Licht und erkannte in ihm Buddha. Mit seinem Flammenschwert schlug er eine Bresche in die Berge, so daß das Wasser des Sees ablief und Menschen den fruchtbaren Boden besiedeln konnten. König Prachandadeva ließ über der Lotusblume einen Stupa erbauen, der Swayambhunath genannt wurde.

Bodhnath

Der *Stupa von Bodhnath* oder *Boudha* liegt etwa sechs Kilometer östlich von Kathmandu und ist neben Swayambhunath

* Wesen innerhalb des Systems des Mahayana-Buddhismus, das die Erleuchtung bereits erlangt hat, aber freiwillig darauf verzichtet, ins Nirvana einzugehen, um Menschen, die dazu nicht aus eigener Anstrengung imstande sind, zu helfen.

das älteste und ehrwürdigste buddhistische Heiligtum Nepals. Nepalischen Legenden zufolge soll der Stupa etwa 2000 Jahre alt sein. Urkundlich wird das Heiligtum erstmals im 7. Jahrhundert erwähnt. Danach bestanden schon damals Häuser um den Stupa, über dessen Erneuerung die Schrift berichtet.

Heute befindet sich hier, kreisförmig um den Stupa angelegt, das ›Tibetan Village‹ (von Tibetern und Sherpa bewohnt).

Buddhanilkantha

Kleines, am Südabhang der Sheopuri-Berge, nördlich von Kathmandu gelegenes Dorf. Hier befindet sich in einem Wasserbecken eines Tempelhofes ein fünf Meter langes Steinbildnis des ruhenden *Vishnu Narayan*. Sein Bett besteht aus Körperwindungen der Weltenschlange. Elf erhobene Kobraköpfe schützen sein Haupt.

Das Steinbildnis stammt aus dem 7. Jahrhundert und gilt als eines der größten Kunstwerke des frühen Nepal. Auch Nicht-Hindus dürfen den steingewordenen Gott sehen – nur der König nicht, der ja selbst eine Inkarnation Vishnus ist und beim Anblick seines ›eigenen Steinbildnisses‹ sterben würde.

Changu Narayan

Die *Tempelanlage von Changu Narayan* liegt vier Kilometer nördlich von Bhaktapur auf der 1670 Meter hohen Bergkuppe Doladri, 250 Meter über dem Talboden und kann nur zu Fuß erreicht werden. Sie gilt als Freilichtmuseum für nepalische Kunst und ist die älteste Tempelanlage Nepals. Der erste Tempel wurde Ende des dritten nachchristlichen Jahrhunderts in der frühen Lichhavi-Zeit erbaut. Um den großen und mit Holzschnitzereien reich verzierten, Vishnu geweihten Haupttempel stehen kleinere Tempel.

Khadga Yogini

Sieben Kilometer von Changu Narayan entfernt steht dieser Tempel aus der zweiten Hälfte des 17. Jahrhunderts im Ort Sankhu. Er ist der buddhistischen Göttin Tara in ihrer schrecklichen Form als ›Blaue Tara‹ geweiht.

Dakshin Kali

Dreistöckiger, im 17. Jahrhundert erbauter Tempel unweit des Shekka Narayan-Tempels von Pharping, ca. 20 Kilometer südlich von Kathmandu. Sein Ursprung ist alt und geht auf eine Zeit zurück, in der hier der Göttin Kali in ihrer dämonischen Ausprägung noch Menschenopfer dargebracht wurden. Heute ist der Tempel wegen der blutigen Tieropfer bekannt (Massenschlachtung).

Kirtipur

Newar-Stadt auf einem Hügel südlich von Kathmandu. Die Stadt kann nur zu Fuß besucht werden und bietet das unverfälschte Bild einer mittelalterlichen Stadt wie keine andere des Kathmandu-Tals. Kirtipur ist für seine Webarbeiten bekannt. Auf dem höchsten Punkt des Ortes steht der teilweise eingestürzte, Shiva und Parvati geweihte *Tempel Uma Maheshwar*. Von hier aus hat man einen der schönsten Ausblicke auf das Kathmandu-Tal und die Berge.

Thimi

Newar-Stadt zwischen Kathmandu und Bhaktapur, viertgrößte Stadt des Tales. Für ihre Handwerkstradition – für Maskenmalerei, Töpferei usw. – bekannt.

Aussichtspunkte auf den Hohen Himalaja

Aussichtspunkte, von denen aus große Ausschnitte aus dem Panorama des Hohen Himalaja bewundert werden können, bieten sich vor allem in *Nagarkot*, *Kakani*, *Daman* und *Dhulikhel*.

Nagarkot liegt 15 Kilometer nordöstlich von Bhaktapur auf einer Höhe von 2130 Metern und bietet einen der schönsten Rundblicke auf den Himalaja, den man in der Umgebung von Kathmandu erleben kann. Der Blick reicht von Dhaulagiri, Annapurna und Manaslu im Westen über Ganesh Himal, Gosainthan und Langtang Himal im Norden bis zu Everest, Lhotse und Makalu im Osten. Besonders bei Sonnenuntergang und klarer Sicht sind sie von hier aus gut zu sehen.

Kakani liegt 1950 Meter hoch am nördlichen Rand des Kathmandu-Tals in Richtung Trisuli. Es wird oft zu Sonnenaufgang besucht.

Rund 80 Kilometer südwestlich von Kathmandu liegt *Daman* auf 2400 Meter Höhe. Von verschiedenen Aussichtspunkten – beispielsweise von dem mit Fernrohr ausgestatteten Aussichtsturm in der Nähe des Everest Point Motel – bietet sich bei klaren Sichtverhältnissen von Daman aus der Blick auf neun der insgesamt vierzehn Achttausender der Erde.

Dhulikhel liegt 32 Kilometer von Kathmandu entfernt, 1500 Meter hoch, an der Chinesen-Straße. Hier öffnet sich der Blick auf das Gebiet von Helambu und Langtang Himal bis zu den Bergen Ostnepals einschließlich des Makalu.

Mountain Flight

Eine andere, noch eindrucksvollere Art, den Hohen Himalaya zu sehen, bieten die *RNAC – Mountain Flights* (Royal Nepal Airlines Corporation). Sie werden bei gutem Wetter täglich um 8 Uhr durchgeführt und dauern etwa eine Stunde. Der Flug führt entlang des Hohen Himalajas Ostnepals, also zu den höchsten Bergen der Erde.

Flugscheine sind bei den Reisebüros oder bei RNAC erhältlich (sofort nach Ankunft buchen!). Preis: ca. 25 Dollar.

Weitere Informationen zu Nepal

Zur Entstehung Nepals und des Himalaja

Der Himalaja weist die höchsten Berggipfel der Erde auf. Hier finden sich aber auch die größten Durchbruchstäler, denn die höchste Gebirgskette der Erde ist – wie merkwürdig dies auch auf den ersten Blick erscheint – nicht gleichzeitig Wasserscheide. Mehrere Flüsse entspringen nördlich des Hohen Himalaja, fließen durch die erwähnten, gewaltigen Durchbruchstäler und bahnen sich ihren Weg nach Indien.

Über die Entstehung des Himalaja gibt es verschiedene Theorien. Der Schweizer Geologe Toni Hagen schreibt hierzu in seinem bekannten Nepalbuch ›Nepal, Königreich am Himalaya‹: »Nach meinen gründlichen Forschungen ist die überragende Höhe des Himalaya und die besondere Anlage seiner Flüsse vor allem tektonischen Kräften, und zwar Schubkräften, und nicht nur einfachen Hebungen zuzuschreiben. Die Fachwelt ist zwar über die Ursprungskräfte, die die Gebirgsbildung verursachen, noch keineswegs einig; allgemein wird dagegen angenommen, daß die Kontinente als massive Schollen gewissermaßen auf dem zähflüssigen heißen Erdinnern ›schwimmen‹. Diese Kontinentaldrift – wie die Bewegung von ihrem genialen Begründer Alfred Wegener genannt wurde – erfolgt in erdgeschichtlichen Zyklen. Wenn Kontinente aufeinanderprallen, entstehen an der Naht Kettengebirge; wenn sie auseinanderdriften, vertieft sich das Zwischenland, wird aufgerissen zum Meer. Das heutige Asien ist im Laufe der Erdgeschichte nicht immer ein einheitlicher Kontinentalblock gewesen; vor der Auftürmung des Himalaya nämlich war der indische Subkontinent von der Landmasse im Norden durch ein breites Meer, durch den Indischen Urozean getrennt. Die indische

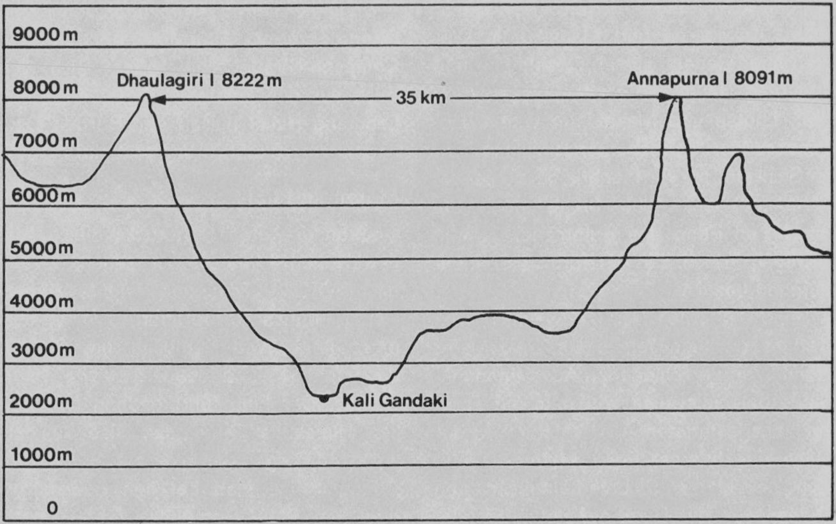

Kali Gandaki-Tal, West-Ost-Profil zwischen Dhaulagiri I und Annapurna I

Scholle gehörte, zusammen mit Australien, Südafrika und möglicherweise Teilen von Südamerika, zum früheren Gondwana-Kontinent. (Vor rund 200 Millionen Jahren.) Die letzte Annäherung der beiden Kontinentalschollen begann im geologischen Zeitalter des Mesozoikums, vor rund 70 Millionen Jahren. Der Urozean wurde zum Himalaya-Meer verengt, sein Boden durch zahlreiche Brüche und Verwerfungen in Ost-West-Richtung zerhackt. Ein Teil des Meeresbodens wich in die Höhe aus und erschien als erstes Gebirge des Himalaya-Raumes: Das tibetische Randgebirge war geboren! Die an diesem Gebirge entstandenen Flüsse ergossen sich symmetrisch auf beide Seiten, ins Ganges-Meer im Süden und ins tibetische Meer im Norden. In einer zweiten Phase wurde dann der horizontale Zusammenschub dermaßen verstärkt, daß gewaltige Gesteinsmassen aus dem Nordrand des indischen Subkontinents (der sogenannten Wurzelzone) zusammengestaucht, gehoben und weit (bis zu 100 Kilometern) nach Süden überschoben wurden. So entstanden die großen Decken des Urhimalaya! In der gleichen Phase vollzog sich die Geburt des tibetischen Plateaus, indem die nördlich an das tibetische Randgebirge grenzenden Sedimentgebiete gehoben wurden. Das Gebirge selbst erreichte nun Höhen bis zu 6000 Metern. Es übertraf also den weiter südlich gelegenen Urhimalaya mit seinen vielleicht nur 4000 m beträchtlich, und es wurde zur markanten Klimascheide. Die nördlicher gelegenen Gebiete trockneten aus.

Durch diese Hebung des tibetischen Plateaus erfuhr aber das Gewässernetz eine unsymmetrische Umgestaltung. Die nach Süden fließenden Gewässer erhielten ihres größeren Gefälles, aber auch der erhöhten Niederschläge wegen eine bedeutend stärkere Erosionskraft. Sie war so mächtig, daß die Flüsse ihr Bett rascher tieferlegen konnten als der Urhimalaya wuchs. Damit war aber auch die Anlage der Durchbruchstäler gegeben, wobei ältere, von Norden nach Süden verlaufende Querstörungen eine große Rolle spielten. Zu dieser Zeit war also der Himalaya wahrscheinlich noch nicht das höchste Gebirge. Erst später holte die Natur zum entscheidenden erdgeschichtlichen Ereignis aus. Abermals und stärker schoben sich die Kontinentalschollen

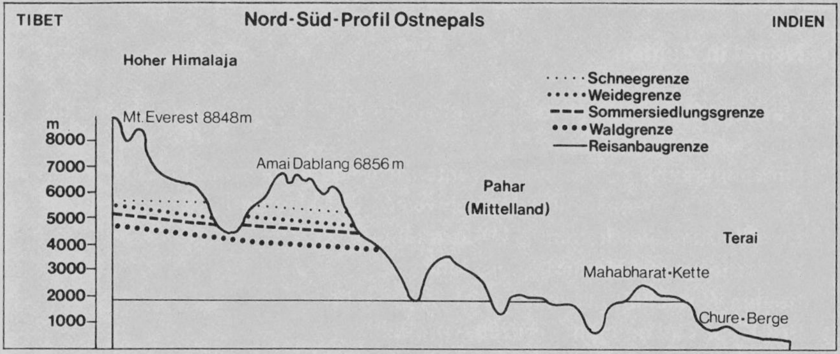

Das Nord-Süd-Profil demonstriert in eindrucksvoller Weise die Kontinentaldrift-Theorie des Österreichers Alfred Wegener. Danach schob sich der Subkontinent Indien von Süden her an Asien heran und bewirkte die Auffaltung des Hohen Himalaja.

zusammen, und wie ›Zahnpasta aus einer Tube‹ wurden die Deckenwurzeln um mindestens 3000 Meter in die Höhe gepreßt. Fast alle Achttausender Nepals liegen an der Wurzelzone der Decken; ihre Aufpressung aber erfolgte erst in ›allerjüngster‹ geologischer Zeit, vor etwa 600 000 Jahren, also sozusagen unter den Augen der Primitivmenschen. (Der Pekingmensch lebte um diese Zeit.) So stürmisch erfolgte die Auftürmung, daß die Querflüsse nicht immer Zeit fanden, ihr Bett in den Durchbruchsschluchten entsprechend tieferzulegen, und es entstanden nördlich der Wurzelzone, im Gebiet der Täler des Innern Himalaya, ausgedehnte tektonische Stauseen. Die Durchbruchsflüsse aber ergossen sich in das südlich gelegene Ganges-Meer und füllten dieses allmählich auf. Schuttfächer in der Siwalik-Zone (der Molasse des Himalaya) weisen auf ehemalige Flußmündungen hin.

Eine letzte gebirgsbildende Phase sollte indessen das Flußnetz im Süden noch einmal grundlegend umgestalten. Der aufgetürmte Himalaya sank gegenüber dem Vorgelände, dem Gebiet der Deckenfronten, beträchtlich ein; es entstanden das Mahabharat-Gebirge und das nepalische Mittelland. Die bisher nach Süden fließenden Ströme fanden ihren Weg in die Ganges-Ebene versperrt, sie stauten sich am Nordfuß der Mahabharat Lekh zu großen Seen (Alpenrand-Seen! Der bekannteste unter ihnen war der einstige Kathmandu-See). Alle Gewässer sammelten sich in Längstälern am Nordfuß der Mahabharat Lekh, ähnlich wie etwa die Aare am Südfuß des Jura die Flüsse aus dem schweizerischen Mittelland sammelt. Nur an drei schwachen, geologisch prädestinierten Stellen vermochten die Hauptflüsse Karnali, Narayani und Sapt Kosi die Mahabharat Lekh zu durchbrechen.

Die Hebung der Mahabharat Lekh aber dauert noch weiter an. Seit der Verlandung des Kathmandu-Sees vor etwa 200 000 Jahren hat sie sich um wenigstens 200 Meter gehoben; dies kann an den nach Süden ansteigenden Schichten der entsprechenden Seeablagerungen deutlich beobachtet werden. Die Zone ist übrigens ein berüchtigter Erdbebenherd, und auch dies ist ein Zeichen des Fortganges von tektonischen Bewegungen.

Obschon zum gleichen, sogenannten alpinen Gebirgszug gehörig, ist der Himalaya jünger als die Alpen, ja er ist sogar das jüngste Kettengebirge der Erde. Daraus erklären sich die phantastisch steilen Formen.«

Nepal in Zahlen

Fläche: 141 908 km² (entspricht etwa der Fläche von Österreich und der Schweiz: 125 137 km²)
Einwohnerzahl: 12,5 Millionen (entspricht ebenfalls etwa der Einwohnerzahl Österreichs und der Schweiz: 13,2 Millionen)
Bevölkerungswachstum: 2,4 % pro Jahr
Wirtschaftswachstum: 3 % pro Jahr
Reales Wirtschaftswachstum: 0,6 % pro Jahr
Pro-Kopf-Einkommen: DM 200,– pro Jahr
Analphabetenrate bei der Bevölkerung ab 14 Jahren: 86 %
Staatshaushalt 1976/77: ca. DM 520 Millionen

Einnahmen in Millionen DM u. a.:

Steuern nach bestehendem Steuersystem	260
Zusätzliche Steuern	24
Gebühren	2
Entwicklungshilfe	82
Auslandskredite	62
Inlandskredite	59

Ausgaben in Millionen DM:

Entwicklungshaushalt	346 = 2/3
Reguläre Ausgaben	173 = 1/3

Fast ein Drittel des Gesamthaushaltes wird somit durch Entwicklungshilfe und Auslandskredite gedeckt.

Trekking-Informationen

Vergleiche auch ›Wie? Wann? Wohin? Und worauf es sonst noch ankommt‹ sowie ›Tips zum Selbstorganisieren anspruchsvoller Trekking-Touren‹.

Ausrüstung

Für Wandertouren: Tennisschuhe mit Riffelsohle oder leichte Wanderschuhe, Wanderhose, Shorts, Badehose, Wollstrümpfe, Baumwollhemden bzw. -blusen, Unterwäsche, T-Shirts, Pullover, leichter Anorak, leichter Regenumhang, Regenschirm (kann günstig in Kathmandu besorgt werden), Rucksack, Seesack zum Verpacken des Gepäcks für den Träger, Taschenlampe mit Ersatzbatterie, Handtuch, Seife, Zahnbürste, Zahncreme, Shampoo, eventuell Batterie-Rasierapparat, Trinkflasche, Toilettenpapier, Sonnenhut, Sonnencreme, Lippenschutz, Sonnenbrille, Fotoausrüstung einschließlich ausreichendem Filmmaterial, Karten und Führer, Nähzeug, Schnur, Daunenschlafsack, Zelt, Schaumgummimatte, Streichhölzer, Kerze, Apotheke, Zusatzverpflegung (Trockenobst, Traubenzucker, Kräutertee-Beutel, falls man nach russischen Tee nicht schlafen kann, Konserven), Bonbons und Zigaretten zum Verschenken, Taschenmesser, eventuell Fernglas, Schreibzeug, Kochzeug, Waschmittel (Rei in Tube).

Zusätzlich für Hochtouren: feste, ›eingegangene‹ Bergschuhe, Steigeisen, Gamaschen, Eispickel, Seil, Biwaksack, Kompaß, Höhenmesser (mit ausreichendem Höhenbereich!), Klettergürtel, Reepschnüre, Eisschrauben, Daunenjacke, lange Unterhosen, Perlonüberhose und -anorak, Schneebrille, Wollfäustlinge und Überhandschuhe, Wollmütze, Schal, Schuhputzzeug, konzentrierte Höhenverpflegung, Kocher und Kartuschen.

Weitere Bemerkungen: Trekking-Unternehmen stellen Checklisten zur Verfügung. Aus ihnen geht vor allem auch hervor, welche Ausrüstung man *nicht* benötigt, da sie von dem Unternehmen gestellt wird (z. B. Zelte, Schaumgummimatten, Seil, Apotheke, Kochzeug etc.). Üblicherweise wird auch der Seesack zur Verfügung gestellt, den man nachher zur Erinnerung behält. Generell ist Baumwoll-Kleidung (und keine synthetischen Fasern) zu empfehlen. Farbige Hemden, Blusen und vor allem T-Shirts anstelle von weißer Unterwäsche haben sich sehr bewährt. Zwar werden sie ebenso schmutzig wie andere Wäsche, aber man sieht es nicht so deutlich. Außerdem kann man im T-Shirt wandern.

Bezüglich Geld und Trekking-Permit s. u. den entsprechenden Abschnitten.

Flugverbindungen in Nepal

Das Flugzeug ist ein wichtiges Hilfsmittel für Trekking-Unternehmungen. Die Flugverbindungen sind aus dem Übersichtsplan ersichtlich. Eingetragen sind die Verbindungen, die im Juli 1977 Gültigkeit hatten sowie einige andere Routen, die jedoch Mitte 1977 nicht beflogen wurden. Im Bedarfsfall bei RNAC erkundigen.
Einige Beispiele für die Entfernung von Kathmandu: *Biratnagar* (236 km), *Lukla* (136 km), *Meghauli* (121 km), *Pokhara* (147 km), *Shyangboche* (156 km).

Flüge in Nepal sind relativ billig.

In den Bergen, also außerhalb des Kathmandu- und Pokhara-Tales sowie des Terais, existieren nur *STOL-Landepisten* (Short Take Off and Landing). Sie können nur im Sichtflug angeflogen werden; deshalb werden Flüge oft verzögert oder fallen überhaupt aus. Generell sind die STOL-Pisten nur am Vormittag in Betrieb. Sie werden nur von Maschinen der Typen Twin Otter (12 Plätze), Pilatus Porter (6 Plätze) und von Bell-Hubschraubern (4 Plätze) angeflogen und zwar nur im Charter-Betrieb. In Shyangboche kann nicht einmal eine Twin Otter landen.

Flugverbindungen in Nepal

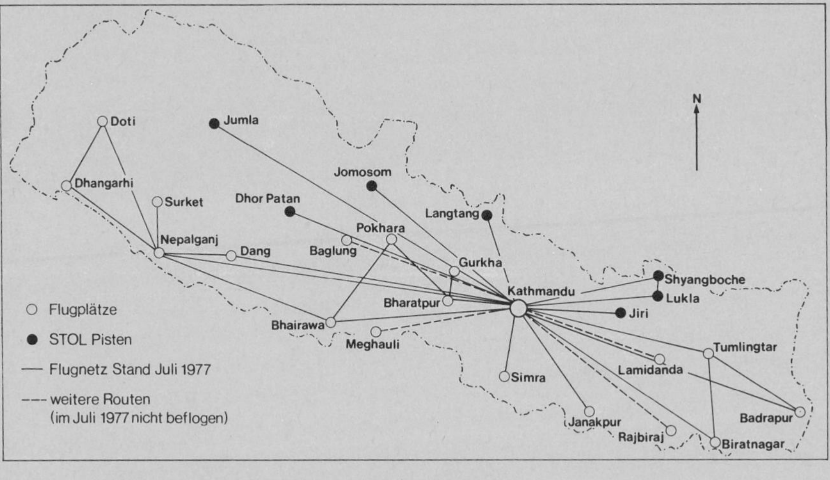

Die Mitnahme von Freigepäck ist üblicherweise auf 15 kg begrenzt. Buchungen für Gruppen sollen möglichst drei Monate oder länger im voraus (bei RNAC) gemacht werden. Einzelplätze können über nepalische Reisebüros gebucht werden. Auf alle Fälle muß der Rückflug *vor* der Abreise aus Kathmandu bestätigt sein.

Die Kosten einer Charterstunde sind etwa 500 Dollar für Twin Otter (42 Dollar pro Person), 200 Dollar für den Pilatus Porter (33 Dollar pro Person) und 400 Dollar für den Bell-Hubschrauber (100 Dollar pro Person).

Geld

Bei Trekking-Touren sollte man sich nicht darauf verlassen, daß Dollarnoten als Zahlungsmittel akzeptiert werden. Es empfiehlt sich, in Kathmandu das für die Dauer der Trekking-Unternehmung erforderliche nepalische Geld zu wechseln (für Souvenirs, Trinkgeld am Ende der Tour etc.) und eine ausreichende Zahl von 1-Rupien-Scheinen mitzunehmen.

Gletscher

Wer im höchsten Gebirge der Erde besonders große Gletscher vermutet, der irrt.

Trekking-Route	Höchster/tiefster Punkt	ca. Dauer
1. Kathmandu-Lukla Ausgangsort: Lamosango, 750 m. 5 Stunden mit Bus ab Kathmandu auf Chinesenstraße; Zielort: Lukla, 2900 m, STOL-Piste	Lamjura-Paß, 3530 m Lamosango, 750 m	10 Tage ohne Gipfel
2. Bergsteigen im Khumbu: (Everest-Gebiet) Lukla (2900 m) STOL-Piste, – Namche Bazar-Khumjung-Ngozumpa-Tal-Gokyo-Nyimagawa-Paß-Lobuche-Kala Pattar-Chhukhung-Island Peak-Pangpoche-Tengpoche-Namche Bazar-Lukla	Island Peak, 6189 m Chaunrikharka, 2600 m	mind. 17 Tage
3. Rolwaling-Tour Barabhise, 800 m, an der Chinesenstraße, – Beding-Na-Trashi Laptsa-Paß (5755 m) – Thame-Namche Bazar-Lukla	Trashi Laptsa-Paß, 5755 m Barabhise, 800 m	12 Tage ohne Gipfel
4. Langtang/Helambu Trisuli Bazar, 550 m, Bus oder Taxi ab Kathmandu, – Dhunche-Langtang-Ganja La – Dupku – Tarke Gyang – Panchkhal an der Chinesenstraße (Bushaltestelle)	Ganja La, 5200 m Trisuli Bazar, 550 m	14 Tage ohne Gipfel

Gletscher von der Ausdehnung eines Aletschgletschers existieren nicht. Das liegt einmal an der Topographie – den steilen Flanken des Himalaja und dem Fehlen großer Firnbecken, die als Nachschubbasis dienen könnten. (Die Gletscher des Himalaja werden außerhalb der Monsunzeit hauptsächlich von Lawinen genährt). An der Nordseite des Hohen Himalaja mit ihren weiten Tälern in 3500 bis 5000 m Höhe fehlt es an Niederschlag.

Ein weiterer Grund liegt darin, daß der Monsun wirklich große Höhen nicht erfaßt. Die Gipfelpyramide des Mount Everest ist das ganze Jahr hindurch schwarz und zum großen Teil schneefrei.

Der längste nepalische Gletscher ist der Langtang-Gletscher mit 25 Kilometer. Der Khumbu-Gletscher ist 24 Kilometer lang, der Kangchendzönga-Gletscher 20 km.

Haupt-Trekking-Routen

In der folgenden Tabelle werden nur die wichtigsten Hauptrouten in genereller Weise angegeben. Detaillierte Beschreibungen können Tourenprogrammen der Trekking-Veranstalter oder Spezialführern (siehe Literatur) entnommen werden.

Mögliche Gipfel	Charakter	Beste Zeit
Chordung, 3690 m nördl. Jiri, P. 4010 nördl. Lamjura-Paß, Pike, 4070 m, südl. Lamjura-Paß	Leichte, vielbegangene Route ins Everest-Gebiet; Besuch verschiedener buddhistischer Klöster möglich	Oktober–Mai
Luza Peak, 5593 m, Gokyo Kang, 5483 m, White Peak, 5640 m, P. 5666 m südl. Nyimgawa-Paß; P. 5245 m nördl. Tsola Tsho; Kala Pattar, 5600 m, Chhukhung Ri 5546 m, Island Peak 6189 m, Pokalde, 5806 m	*Expeditionscharakter, gute bergsteigerische Erfahrung, beste Kondition erforderlich;* Besuch der buddhistischen Klöster, Tengpoche und Pangpoche, Everest-Base Camp	Okt./Nov. spätes Frühjahr
Yalung Ri, 5630 m südl. Na, Yalungtse, 5766 m, Ramdang, 5930 m, Pacharmo 6273 m, südl. Trashi Laptsa-Paß	*Hochalpine, schwierige Tour, Bergerfahrung und beste Kondition erforderlich;* Besuch des buddhistischen Klosters Thame	Okt./Nov. April–Juni
Tsergo Ri 4950 m, Kyangjin Ri 5600 m	Abgesehen von Ganja La leichte Wanderung, viel begangen; Abstecher zu den Gosainkund-Seen lohnend	Okt.–Dez. Frühjahr ab April

Trekking-Route	Höchster/tiefster Punkt	ca. Dauer
5. Kathmandu-Pokhara Trisuli Bazar, 550 m, – Kagune Bazar – Katunge – Sallentar – Arughat Bazar – Khanchok – Gurkha – Khoplang – Barapilkin Bazar – Palungtar (Flugplatz von Gurkha) – Tarkughat – Kunchha – Sisaghat – Deorali – Pokhara, 850 m	Grat östl. Ankhu Khola, 1500 m Darondi Khola-Talboden, 450 m	7 Tage
6. Rund um den Manaslu Arughat Bazar, 500 m, Bushaltestelle Kathmandu – Pokhara; oder Flugplatz Gurkha; – Khorlak – Jagat – Setibas – Deng – Barcham – Lho – Sama – Larkya La (5200 m) – Bimta Khoti – Tilje – Thonje – Jagat – Khudi Bazar; von hier entweder nach Pokhara oder zum Flugplatz Gurkha	Larkya La, 5200 m Arughat Bazar	18 Tage ohne Gipfel
7. Annapurna-Basecamp Pokhara, 850 m; – Dhampus – Ghandrung – Chhumro – Hinko – Base Camp; zurück wie auf Aufstiegsroute. Variante: ab Ghandrung – Ghorapani und auf Kali Gandaki-Route – Pokhara	Tent Peak, 5663 m Pokhara, 850 m	14–16 Tage
8. Zum Lamjung Himal Flugplatz Gurkha 550 m; – Tarkughat – Lamjung – Ghanpokhara – Rambrong – Namunpaß – Sikklis – Pokhara, 850 m	Namunpaß, 5500 m Palungtar (Flugplatz Gurkha), 550 m	10 Tage
9. Kali Gandaki Pokhara, 850 m; – Naudara – Ghorapani – Tatopani – Tukucha – Marha – Jomosom (STOL-Piste) – Marpha – Taglung – Lete, Rückweg wie Aufstiegsroute; Variante über Ghandrung möglich, – Pokhara	Gorapani, 2850 m Pokhara, 850 m	14 Tage

Karten

Die berühmtesten Karten Nepals sind wohl die ›Schneider-Karten‹, aufgenommen von dem österreichischen Geographen Erwin Schneider, im Maßstab 1:25 000 und 1:50 000, gedruckt bei Freytag & Berndt.

Ein Kapitel für sich sind die gepausten

Mögliche Gipfel	Charakter	Beste Zeit
keine Gipfel, aber wunderbare Aussichtspunkte auf den Höhenrücken	leichte Wanderung, vielbegangen	Spätherbst bis zeitiges Frühjahr
P. 4950 m nordöstl. Sama; schwierige Sechstausender nördl. und südl. Larkya La; Bergrücken (4500 m) nördl. Thonje	*Hochalpiner Paßübergang;* in den Schluchten des Marsyandi teilweise schlechte Wege und Brücken; Kloster von Sama	Okt./Nov. April–Juni
Rocky Peak und Tent Peak, 5663 m	Bis Annapurna Basecamp leicht; *Tent Peak hochalpine Tour, nur mit entsprechender Ausrüstung*	Herbst und spätes Frühjahr
Mehrere Gipfel nördl. Rambrong (ca. 4500 m), Fünftausender beim Namunpaß im östl. Lamjung Himal	*Ab Rambrong wenig begangen, nur mit Führer*	Okt./Nov. spätes Frühjahr
P. 4500 unter den Nilgiris; Dampush-Peak, 6011 m	Leicht; alte Handelsroute durch das tiefste Durchbruchstal der Erde nach Tibet	Okt.–Mai

Trekking-Karten, die man in Kathmandu erhält. Sie sind nicht nach europäischen Maßstäben zu messen. Dafür enthalten sie üblicherweise ein kurzes Vokabular Englisch-Nepali über einige der wichtigsten Redewendungen.

Schneider-Karten, Freytag & Berndt-Karten

1:25 000	Mount Everest
1:50 000	Khumbu Himal
	Rolwaling Himal
	Tamba Kosi – Likhu Khola
	Lapchi Kang
	Sorong / Hinku
	Dudh Kosi
1:10 000	Kathmandu Valley in 16 Blättern
in Arbeit:	
1:25 000	Kathmandu West
	Kathmandu Ost
1:50 000	Langtang Himal
	Jugal Himal
	Khumbakarna Himal

Weitere Karten

1:408 000	Reliefkarte Nepal (Kümmerly & Frey) sowie als ›Relief Map of Nepal‹, certified by Survey of India, Oxford & IBH Publ. Co, New Delhi, Bombay, Calcutta
1:250 000	Nepal in 2 Blättern
1:100 000	Nepal in 4 Blättern
1:1 000 000	ONC H-9 Nepal und teilweise angrenzende Länder, Defense Mapping Agency Aerospace Center, St. Louis, Air Force Station, 1970, revised 1973

Reliefkarte Kathmandu Valley, Sahayong Press

Profil of High Himalayas (Department of Tourism, Kathmandu)

Profilkarte Ostnepal (RNAC)

Trekking-Karten

Mandala Maps, 1:126 720	Kathmandu Trekking Map Pokhara to Jomosom; Trekking Map Gosainkund, Helambu, Langtang; Trekking Map Kathmandu to Pokhara
International Graphic Arts, Kathmandu	
1:250 000	North of Kathmandu Annapurna & Dhaulagiri Himal

Stadtplan Kathmandu–Patan, Nepal Booksellers

Kathmandu Valley

Pokhara Valley

Klima und Reisezeit

Das Klima Nepals wird wesentlich durch den *Sommermonsun* geprägt, der zwischen Juni und September den Großteil der Niederschläge mit sich bringt (80 bis 90 %). *Die Nachmonsunzeit, vor allem die Monate Oktober und November, sind ideal für Hochtouren.* In dieser Zeit regnet es fast nie, die Tage sind warm, die Nächte kühl. Vor allem prädestiniert die klare Sicht diese Jahreszeit für Bergtouren.

Der Winter eignet sich für Wanderungen im äußeren Himalaja. Das Wetter ist im allgemeinen klar und stabil.

Das Frühjahr ist die zweite Hauptreisezeit für Trekking-Touren. Zwar ist die Sicht nicht so gut wie im Herbst und gegen Mai wird es sehr warm, aber nun blüht alles! Rote Rhododendrenblüten vor weißleuchtenden Firnhängen – ein für diese Jahreszeit charakteristisches Bild.

Kosten von Trekkingtouren

Drei- bis vierwöchige Trekking- und Bergsteiger-Fahrten nach Nepal kosten bei europäischen Veranstaltern etwa 3500–4200 DM. Hierbei handelt es sich um Pauschalangebote. Zusätzliche Kosten entstehen nur für Getränke, Souvenirs, zusätzliche Versicherungen und andere persönliche Wünsche.

Nepalische Trekkingunternehmen bieten die klassischen Trecks für 16–20 US-Dollar pro Person und Tag an, wobei je nach Programm auch einige Tage Kathmandu einschließlich Führungen enthalten sind. Hinzu kommen noch Reisekosten innerhalb des Landes. Ein Flugticket Kathmandu–Lukla kostet beispielsweise 60 Dollar pro Person (einfach).

Wenn man privat auf Trekking-Tour geht, kann man es viel preiswerter haben. Ein Träger kostet 1,5 Dollar pro Tag, ein Sirdar (Sherpa-Führer) 3 Dollar.

Krankheiten, Höhenkrankheit

Abgesehen von Durchfall – oder auch dem Gegenteil – womit man bei der teilweise doch ungewohnten Kost rechnen muß, sowie von Sonnenbrand und Augenentzündungen, Blasen, Erkältungskrankheiten und ähnlichem ist vor allem die *Höhenkrankheit* ernst zu nehmen. Die AMS (Acute Mountain Sickness) kann bereits in Höhen über 3000 m auftreten – als Folge der mangelnden Anpassungsfähigkeit des Körpers an den niedrigen Sauerstoffgehalt und den geringeren Luftdruck dieser Höhen. Symptome sind Kopfschmerzen, Übelkeit, Schläfrigkeit oder auch Schlaflosigkeit, Kurzatmigkeit, Appetitlosigkeit, Erbrechen. *Die Krankheit kann tödlich enden und tritt vor allem dann leicht auf, wenn man zu schnell in große Höhen vorstößt.*

Als Therapie gibt es nur Sauerstoffzufuhr und Abstieg in niedrigere Höhenlagen. Meist helfen schon wenige hundert Höhenmeter.

Die wichtigste vorbeugende Maßnahme: nur allmählich in größere Höhen vordringen und zwischendurch immer wieder in tiefere Bereiche absteigen.

Trekkingorganisationen

Deutschsprachige Trekkingveranstalter

Bundesrepublik:

– Deutscher Alpenverein e. V., Berg- und Schischule,
D 8 München 22
Praterinsel 5, ✆ 0 89 / 29 30 10

– Hauser Exkursionen international
D 8 München 2
Neuhauserstr. 1; ✆ 0 89 / 26 30 09

– Sport Schuster
D 8 München 2
Rosenstr. 3–6; ✆ 0 89 / 24 14 14

Österreich:

– Österreichischer Alpenverein, Bergsteigerschule,
A 6020 Innsbruck
Wilhelm-Greil-Str. 15; ✆ 05222 / 23 171

– Weltweit Bergsteigen, Reisebüro Waggon-Lits/Cook,
A 6020 Innsbruck
Brixner Str. 2; ✆ 05222 / 34 589

Schweiz:

– ARCA Tour
CH 6301 Zug
Bahnhofstr. 23; ✆ 0 42 / 21 97 80

– Eiselin Sport
CH 6003 Luzern
Obergrundstr. 72; ✆ 0 41 / 22 12 12

– SWISS-TRECK Martin Hug
CH 9050 Appenzell
Lehnstr.; ✆ 0 71 / 87 34 39

Bekannteste Trekkingorganisationen in Kathmandu

Annapurna Mountaineering & Trekking, Durbar Marg (✆ 1 27 36)
Mountain Travel, Maharjganj (✆ 1 28 08)
Sherpa Trekking Service, Patan, Kupondole (✆ 1 31 76).

Weitere Reisebüros in Kathmandu

Annapurna Tours & Travels, Durbar Marg (✆ 1 39 40)
Everest Travel Service, Ganga Path (✆ 1 12 16)
Gorgha Travels, Durbar Marg (✆ 1 49 37)
Himalayan Travels & Tours, Durbar Marg (✆ 1 30 45)
Kathmandu Travels & Tours, Ganga Path (✆ 1 29 85)
Natraj Travels & Tours, Durbar Marg (✆ 1 20 14)
Nepal Travel Agency, Ram Shah Path (✆ 1 31 06)
Shanker Travels & Tours, Lazimpat (✆ 1 34 94)
Third Eye Tours & Travels, Kanti Path (✆ 1 17 38)
Trans Himalayan Tours, Durbar Marg (✆ 1 38 54)
Yeti Travels, Durbar Marg (✆ 1 12 34)

Trekking Permit

Das mit einem Paßbild versehene *Trekking Permit*, in das die Trekkingroute eingetragen wird, besorgt üblicherweise das Reiseunternehmen. An verschiedenen Stellen gibt es Kontrollposten, an denen das Permit kontrolliert wird. Wenn man privat trecken will, besorgt man sich das Trekking Permit im *Immigration Office*, Ram Shah Path (✆ 1 23 36), Kathmandu.

Schnee- und Siedlungs-Grenze

Sie sind in Nepal sehr unterschiedlich, generell aber deutlich höher als in Europa. In allererster Näherung, ganz grob, kann man sagen, daß *Schnee- und Waldgrenze* mehr als 2000 m höher liegen als in Mitteleuropa (siehe Skizze ›Nord-Süd-Profil Ostnepals‹ S. 275). Im Khumbu-Gebiet z. B. gibt es zahlreiche Fünftausender, die schneefrei sind.

Noch unterschiedlicher ist die *Siedlungsgrenze.* Beeindruckend sind vor allem die häufig sehr hoch gelegenen Siedlungen. Die Stadt *Manang* an der Nordflanke der Annapurna liegt 3800 Meter hoch. Kartoffeln werden hier bis auf 4000 m geerntet. Ähnlich ist es mit den Sherpa-Siedlungen im Khumbu. *Pangboche*, die höchstgelegene, ständig bewohnte Siedlung, liegt nur knapp unter 4000 Meter, das große Sommerdorf *Dingboche* liegt auf 4412 Meter.

Vorbereitung

Ausreichendes *Konditionstraining* in den Wochen und Monaten vor der Abreise ist Grundvoraussetzung für eine erfolgreiche Trekking-Tour. Bei Hochtouren ist zusätzlich ein *Höhentraining* nützlich. Besteigungen von Montblanc und anderen Viertausendern bieten sowohl Konditions- als auch Höhentraining.

Je nach körperlicher Verfassung und geplanter Trekking-Tour ist es auch empfehlenswert, vor Antritt der Reise einen *Arzt* zu konsultieren.

Eine andere Art der Vorbereitung betrifft das Studium von *Literatur und Karten.* Je mehr man bereits vorher weiß, desto mehr hat man von dem Unternehmen! Eine gute Möglichkeit hierzu bietet Gisela Treichlers *Travel Book Shop* in Zürich*. Frau Treichler war jahrelang für ein Schweizer Reiseunternehmen in Kathmandu tätig, kennt das Land gut und steht heute noch mit Nepal in Verbindung. In ihrem Book Shop erhält man nicht nur die bekannten Bildbände über Nepal, sondern auch Trekking-Beschreibungen und Karten, die man sonst nur in Kathmandu bekommt.

* CH 8001 Zürich, Seilergraben 11,
✆ 01 / 34 38 83

Kajak-Informationen

Von Otto Huber

Flüsse

Die bisher befahrenen Flüsse in Nepal kann man in folgende Schwierigkeitsgrade einstufen:

Name des Flusses	*Schwierigkeitsgrad*
Trisuli/Narayani	**II–III**
Oberer Trisuli	**IV–V**
Marsyandi	**III–IV**
Marsyandi-Schlucht	**IV–V**
Unterlauf Kali Kandaki ab Beni Ghat	**III–IV**
Einige Schwälle am Kali Gandaki	**V**
Sunkosi	**V**

Die genannten Flüsse wurden bisher von geführten Gruppen mit Kajaks oder Schlauchbooten befahren. Darüber hinaus gibt es im Himalaja eine große Anzahl von Flüssen, die noch nicht erkundet sind oder wegen ihrer technischen Schwierigkeiten nur Kajak-Spezialisten vorbehalten bleiben. Eine ausgezeichnete Hilfe bietet das Buch: ›Nepal‹ von Wolf Donner. Es enthält u. a. Angaben über die durchschnittliche Wasserführung der wichtigsten nepalischen Flüsse.

Reiseinformationen über geführte Kajakfahrten

Veranstalter Hauser Exkursionen International, 8000 München 2, Neuhauser Str. 1, ✆ (089) 26 30 09

Dauer 22 Tage (davon 7 Tage Flußfahrt und 8 Tage Bergwanderung)

Jahreszeit Frühjahr oder Herbst. Im Sommer während der Monsun-Zeit ist die Befahrung der Himalaja-Flüsse unmöglich.

Teilnehmerzahl bis zu 15 Kajakfahrer.

Ausrüstung, die vom Veranstalter zur Verfügung gestellt wird:

1 Polyester-Kajak, Modell ›brewi‹ W 17 (zerlegbar)
1 Paddel
1 Spritzdecke, Modell ›brewi‹
2 Schwimmkörper, aufblasbar
Reparaturmaterial, Klebeband

Ausrüstung, die von den Teilnehmern mitgenommen werden muß:

1 Paar Paddelschuhe mit rutschfester Profilsohle
1 Neoprenhose
1 Wollpullover
1 wasserdichter Anorak
1 Schwimmweste mit mindestens 5 kg Auftrieb
1 Plastikhelm
1 wasserdichter Kleidersack, Modell ›brewi‹ (passend zum W 17)
1 wasserdichter Fotobeutel zur Aufbewahrung von Notproviant (Fruchtschnitten, Schokolade, Kekse)

Private Kajakfahrten

Wer auf eigene Faust in Nepal Kajaktouren unternehmen will, muß daran denken, daß zu den meisten Himalaja-Flüssen keine Straßen führen. *Nur zerlegbare Boote können von den Trägern auf den schmalen Wegen befördert werden.*

Das Organisieren der Trägergruppe überläßt man am besten einer Trekking-Agentur in Kathmandu. Auch für Kajak-Fahrten benötigt man ein Trekking-Permit.

Expeditionen

Nepals Achttausender und ihre Erstbesteiger

In Nepal gibt es acht der vierzehn Achttausender unserer Erde. Es sind – von West nach Ost – *Dhaulagiri* (8167 m), *Annapurna I* (8091 m), *Manaslu* (8156 m), *Cho Oyu* (8153 m), *Mt. Everest* (oder Sagarmatha oder Chomolongma, ›Göttinmutter des Landes‹) (8848 m), *Lhotse* (8571 m), *Makalu* (8481 m), *Kangchendzönga* (8598 m).

Von Nepal aus sieht man noch einen weiteren Achttausender, den *Gosainthan* (oder Shisha Pangma), 8013 m. Er liegt vollständig auf tibetischem Gebiet.

Zur Besteigungsgeschichte der nepalischen Achttausender

	Erstbesteigungsversuche	*Erstbesteigung*
Mt. Everest, 8848 m	1921–1947 von Tibet	1953 England
	8 britische Expeditionen von Nepal	
	1950, 1951 England	
	1952 Schweiz (zwei Expeditionen)	
Kangchendzönga, 8598 m	1905 International	1955 England
	1929 Deutschland	
	1930 International	
	1931 Deutschland	
	1937, 1953 England	
Lhotse, 8571 m	1955 International	1956 Schweiz
Makalu, 8481 m	1954 USA, Neuseeland, Frankreich	1955 Frankreich
Dhaulagiri I, 8167 m	1950 Frankreich	1960 Schweiz
	1953 Schweiz	

	1954 Argentinien	
	1955 Schweiz/Deutschland	
	1956 Argentinien	
	1958 Schweiz	
	1959 Österreich	
Manaslu, 8156 m	1952, 1953, 1955 Japan	1956 Japan
Cho Oyu, 8153 m	1952 England, 1954 Schweiz 1959 Frankreich	1954 Österreich
Annapurna I, 8091 m		1950 Frankreich

- △ *Die erste Besteigung eines Achttausenders gelang Maurice Herzog mit Annapurna I im Jahre 1950.*
- △ *Die Erstbesteigung des höchsten Berges der Erde erfolgte durch Edmund Hillary und Sherpa Tensing drei Jahre später – nach einer stattlichen Zahl britischer ›Anläufe‹.*
- △ *Besondere Beachtung verdient die Besteigung des Cho Oyu durch die Österreicher Herbert Tichy und Sepp Jöchler gemeinsam mit Sherpa Pasang Dawa Lama im Jahre 1954, die diesen Gipfel als Kleinexpedition und dazu noch im Herbst bezwangen.*
- △ *Der Gosainthan wurde als letzter der hier erwähnten Achttausender 1964 von den Chinesen erstmals bestiegen.*

Für Expeditionen freigegebene Himalaja-Gipfel Nepals

Gipfel	Höhe in Metern	Gipfel	Höhe in Metern
EVEREST	8848	DHAULAGIRI V	7617
LHOTSE	8501	DHAULAGIRI VI	7268
MAKALU	8475	JANNU	7710
DHAULAGIRI I	8167	MAKALU II	7640
MANASLU	8156	CANGAPURNA	7455
ANNAPURNA I	8091	CHUREN HIMAL	7371
ANNAPURNA II	7937	PUTHA HIUNCHULI	7246
ANNAPURNA III	7548	GURJA HIMAL	7195
ANNAPURNA IV	7525	MANASLU II	7154
ANNAPURNA SOUTH PEAK	7219	PUMO RI	7145
KANGBACHAN	7902	API	7132
NUPTSE	7879	GLACIER DOME	7069
HIMALCHULI	7864	LAMJUNG HIMAL	6986
PEAK 29 (Dakure)	7835	TUKUCHE PEAK	6920
DHAULAGIRI II	7751	KANJIROBA	6882
DHAULAGIRI III	7715	PATRASI	6860
DHAULAGIRI IV	7861	NAMPA	6754
		BAUDHA	6672
		DHAMPUS	6012

Amtliche Bestimmungen für Expeditionen

Die zur Zeit gültige Version dieser Bestimmungen stammt vom 26. Januar 1976. In dem umfangreichen Dokument werden alle Aspekte bezüglich der Durchführung einer Expedition geregelt: *Antragsformulare, Tagessätze für Träger und Sherpa, abzuschließende Versicherungen, Formblätter für Testamente der Träger etc., die Rolle des Begleitoffiziers, schriftliche Berichterstattung, Gipfelgebühren* (der Mount Everest beispielsweise kostet 15 000 Rupies, andere Achttausender 14 000 Rupies) etc. Die in englischer Sprache abgefaßten Bestimmungen können angefordert werden bei *His Majesty's Government of Nepal, Ministry of Foreign Affairs (Mountaineering Division), Kathmandu, Nepal.*

Fotonachweis

Dieter Bedenig, Solothurn Farbt. 18; Abb. S. 157, 172, 179
Fritz Berger, Kathmandu Abb. S. 11, 12, 18/19, 23
Karl Bürge Farbt. 32, Abb. S. 211
Niels Gutschow, Darmstadt Abb. S. 58, 59, 61, 63, 260/61, 264/65, 268/69
Rudolf Högger, Stettlen Abb. S. 15
Sabine Högger, Stettlen Abb. S. 13, 16
Ruedi Homberger, Arosa Abb. S. 117
Otto Huber, München Farbt. 37; Abb. S. 223, 225, 227, 230, 232, 234
Lutz Kleeberg, Kathmandu Abb. S. 104, 106/07, 108
Karl Koch, Schonach Farbt. 25, 33
Peter Meienberger, Zürich Abb. S. 71, 75, 77
Jochen u. Martha Rein, Bonn Abb. S. 26, 28, 29, 31, 33, 36
Robert Schmid, Obererlinsbach Umschlaginnenklappe vorn und hinten Farbt. 1–4, 11, 15, 16, 20–22, 24; Abb. S. 91, 100, 148, 150, 151, 152, 153, 155
Erwin Schneider, Lech/Arlberg Abb. S. 158, 160, 161, 163, 164/65, 166, 168/69, 170/71, 176
Annemarie H. Spahr, Kathmandu Abb. S. 47, 48, 93
Margrit Treboux, Therwil Farbt. 5–10, 12–14
Hans Ufrecht, Stuttgart Farbt. 19, 26
Dietlinde Warth, Kathmandu Farbt. 29, 30
Hans Weber, Lenzburg Abb. S. 65, 67, 68, 69
Jürgen Winkler, Wolfratshausen Umschlagvorder- u. Umschlagrückseite, Farbt. 17, 23, 27, 28, 31, 34–36; Frontispiz S. 2; Abb. S. 42, 45, 56, 95, 96, 97, 99, 130, 131, 132, 133, 135, 136/37, 142, 144, 145, 173, 174, 177, 182, 183, 186, 188, 193, 194, 196, 197, 199, 200, 207, 209, 210